爆单不是玄学，更不是概率，
当你吃透这本书，就能找到稳中求胜的方法。

兔妈~

短文案卖货

手把手教你卖爆货收到款

兔妈/著

机械工业出版社
CHINA MACHINE PRESS

本书提炼了不同领域的卖货文案创作策略和操作要点，展示了大量朋友圈卖货文案、短视频带货文案、直播成交话术等爆款实战案例，手把手教你用短文案卖爆一款产品。本书列举的 200 多个案例涉及护肤、美食、生活用品、养生用品、母婴用品、服装、家用电器、知识付费等 10 多个领域，提炼总结出了朋友圈卖货必备的 12 大类、52 个模板，以及短视频带货必备的 6 个维度、21 个爆款脚本模板。全书深入浅出、通俗易懂，教你真正吃透方法论，掌握短文案卖货的精髓，真正解决文案生硬自嗨、转化率低的普遍问题。这是一本卖货文案实战教科书，也是个人创业和中小企业成功转型的必备读物，随手翻翻就能对你有所启发，帮你找到卖货文案的写作灵感。

图书在版编目（CIP）数据

短文案卖货：手把手教你卖爆货收到款 / 兔妈著.
—北京：机械工业出版社，2021.1
ISBN 978-7-111-67652-2

Ⅰ. ①短… Ⅱ. ①兔… Ⅲ. ①网络营销 Ⅳ.
①F713.365.2

中国版本图书馆 CIP 数据核字（2021）第 037301 号

机械工业出版社（北京市百万庄大街 22 号　邮政编码 100037）
策划编辑：曹雅君　　责任编辑：曹雅君　侯春鹏
责任校对：郭明磊　　封面设计：马书遥
责任印制：孙　炜
保定市中画美凯印刷有限公司印刷
2021 年 3 月第 1 版第 1 次印刷
169mm×239mm・23 印张・1 插页・347 千字
标准书号：ISBN 978-7-111-67652-2
定价：68.00 元

电话服务	网络服务
客服电话：010-88361066	机　工　官　网：www.cmpbook.com
010-88379833	机　工　官　博：weibo.com/cmp1952
010-68326294	金　书　网：www.golden-book.com
封底无防伪标均为盗版	机工教育服务网：www.cmpedu.com

业内推荐

（排名不分先后）

《短文案卖货》适用于朋友圈、社群、短视频和直播场景，帮助中小创业者成交更多，是一把通向未来的成交钥匙。

——畅销书《爆款文案》作者、水松学院联合创始人　关健明

读书是很累人的一件事，尤其是关于文案创作的书，很多时候就像一本科学读物。尽管你知道你能从书里学到很多，但依然很难坚持看完，看完也很难执行下去。《短文案卖货》就完全不是这样。兔妈让整本书变得轻松且愉悦。它很有趣，很吸引人，读起来非常轻松，就算你不知道任何文案的专业术语，同样会读得很顺畅。更有价值的是，这本书教你如何用短短几百字去销售产品，这是销售人员必须具备的技能。

——省广营销集团内容营销中心副总经理　空手

《短文案卖货》是对销售文案的现代诠释，囊括了当下传播最高效的朋友圈、社群、短视频和直播四种短内容形式，非常具有实操性。这本书写得引人入胜，符合兔妈的一贯水准。它没有绝大多数文案书籍的索然和晦涩，而是真正能帮你落地，帮你用文案提升销售成果。如果你想卖更多货，建议读读这本书。

——《轻创业》《实体店这样做就能火》作者、极早健康董事长　施有朋

兔妈掌握着一个价值连城的秘诀，她能凭借一篇篇文案，就让完全不认识的陌生人掏出自己的"血汗钱"。她提炼总结了靠几百字的短文案就能把产品卖出去、把钱收回来的方法论并形成了这本书，方法简单，人人都可以学得会。

——腾讯原BD经理、百盛中国市场总监、畅销书《影响力变现》作者、知名自媒体人　徐悦佳

兔妈绝对是实战派人物。她的第一本书《爆款文案卖货指南》是国内少有的实战型销售文案操作指南，也是我们公司人手一本的培训教材，非常实用。而兔妈这本《短文案卖货》详细解构了朋友圈、社群、短视频和直播四大场景的卖货文案，非常接地气，教你通过几百字就能提升订单转化率。不管是文案

从业者，还是个体创业者或者企业管理者，都值得好好读一读。我强烈推荐这本能短期内提高大家文案卖货实战能力的好书。

——广州雷霆暴风健康产业科技有限公司创始人兼 CEO　杨海峰

作为文案卖货领域的高手，兔妈分享了实践过程中的洞见思考和实操方法。这本书聚焦短文案卖货，告诉你如何写出销售力强的朋友圈、社群发售话术、短视频脚本和直播卖货脚本。字里行间都能感受到作者的热情和实力。如果你能花点时间认真读懂这本书，你也可以赢在这个全民卖货的时代。

——伍亩田 CEO　朱育哲

对创业者来说，流量获取成本越来越高，在这种情况下把私域流量高效地利用起来，是破解业绩增长的关键。现在也有很多企业开始重视私域流量的运营，但缺内容运营的方法。而兔妈这本《短文案卖货》具有很强的参考和借鉴意义。对案例的拆解、逻辑分析透彻易懂，可操作性强，值得一读。

——北京白石互动科技有限公司总经理　廖荣

从朋友圈到社群，从社群到短视频、直播，卖货都是最火的词，但很少有人将实操经验总结为拿来就能用的方法论，并分享给大家参考学习。兔妈的《短文案卖货》是她在帮企业操盘案例和自己创业过程中得到的第一手经验精华，里面有卖货文案的创作技巧、方法论以及爆款文案的底层逻辑解析。通过本书你可以读懂文案卖货，更好地提升订单转化率。

——畅销书《从零开始玩转抖音》作者　黑马唐

这是一个全员卖货的时代。但是，不管是个人还是公司，想要产品卖得好，品宣肯定少不了，品宣的终极目标就是把产品卖出去。在打开销路的时候，优质的品宣可以事半功倍，创意的文案能让品宣如虎添翼；但是有很多人，尤其是非专业文案人普遍存在一个痛点：发朋友圈不知道该怎么写，建社群卖货不知道怎么做，拍视频不知道怎么说，直播卖货不知道怎么做脚本。这本书正好解决这些难题，真的是必备教材，值得推荐！！

——抖音认证 MCN 机构运营总监、快手认证 MCN 机构运营总监、
直播电商千万级实战操盘手、短视频网红孵化实战操盘手　Tommy

业内推荐

我与兔妈合作过很多次，她的文案功力非常了得，逻辑极其清晰、对营销有着独到见解。这本《短文案卖货》总结得比较全面，几乎涵盖了当下最流行的所有短文案形式，教你用几百字就能把产品卖得更多、卖得更快。不愧是一本文案人、营销从业者和创业者必备的实战教材。

——有赞爆款商家、臻旭良品创始人、抖音爆款投放月500万操盘手　杨尚霖

无论哪个时代，会做销售的人都是稀缺的人才，而文案是销售转化里最最最重要的一环。兔妈的《短文案卖货》有理论基础，重实战，便于实操，推荐给你，助力你在这个时代更快脱颖而出！

——知识付费资深内容产品专家、202002期《中国培训》杂志封面人物　蒋耶娄

特别认同一句话，持续和重复是两码事。兔妈就是在文案这件事情上持续精进、持续深耕、持续钻研的一位创作者。文字，是所有内容载体的源头；会写文案，俨然已经成为职场人必须掌握的通用能力。如果你想学文案，兔妈这本书值得一看。

——干货帮合伙人　李轩洋

《短文案卖货》是兔妈在一线实战经验的系统总结，既有理论深度又有实践指导意义。书中深入浅出地阐述了如何通过几百个字为企业提升卖货转化率，实现销售业绩的增长，是全民卖货时代的掘金指南。

——IP营销方法论开创者、《私域流量》作者　祝福

兔妈是众所周知的文案卖货女王，她为商家创造的卖货奇迹有目共睹，她的实战能力有口皆碑。本书是兔妈的文案卖货实战方法论合集，涵盖了朋友圈、私聊、社群、短视频、直播等卖货场景，她将这些场景的文案心法掰开揉碎，手把手详解，读者只需照做就能学会令人羡慕的文案吸金秘术！

——杭州好风品牌营销咨询创始人、《爆款品牌营销》作者　刘国强

"文案已死?!"这句话在坊间流传了有五六年。好像随便一个风口，就能把专心做文案工作的人给掀翻了。但从自媒体、公众号、短视频到当下火热的直播卖货，能从激烈红海中突围而出的，往往却还是那批掌握优秀文案能力的人。自从兔妈透露出版《短文案卖货》的新书事宜，我一直翘首以待。直到拜读完后，我可以肯定地说，这是一本可以让每一个对卖货变现感兴趣的人，都

能快速而正确入门的卖货秘籍！

——有赞金牌讲师、牛气学堂签约讲师、多个千万级粉丝大号的卖货成交导师、亿级天猫 TOP 商家的小爆款操盘顾问　雨涛

作为文案卖货领域的高手，兔妈分享了实践过程中的洞见思考和实操方法。这本书聚焦短文案卖货，告诉你如何写出销售力强的朋友圈、社群发售话术、短视频脚本和直播卖货脚本。字里行间都能感受到作者的热情和实力。如果你能花点时间认真读懂这本书，你也可以赢在这个全民卖货的时代。

——《副业赚钱》作者、价值变现大学创始人　Angie

流量越来越贵，无论是大企业还是中小创业者，每天都在围着流量焦头烂额，但很多人都忽略了如何把流量高效利用起来。而兔妈这本《短文案卖货》通过教你创作朋友圈、社群、短视频和直播文案，从而大大提升流量的转化率。我强烈推荐创业者读一读，相信一定能给你带来启发。

——有赞深圳商盟秘书长、新零售操盘手俱乐部发起人、赞零售联盟发起人、社群公社合伙人　西子英

在碎片化营销时代，《短文案卖货》具有很好的指导和实践意义，它给更多小微创业者、个体创业者在创业过程中提供切实可行的方法，更好地提升订单转化率。

——喊食创始人，36 氪、农友会、新农堂、开始吧特邀讲师，首家美国纽交所上市财富管理机构、腾讯被投互金企业营销负责人　孙正钊

操盘产品多年，我深知文案对卖货转化的影响。卖货不懂文案，就像作战没有子弹。兔妈这本《短文案卖货》给你讲透朋友圈、社群、短视频和直播四大场景的文案方法论，非常接地气，操作性很强，就算是文案新手也能直接上手。我强烈推荐这本能在短期内提高大家实战能力的好书。

——辽宁晟麦实业股份有限公司 CEO 兼零售事业部 COO　吴一

好的文字能与用户共情，给产品转化带来惊喜。我推荐兔妈的《短文案卖货》，相信它是帮你提升卖货转化率的那把金钥匙。

——灵魂有香气社群运营总监　刘小意

业内推荐

好内容永远是营销卖货的灵魂。兔妈这本书可以让你直接掌握好文案的创作心法，找到提升订单转化率的秘钥，少走几年弯路。不管是文案、运营从业人员，还是企业主、个体创业者，都值得花时间读一读。

——慈怀读书会原电商负责人、微谷熊网络科技创始人　许午言

碎片化营销时代，更需要短小精悍的内容高效触达用户的心智，激发消费者的购买行为。深耕互联网电商多年，我深知好文案对产品转化率的影响，它能让业绩惨淡，也能让业绩暴涨。而兔妈这本书详细解读了当下最高效的朋友圈、社群、短视频和直播四大场景，非常有借鉴意义，值得每位创业者好好研读。

——有间全球购原COO、有赞学院高级讲师　魏宁

这本书不仅有干货满分的方法论，更有抽丝剥茧的案例解析。看完它，相信能一下打通你的任督二脉。无论是直播卖货文案、朋友圈话术，还是短视频脚本写作，都能从这本书中找到源源不断的灵感和思维提升方法，希望更多的营销人从这本书里找到破解之道。

——收钱吧新媒体运营负责人　宋十一

关于个人IP和企业品牌打造，一旦找到了引爆点，势必事半功倍。继公众号后，朋友圈私域、直播、短视频迅速成为个人IP，企业品牌打造的"引爆点"，如何快速引爆自己的影响力，快速变现，抓住流量红利，兔妈的新书《短文案卖货》即刻给你答案。

——杭州金禧传媒广告策划总监　晶朵

我是在一次线下分享时认识兔妈的。当时，她在台上，我在台下。听了几句后，我就在想"为什么她对带货文案的理解这么深？每句话都能说到点儿上？"听完整场分享后，我发现她的成长经历和成功案例，注定会让她的文案教学有干货、有逻辑、能模仿、能实操。两年没见，她在新的卖货文案领域继续发力。想学习朋友圈、社群、短视频、直播卖货文案，跟兔妈学就对了。

——剽悍晨读副主编、知乎陈章鱼内容合伙人、湛庐创始人韩焱精选原主编、年获上亿阅读量的个体成长读书人、"精准阅读术"研究者　安叔

兔妈作为文案领域的长期主义者，是打造爆款的高手，她的第一本书《爆款文案卖货指南》堪称业内经典。不过那本书主要讲如何打造公众号爆款推文。而这本书非常接地气，教你通过几百字就能提升转化率，涉及朋友圈、社群、

短视频和直播四大场景，无论对文案从业者、产品经理还是创业者，都有很强的参考价值。

——合智数字创始人兼首席咨询师　大鹏

这个时代，再小的个体也有品牌，而文案就是放大个人品牌的核武器，更是卖货的一大利器。《短文案卖货》根据卖货的不同场景，提炼总结了兔妈自己在一线的文案卖货实战经验，非常接地气。内容通俗易懂、深入浅出，就算没有任何写作基础的人，也能直接上手。作为一名互联网创业者、天使投资人，我诚意推荐兔妈这本《短文案卖货》。

——知名教育博主、你值得大学创始人、天使投资人　凤七柒

我是兔妈的忠实读者，她的第一本书《爆款文案卖货指南》就在我的书架上。在我看来，文案并非简单的文字性的案头工作，而是一种营销能力，品牌、企业/组织、产品、个人，都需要发掘自身的核心价值并鲜明地表达出来。想象力和表达力，是互联网时代最重要的生产力之一，如何发掘好的创意点，把好的想法有效率的表达出来，被更多的用户共情，主动传播，是很多创业者（特别是快消品品牌创业者）的必修课。兔妈的这本新书，针对私域流量、直播、短视频等新生态的新玩法，以文案为底层逻辑，把卖货的玩法拆解成上手可用的动作，希望帮助更多人对自身价值深入挖掘和放大，成为竞争中的胜利者。

——一気棒联合创始人，吴晓波频道新匠人学院、吴酒、
认养一头牛等创始团队成员　赵镇

看到兔妈的书非常激动，真希望你尽快拥有它！这是一本与众不同的书，全书没有任何高深的理论，真正做到看完即懂、拿来即用。书中提供了大量朋友圈文案模板、社群卖货剧本、短视频脚本、直播带货话术，是一座超级宝藏灵感库！推荐给每一位个体创业者、私域流量玩家、企业运营从业者。

——分销王子、私域流量裂变顾问　罗兰猗

兔妈是一位文案卖货高手。她专注在文案卖货这件事情上持续探索、实践和迭代，是一位真正的践行者。现在她将这些实战经验和技巧与朋友圈、社群、短视频和直播四大场景相结合写的这本书，让你学了就会用、就能用，低成本引流卖货，可谓是一本人人可以掌握的文案卖货掘金术，值得你一读。

——五象公社创始人、象叔说视频号主理人　象叔

内容营销时代，文案是核心。尤其是短文案，已经成为人人必备的硬核技能。兔妈这本书为读者提供了很多鲜活的案例，对于从事文案工作的人或者想要靠文案卖货、变现的人，是一个很宝贵的素材库。每个案例都有方法论的归纳和创作技巧的总结，无论你是资深文案创作者，还是初学者，都有很强的参考价值。

——上海看榜科技有限公司（新榜学院）社群运营总监、
榜哥会负责人　张恒（榜哥）

推荐序一
好文案的价值和力量

文章有力量吗？

骆宾王：一篇《讨武曌檄》，流传千古；
蒋介石：发表《庐山讲话》，激起全民抗日；
毛泽东：一纸战斗文章，吓退傅作义进攻西柏坡的十万机械化部队；
好文章，胜过千军万马！

文案有价值吗？

江小白，如果没有了酒瓶上的文案，每年还能净赚几个亿吗？
杜蕾斯，如果没有了那简短的文案，其海报还会有人关注吗？
兔　妈，如果写不出来优秀的文案，她还能轻松年入百万吗？
好文案，能让多方受益！

那么，好文章、好文案能否通过学习而速成呢？我认为，好文章，不能。好文案，是可以的！

与兔妈神交是今年年初，朋友推荐了她的《爆款文案卖货指南》，快速翻阅了一遍又细读了一遍，收获颇多。内容深入浅出，既有理论梳理，又有方法实操，对于想要提升产品推文转化率的商家和文案从业者，具有很强的指导意义。

前不久，再次收到《短文案卖货》电子版，细品之下，深感惊奇。本书既不是纯理论著作，又不是纯实操教案，但融二者为一体，让你知其然而知其所以然。

本书选取了朋友圈、社群、短视频、直播四个不同的应用场景。从道法术器四个不同的角度，对每一个场景分析其定位、特点、原则、需求、时效等，告诉读者不同场景不同短文案的规律；其次在每个应用场景选取多篇、多货品的优秀文案进行一一拆解分析，告诉读者该文案是依据的什么原理？遵循的什么规则？选取的是什么维度？模仿时要避免哪些误区？通过文案拆解，分析好文案的写作方法；然后，再给出相应的模板，告诉读者应该选取什么资源，如何选取资源，对相关资源应该使用什么方法、什么模板，运用什么技巧进行组合、撰写、发布……

如果你想从事文案创业，或者你是文案的从业者、抑或是企业新媒体主管，该书都会对你大有裨益。想从事文案创业的小白，你可以从理论到实践，扎实地进行学习、模仿、创作而成为文案高手；文案从业者，可以通过该书系统的总结归纳，结合自身的从业经验提升能力；对于企业新媒体主管，该书可以教会你如何辨识交给你的文案的优劣，如何辨识你团队的战斗能力，同时，给你提供了提升团队能力的方向。

工欲善其事必先利其器，行百里者半于九十。坚持下去，成功就在不远处！

李林刚

中国管理科学研究院学术委员会常务副秘书长、

中国管理科学研究院培训部副主任

2020 年 12 月 9 日

推荐序二
文案，零成本提升业绩的秘密武器

我是一名出版人，也是一名连续创业者，我深刻感受到这几年运营模式在快速迭代和变化。以至于有很多人说"已经看不懂现在的商业环境了"。

但，不管环境如何变，有些本质的东西是没有变的。

商品销售额＝流量×转化率。

企业和创业者要活下去，就要把产品或者服务卖给消费者。当然，流量是先导，只有流量才有转化这个事情。

什么叫流量？其实，我们的产品信息与潜在客户的每一次接触，都可以算作一次流量，这是我对"流量"的定义。

转化率就是顾客接触了我们的商品信息之后，他产生购买的可能性。

在潜在客户有可能接触产品的全部节点中，比如产品包装、超市货架、DM单、详情页、公众号、朋友圈、社群以及与顾客的每次沟通中，还有这两年流行的短视频和直播等，你如何展现产品的特色、讲解产品的优势，才能让消费者准确明白你的意思、懂得产品的好，这一点永远不会变。

然而，这些内容看起来简单，很多人却没有做好，导致你和顾客之间存在着大大的障碍，沟通不顺畅。顾客对你的产品有啥好处都不明白，更别指望他会用金钱来给你的产品投票了。

你与顾客、产品与顾客之间沟通的语言，就是文案。

写文案是一个技术活，不是你把产品信息编辑整理成文字内容就是文案了。很多企业和创业者以为花几千元招募个编辑，写篇文章就是在做文案营销了，其实那只是产品说明，而不是文案。

文案的核心是通过与顾客的高效沟通，促进产品的销售，实现业绩的增长。文案就是藏在键盘后面的销售员。

可喜的是，这几年，已经有越来越多的人开始重视内容，重视文案了。但，天又变了。

内容竞争越来越惨烈，消费者的时间越来越碎片化，在这种情况下，我们还要和时间赛跑，在读者划走之前，抓住读者的眼球，让他对你感兴趣，想要进一步了解你，甚至三言两句就能直击他的内心深处。所以，这个时代人人都要懂短文案。

《短文案卖货》这本书，简单来说就是教你如何用几百字的短文案来实现卖货的目的，提升订单转化率，增加商品的销售额。更重要的是，它是教你一种短文案卖货思维，让你用更短的内容就把产品讲清楚，就能吸引用户注意力，就能打动顾客下单。

作者汇总当下传播效率最高的几种短内容形式：朋友圈、社群、短视频和直播，并归纳总结了相对应的卖货文案方法论，很多企业和个体创业者都可以直接借鉴。

如果非要我用一句话概括本书的精要，那就是"傻瓜式的文案卖货之道"，里面有很多现成的模板，你可以直接拿去套。

书里面没有华为、小米、海底捞、广告创意大奖的案例，只有作者自己经历的精彩案例，非常接地气。我相信这本书一定能够帮助到更多需要文案卖货的企业、想要转型线上的传统企业和个体创业者。

畅销书作家、著名出版人　李鲆

2020 年 12 月写于广州

推荐序三
内容时代，文案的力量

这几年，我们团队打造了很多百万级、千万级的爆款课程，包括和兔妈合作的"爆款文案赚钱指南"专栏课。所以，身边很多朋友常会问到我一个问题：怎样打造爆款？打造爆款最重要的是什么？我最大的感触有两点：第一，好产品是基础；第二，好文案是助推器。二者缺一不可。

我见过很多创业者斥巨资开发了一款产品，产品本身可圈可点，结果花了几百块钱随便找了个编辑，写了一篇文案，上线后反响平平。而对文案重新优化、包装后，转化率呈几倍的增长。所以，毫不夸张地说，好文案就是印钞机。

尤其是在这个时代，流量成本越来越贵，好不容易获得一点流量，要想赚到钱，在每个环节务必都要花200%的精力去打磨。如果你的产品文案没写到点上，转化率不高，就是浪费流量，就是糟蹋钱。

可能有人会困惑，现在大家都跑去刷视频了，文案还有价值吗？视频时代来临，恰恰是文案的时代真正开启了。为什么这样说呢？不管是以前的微博、公众号、朋友圈，还是现在的短视频、直播，它们只是不同的内容形式而已。而不管什么形式的内容，本质上还是文案能力的对决。

就拿现在流行的短视频来说，同样是无人设的带货视频，好文案脚本与差文案脚本，带货能力相差10倍，甚至30倍。

所以，文案工作者的黄金时代正在到来，文案的力量无穷，1个高手能顶10000个。

那么，做文案难吗？其实，想要成为一名文案工作者，门槛很低，理论上，任何一个会写中文的人都可以胜任。但想成为一名优秀的文案工作者，门槛却非常高。

因为你不仅需要懂写作技能，还要懂推销、心理技能。更重要的是，还要持续不断地用这些知识体系去操练，去攻克点击转化率、购买转化率等一座座现实高地。只有这样，你才有资格称得上是真正的卖货文案人。

事实上，能做到这一点的人并不多。拿别人的案例、别人的理论讲得头头是道的"文案大神"，我听过很多，但兔妈是真正从一线干出来的，敢于用数据说话，一年用文案卖货破亿元。她的徒弟中，也有很多人做到了一年用文案卖货破千万元。而且现在她也不脱离一线，操盘项目、指导企业，有扎扎实实的真功夫。

正因为有"真材实料"，兔妈的第一本书《爆款文案卖货指南》上市就获得了很高的评价，被企业和文案从业者称为"文案界新华字典"。很多企业把它作为团队培训教材，人手一本。不过这本书侧重打造卖货推文的方法论。这也算是唯一一点小遗憾。

这一次，她又归纳总结了文案卖货方法在朋友圈、社群、短视频和直播等形式上的实操指南，也就是《短文案卖货》。我第一时间拜读，写得非常好，甚至比第一本书还要接地气，真正把卖货文案这件事做到了"傻瓜化操作"。没有灵感的时候，你只需直接套，就能快速写出好文案，提升转化率。

我相信这本书一定可以超越第一本书，成为文案从业者、微商从业者、电商从业者、社群运营者、短视频运营者和主播、个体创业者以及想要转型线上的实体企业等，人手必备的短文案卖货指南。

另外，兔妈的书针对不同的内容形式都有很好的教学思维，不仅给你讲清楚创作好文案的原理和方法，也告诉你创作的思考路径，这才能真正帮助很多想要转型线上的实体企业和文案新人。

文案的修炼是一个长期的过程，但这本书能帮你大大缩短这个过程，让你少走弯路。如果你想掌握卖货文案的秘密，想在文案方面一鸣惊人，想靠文案卖货赚取财富，现在就翻开这本书学起来、用起来，它绝对是你成为文案卖货高手的捷径。

干货帮创始人　肖邦德

2020 年 12 月　写于北京

前言

卖货文案，人人可以掌握的低成本引流卖货掘金术

2020年，我的处女作《爆款文案卖货指南》在机械工业出版社出版，我从如何打造卖货爆文的角度总结了自己用文案帮商家卖爆货、用文案完成人生逆袭的实战经验。该书一经上市就获得了读者的一致好评，上架24小时就获得了京东市场营销和经管两个图书类目的销量双第一，当月还被机械工业出版社评选为新书价值榜第一名，现已重印多次。

然而，每一次加印我都心怀遗憾。

关于卖货文案，我提出一个香槟理论。什么是香槟理论呢？在婚礼仪式上，会有层层叠叠的玻璃杯，新人从最顶部的一个玻璃杯开始倒香槟。把香槟倒进那个杯子后，闪闪发光的绚丽香槟就从顶部的杯子里流下来，把底下的杯子全部盛满。而卖货长文案就像是最顶部的那个玻璃杯，只要你把这个杯子装满了，装满下面的玻璃杯就是水到渠成的事。下面的玻璃杯就好比是各种类型的卖货短文案。只要你真正领悟了卖货长文案的方法和精髓，其他类型的短文案就是小菜一碟。就拿我来说，我用这套方法不仅帮助很多自媒体卖货商家把产品卖爆，还帮助很多微商、短视频和直播卖货的客户提升50%~2250%的带货转化率。我的数万名学员也印证了这套方法的可靠性。

不过平时在与读者的交流过程中，我了解到大多数非文案从业者很难做到在写作长文案与短文案之间自由切换。而且随着自己操盘案例的增加，我发现对于很多个体创业者和传统企业中的从业者来说，想更快地实现业绩增长，其实有着更简单有效的方法。

比如以下三位读者：

刘楠，27岁，工薪族，刚结婚、买房，生活压力非常大，想寻求一份稳定的副业实现收入开源，尝试了很多种方法，学费交了一大把，却没有赚到钱。

静静，32岁，全职宝妈，在朋友圈卖护肤品，花几万元做了某产品代理，却苦于不知道怎么发朋友圈文案，产品卖不出去。

王霞，37岁，服装店老板，面对房租高、流量少、转化低的三大窘境，生

意艰难，想转型线上，却不知道从哪里下手。

这些人占创业者的60%以上，他们的现有资源有限，没有充足的广告预算，没有大量的广告渠道，但依然需要用文案卖货的方法来提升产品的销售业绩。对他们而言，花费精力打磨一篇100分的销售爆文，可能还是远水解不了近渴。他们更需要低成本、易上手的文案卖货方法，也就是短文案卖货。但是大部分人没有足够地重视短文案写作，常见的误区主要有以下三个：

误区一：认为短文案不重要

很多人错误地认为短文案只有区区几百字，随便写一段就行了。结果全凭感觉写，无法给读者准确传达有价值的信息，对读者没有吸引力。

误区二：追求创意忽略效果

经常看到一些《今年最走心的18条文案》等类似标题的文章，点进去就会看到一些金句和鸡汤，这些内容严格来说算不上文案，但很多人会误把这些内容当成短文案，以至于在平时创作短文案时，一味追求创意、格调，却忽略文案的转化效果。

误区三：写成产品说明书

很多人在写短文案时，把产品的卖点一股脑全部列上去，就像产品说明书一样，很生硬，却很少从用户的角度思考目标人群的需求和痛点。不考虑用户就去创作文案，就像闭眼走路，很难达到目标。

战略上不重视，加上战术上又缺乏系统有效的方法，导致卖货效率低、转化率低，浪费了很多营销成本，走了很多弯路，甚至很多传统企业"捧着金饭碗要饭吃"。

而在这一年中，我辅导了更多的企业和学员，带领团队帮商家操盘了更多的案例，涉及朋友圈卖货、社群卖货以及短视频和直播卖货等，总结了更多的短文案卖货规律，领悟到了更好的法门。

我的一位学员，帮朋友写了一条卖樱桃的朋友圈文案，单条文案产生销售额8000多元。

一位学员照着我梳理的社群发售流程，在两天时间内临时准备了一场社群卖货，收款30000多元。

一位客户照着我总结的爆款脚本黄金结构去优化短视频带货脚本，单条短视频销售产品20000多单。

一位商家按照我总结的直播话术介绍产品，单场直播带货转化率提升了3

倍以上。

……

类似的案例还有很多很多。所以，我觉得非常有必要把更新鲜、更简单、更有效的方法拿出来答谢读者。需要特别强调的是，本书写给那些执着于寻找秘密武器来提升销售业绩的人，它绝不仅仅是写给撰稿人的指导手册。无论你是文案从业者、市场营销人员还是企业家、创业者，学习书中的技能、技巧并加以运用，都能帮助你在工作中事半功倍。从这个意义上来说，但凡你想了解人们的思考方式，想知道如何利用简短的文案把货卖出去，从而影响受众行为，你就是这本书的目标读者。

本书在结构上分为四篇：

第1篇朋友圈卖货篇（第1~4章）：探讨朋友圈卖货必须考虑的一切。从人设打造，到软文创作、卖货模板和私聊成交几个方面详细解读如何用朋友圈把货卖出去，收到款，教你搭建自己的私域流量，并做到最大化的成交转化。

第2篇社群卖货篇（第5~6章）：围绕社群卖货进行深入探讨，包括如何利用社群获得第一批种子用户，如何用社群实现卖货收款等相关文案技能。

第3篇短视频卖货篇（第7~8章）：针对近两年大火的短视频卖货进行系统解读。从账号的搭建、包装到卖货脚本的创作以及百万级带货视频案例拆解等几个方面，手把手教你用短视频实现卖货收款。

第4篇直播卖货篇（第9~10章）：围绕当下最高效的卖货手段——直播展开，涵盖直播间的预热引流、产品介绍、粉丝互动、快速逼单等全流程卖货文案实战指南。不管是个体创业者，还是传统电商以及想要转型线上的实体企业，直接照着做就能轻松上手，提升直播卖货的转化率。

以上这四篇内容有四个共同的特点，就是：门槛低，成本低，易上手，见效快，非常适合个人或者中小企业的创业者。从这个角度来说，与其说这是谈短文案卖货的书，倒不如说这本书是致敬这个时代创业者的一部作品。因为在这个"互联网+"和"小微创业"的时代即将有一群人登上创业的顶峰，书写个体崛起的新篇章。一旦掌握了这本书的文案卖货精髓，你的创业之路、转型之路、副业变现之路就会更加顺畅，更容易帮你达成目标。

尽管书中讲到的很多基本原理和我的第一本书是一致的，但如何执行及落地却常常千差万别。任何学科都是学无止境的，你读完这本书之后，需要做的就是马上行动，当然也非常欢迎与我做进一步的探讨。你也可以关注我的公众号"兔妈卖货文案专栏"，在上面找到更多关于卖货文案的心得总结。

最后，我要感谢很多人：

我亲爱的爸爸、妈妈、爱人和女儿，他们在我写这本书期间，给了我很大的理解和支持，帮我分担了很多家务，让我有了充足的创作时间。

我学习卖货文案的启蒙导师，《爆款文案》一书的作者关健明，他带我领略了卖货文案的魅力，并在我起步时给了我很大的帮助和指导。

我的良师益友涛哥，总能给我一些及时且有效的建议。

我的好朋友罗兰猗、逸达等，在我创作这本书时主动提供了大量帮助。

我的助理兔小助、长腿娜娜，非常感谢这两位小助理的一路信任和跟随。

我的孵化平台"兔妈师徒陪跑"的所有学员们，他们用我的方法成功帮商家提升了文案转化率，并且成功地把自己推销出去，赚到了钱，让我更有信心写出这本书，帮助更多人用文案这把"金钥匙"打开业绩增长的大门。

为这本书写推荐语的所有老师和客户们，感谢你们对我的认可和支持。

还要感谢你——亲爱的读者，如果你阅读完这本书，有不错的收获，也希望你把它推荐给身边更多的创业者们。期待你的创业之路越走越宽敞。

兔妈

2021 年 2 月

目 录

业内推荐

推荐序一　好文案的价值和力量　李林刚

推荐序二　文案,零成本提升业绩的秘密武器　李鲆

推荐序三　内容时代,文案的力量　肖邦德

前言　卖货文案,人人可以掌握的低成本引流卖货掘金术

第1篇　朋友圈卖货篇 / 001

第1章　打造吸金人设,朋友圈卖货第一步 / 002

1.1　朋友圈卖货,你必须知道的三个入门要领 / 003
　　1.1.1　入门要领一:卖什么 / 003
　　1.1.2　入门要领二:卖给谁 / 005
　　1.1.3　入门要领三:他们在哪里 / 005

1.2　朋友圈卖货,你必须掌握的两大原则 / 007
　　1.2.1　原则一:人设比产品更重要 / 009
　　1.2.2　原则二:朋友圈卖货3+1+1法则 / 009

1.3　掌握这套坐标分析模型,卖什么粉丝都跟着买 / 011
　　1.3.1　如何打造生活人设 / 012
　　1.3.2　如何打造专业人设 / 015
　　1.3.3　企业客服号如何打造人设 / 015

1.4　"四个一"工程,打造不销而销的个人品牌 / 016
　　1.4.1　一个头像抓眼球 / 017
　　1.4.2　一个昵称吸流量 / 018
　　1.4.3　一个签名传价值 / 018
　　1.4.4　一个封面树形象 / 019

1.5　五个维度规划朋友圈素材,让粉丝主动把你设为星标 / 020
　　1.5.1　生活类朋友圈传递温度 / 021
　　1.5.2　工作类朋友圈放大口碑 / 021
　　1.5.3　产品类朋友圈强势种草 / 022
　　1.5.4　干货类朋友圈塑造专家形象 / 023
　　1.5.5　价值观类朋友圈吸引同频 / 024

1.6　两个锦囊,让你的朋友圈互动量提升3~5倍 / 025

        1.6.1　锦囊一：五个技巧，吸引好友忍不住为你点赞 / 026
        1.6.2　锦囊二：两个评论技巧，让好友记住你 / 028
    1.7　三个步骤，设计打动粉丝的人设故事 / 029
        1.7.1　第一步：问题升级，我真的受够了 / 030
        1.7.2　第二步：遇到贵人，好方法一路开挂 / 031
        1.7.3　第三步：收获圆满，我真心想帮你 / 033

第2章　朋友圈软文创作指南，让卖货变简单 / 035

2.1　朋友圈的秘密：四个软文卖货模型 / 036
    2.1.1　直击痛点，让顾客不买就难受 / 037
    2.1.2　挠中痒点，放大顾客购买欲望 / 038
    2.1.3　放大特点，让顾客忍不住选你 / 039
    2.1.4　聚焦利益点，给顾客一个理由 / 041
2.2　五大策略，让你的朋友圈销售力翻倍 / 043
    2.2.1　场景植入策略 / 043
    2.2.2　差异对比策略 / 045
    2.2.3　情感冲击策略 / 049
    2.2.4　爆销造势策略 / 050
    2.2.5　故事营销策略 / 051
2.3　朋友圈文案创作流程，让发圈像自来水一样简单 / 052
    2.3.1　第一步：确定发圈的主题 / 053
    2.3.2　第二步：成为领域的专家 / 053
    2.3.3　第三步：了解目标用户属性 / 054
    2.3.4　第四步：开始动手写文案 / 054
    2.3.5　第五步：修改编辑文案错误 / 054
    2.3.6　第六步：开始停笔酝酿文案 / 054
2.4　简单三步，轻松写出订单翻倍的朋友圈产品软文 / 055
    2.4.1　第一步：写出产品简介，穷尽产品特色 / 056
    2.4.2　第二步：两个要点，让顾客不买就难受 / 058
    2.4.3　第三步：优化表达，让文案更有吸引力 / 059
2.5　12个秘密武器，一发就有人互动、咨询 / 060
    2.5.1　取一个好标题 / 061
    2.5.2　标注顾客心声 / 061
    2.5.3　多用利益吸引 / 062
    2.5.4　借力业内权威 / 062
    2.5.5　违反常态认知 / 063

2.5.6　巧借热点营销 / 063
2.5.7　多用数据造势 / 064
2.5.8　多使用疑问句 / 064
2.5.9　低门槛吸引 / 065
2.5.10　多留互动钩子 / 065
2.5.11　主动化解顾虑 / 065
2.5.12　善用评论位置 / 066

第3章　朋友圈软文模板大全，五倍提升转化率 / 067

3.1　四个互推涨粉模板，你也能轻松爆粉 / 068
　　3.1.1　故事式互推模板 / 069
　　3.1.2　成绩式互推模板 / 070
　　3.1.3　痛点式互推模板 / 071
　　3.1.4　体验式互推模板 / 072
3.2　七个个人动态模板，让顾客100%信任你 / 073
　　3.2.1　行动时刻式 / 074
　　3.2.2　遇见牛人式 / 075
　　3.2.3　生活见闻式 / 076
　　3.2.4　工作总结式 / 077
　　3.2.5　因果关系式 / 077
　　3.2.6　思考总结式 / 078
　　3.2.7　意外惊喜式 / 079
3.3　六个干货模板，打造让顾客上瘾的朋友圈 / 080
　　3.3.1　概念科普式 / 081
　　3.3.2　解决问题式 / 082
　　3.3.3　专家解惑式 / 082
　　3.3.4　干货钩子式 / 083
　　3.3.5　纠正误区式 / 084
　　3.3.6　案例解读式 / 085
3.4　两个价值观模板，让粉丝不知不觉被洗脑 / 086
　　3.4.1　巧借热点式 / 086
　　3.4.2　认知迭代式 / 087
3.5　三个产品上新模板，一预售就爆单 / 088
　　3.5.1　互动提问式 / 088
　　3.5.2　高要求准备式 / 089
　　3.5.3　福利暗示式 / 090

3.6 四个产品种草模板，让顾客不买就难受 / 091
 3.6.1 痛点刺激式 / 092
 3.6.2 竞品对比式 / 093
 3.6.3 场景唤醒式 / 094
 3.6.4 试用体验式 / 096

3.7 四个热点借势模板，助你轻松爆单 / 097
 3.7.1 季节热点式 / 099
 3.7.2 娱乐热点式 / 100
 3.7.3 潮流热点式 / 100
 3.7.4 节日热点式 / 101

3.8 八个心机晒单模板，犹豫顾客也能爽快下单 / 102
 3.8.1 晒顾客好评 / 104
 3.8.2 晒顾客表白 / 105
 3.8.3 晒顾客咨询 / 105
 3.8.4 晒卖货收款 / 106
 3.8.5 晒账户收入 / 107
 3.8.6 晒顾客案例 / 107
 3.8.7 晒发货进度 / 108
 3.8.8 晒售后服务 / 109

3.9 五个故事模板，粉丝主动追着你买买买 / 110
 3.9.1 产品由来故事 / 111
 3.9.2 匠心研发故事 / 112
 3.9.3 顾客见证故事 / 113
 3.9.4 个人蜕变故事 / 114
 3.9.5 寓意寓言故事 / 115

3.10 五个促销文案模板，销量至少翻一倍 / 116
 3.10.1 化解顾虑式 / 117
 3.10.2 投票调查式 / 118
 3.10.3 抽奖福利式 / 119
 3.10.4 超值套餐式 / 120
 3.10.5 惊喜福袋式 / 121

3.11 一个团购模板，一条文案顶一个月销量 / 122
 3.11.1 发起朋友圈团购的五个时机 / 122
 3.11.2 让好友抢着买的团购文案模板 / 123

3.12 三个群发模板，制造爆销激活"僵尸"好友 / 125

3.12.1　适合群发的五种应用场景 / 125
3.12.2　简单有效的三种群发文案模板 / 126

第4章　私聊成交掘金术，轻松开口成交 / 131

4.1　黄金五步法，轻松搞定从破冰到成交 / 132
4.1.1　两招快速破冰，精准洞察顾客需求 / 132
4.1.2　巧妙铺垫产品，撩出顾客购买欲望 / 134
4.1.3　产品价值说明法，加深吸引赢得信任 / 135
4.1.4　看穿顾客心思，破除下单前的犹豫 / 136
4.1.5　三明治报价法，促使顾客快速掏钱 / 138

4.2　掌握这个模板，连同行都主动加盟 / 139
4.2.1　第一步：戳中痛点，扭转对方认知 / 140
4.2.2　第二步：分析原因，塑造专家人设 / 141
4.2.3　第三步：释放"诱饵"，制订跟踪计划 / 142

4.3　五个追单策略，让顾客长期找你复购 / 143
4.3.1　顾客不复购的四大原因 / 143
4.3.2　增加复购的三个黄金时机 / 144
4.3.3　提升顾客复购的五个策略 / 145

4.4　简单三步，老顾客转介绍率提升五倍 / 149
4.4.1　第一步：做好服务，筛选超级顾客 / 149
4.4.2　第二步：巧妙开口，让顾客无法拒绝 / 151
4.4.3　第三步：利益驱动，让顾客持续转介绍 / 151

4.5　牢记六大聊天话术，快准狠招募代理 / 153
4.5.1　商机类话术：分析市场，撬动欲望 / 153
4.5.2　愿景类话术：描绘愿景，加深吸引 / 154
4.5.3　产品类话术：阐明优势，塑造信任 / 154
4.5.4　案例类话术：宣传典型，加强信任 / 155
4.5.5　扶持类话术：教授方法，破除犹豫 / 156
4.5.6　制度类语术：理清制度，化解顾虑 / 157

第2篇　社群卖货篇 / 159

第5章　巧借他人社群，找到第一批种子用户 / 160

5.1　四个步骤做好自我介绍，客户主动求合作 / 161
5.1.1　四个步骤做好自我介绍，轻松涨粉 / 161
5.1.2　三个自我介绍模板，让别人牢牢记住你 / 163

5.2 好友申请的四种文案写法，100%被通过 / 165
 5.2.1 专属赞美式 / 166
 5.2.2 提供价值式 / 166
 5.2.3 熟人转嫁式 / 167
 5.2.4 认同利他式 / 167

5.3 两个互动妙计，轻松打造社群明星体质 / 168
 5.3.1 释放价值涨粉法 / 169
 5.3.2 学习笔记涨粉法 / 170

5.4 零成本让群主为你赋能 / 171
 5.4.1 四个小心机，让群主记住你、喜欢你 / 172
 5.4.2 三个搭讪锦囊，让群主主动帮你赋能 / 172

5.5 四步设计文案诱饵，实现无痕式社群引流 / 175
 5.5.1 第一步：分析目标人群的核心需求 / 176
 5.5.2 第二步：根据需求挖掘群友兴奋点 / 177
 5.5.3 第三步：利用兴奋点设计文案鱼饵 / 177
 5.5.4 第四步：聊天中找准机会释放鱼饵 / 177

5.6 用好这招必杀拳，轻松找到第一批精准客户 / 178
 5.6.1 三个要点、五个步骤，轻松写出80分的引流文章 / 179
 5.6.2 四个步骤，借势他人社群实现高转化引流 / 182

5.7 四招种草心法，借别人的社群卖自己的产品 / 183
 5.7.1 福利赞助式 / 183
 5.7.2 合作分红式 / 184
 5.7.3 广告建议式 / 186
 5.7.4 互帮互助式 / 187

第6章 自己搭建社群，让卖货收款更高效 / 189

6.1 三个步骤，吸引顾客抢着进群 / 190
 6.1.1 卖货社群的两种模式 / 191
 6.1.2 吸引目标用户的三个步骤 / 191

6.2 社群通知的五个要点，提升三倍粉丝参与度 / 196
 6.2.1 社群通知的两大核心价值 / 196
 6.2.2 五个要点，教你写出更抓人的社群通知 / 197

6.3 六个预热小妙招，引爆社群让粉丝嗨起来 / 200
 6.3.1 预热第一阶段：让用户融入社群 / 200
 6.3.2 预热第二阶段：让用户熟悉产品 / 201

6.3.3 预热第三阶段：赢得初步的信任 / 202

6.4 两套社群卖货剧本，人性化运营更易卖货 / 203
 6.4.1 实体产品的社群卖货剧本 / 203
 6.4.2 知识付费产品的社群卖货剧本 / 206

6.5 三大成交奇策，助推社群二次收款高潮 / 208
 6.5.1 接龙抢报法 / 209
 6.5.2 晒单送礼法 / 209
 6.5.3 外化晒单法 / 209

6.6 掌握社群路演的黄金六步法，轻松引爆招商 / 210
 6.6.1 创作招商文案的八种方法 / 211
 6.6.2 黄金六步法，轻松打开客户的钱包 / 212

6.7 五步引爆社群众筹，提前完成产品预售 / 214
 6.7.1 社群众筹成功的三个关键要素 / 215
 6.7.2 简单五步，轻松引爆社群众筹 / 215

第3篇 短视频卖货篇 / 219

第7章 短视频带货，批量生产爆款脚本的秘诀 / 220

7.1 短视频带货的四种形式，总有一款适合你 / 221
 7.1.1 产品种草类 / 222
 7.1.2 开箱测评类 / 223
 7.1.3 知识分享类 / 224
 7.1.4 剧情植入类 / 224

7.2 五个步骤找准定位，从零打造超级带货账号 / 225
 7.2.1 第一步：锁定带货品类 / 226
 7.2.2 第二步：描述顾客画像 / 227
 7.2.3 第三步：抓住用户痛点 / 228
 7.2.4 第四步：设计带货角色 / 230
 7.2.5 第五步：设差异化展示 / 230

7.3 这样包装你的短视频账号，轻松导流又圈粉 / 231
 7.3.1 爆款名字，让你的账号自带流量 / 231
 7.3.2 亮眼头像，让用户一见钟情 / 233
 7.3.3 勾人背景图，吸引用户关注 / 234
 7.3.4 圈粉简介，展示优势、获取信任 / 235

7.4 16种方法，写出高打开率的爆款封面文案 / 236

7.4.1 短视频封面必须具备的三个要点 / 236
7.4.2 16种文案写法，打造吸睛短视频封面 / 237

7.5 用金三角模型搭建选题库，批量生产爆款视频 / 240
7.5.1 短视频选题策划的四个要点 / 241
7.5.2 短视频选题策划的金三角模型 / 242

7.6 创作短视频的六个维度，转化率轻松翻两倍 / 244
7.6.1 三种故事，隐形的成交武器 / 244
7.6.2 检验产品，让用户眼见为实 / 245
7.6.3 标榜特色，激发最强欲望 / 246
7.6.4 展示过程，现场自动成交 / 247
7.6.5 教授干货，塑造专家形象 / 247
7.6.6 表达真诚，破解信任危机 / 248

7.7 六个标题创作技巧，引爆短视频播放量 / 249
7.7.1 带货短视频标题的三大核心价值 / 249
7.7.2 爆款短视频标题的五大底层逻辑 / 249
7.7.3 带货短视频标题的六个常用技巧 / 251

7.8 短视频带货黄金结构，五分钟写出爆款脚本 / 254
7.8.1 黄金三秒，抓住注意力 / 254
7.8.2 爆点轰炸，刺激欲望 / 256
7.8.3 信任背书，坚定信念 / 257
7.8.4 真诚表态，促使行动 / 258

第8章 爆款脚本模板，月入百万的实战方法论 / 261

8.1 美妆产品带货脚本创作要点、文案模板和爆款案例 / 262
8.1.1 创作美妆产品带货脚本的五大要点 / 262
8.1.2 美妆产品带货视频的四个爆款脚本模板 / 264

8.2 服装带货脚本创作要点、文案模板和爆款案例 / 267
8.2.1 创作服装带货脚本的五大要点 / 268
8.2.2 服装带货视频常用的四个爆款脚本模板 / 269

8.3 美食生鲜带货脚本创作要点、文案模板和爆款案例 / 272
8.3.1 创作美食生鲜带货脚本的七大要点 / 272
8.3.2 美食生鲜带货视频常用的四个爆款脚本模板 / 275

8.4 生活用品带货脚本创作要点、文案模板和爆款案例 / 277
8.4.1 创作生活用品带货脚本的四大要点 / 277
8.4.2 生活用品带货视频的四个爆款脚本模板 / 279

8.5 母婴产品带货脚本创作要点、文案模板和爆款案例 / 282
　　8.5.1 创作母婴产品带货脚本的五大要点 / 282
　　8.5.2 母婴产品带货视频常用的五个爆款脚本模板 / 284

第4篇 直播卖货篇 / 289

第9章 零成本预热引流,打造高人气直播间 / 290

9.1 两个直播间入口设置技巧,快速聚人气 / 291
　　9.1.1 直播间封面设置的四大要点 / 291
　　9.1.2 巧用个人账号引流的三大要素 / 293

9.2 用好站外流量,让粉丝疯狂涌进直播间 / 293
　　9.2.1 微博引流的四大策略 / 294
　　9.2.2 朋友圈引流的"两个一"策略 / 295
　　9.2.3 公众号引流的两大要点 / 297
　　9.2.4 社群引流的极致策略 / 298

9.3 三个小妙招,巧借外力进行引流 / 299
　　9.3.1 借势热门视频引流的方法 / 299
　　9.3.2 借势大主播直播间引流的方法 / 299
　　9.3.3 借势 KOL 背书引流的方法 / 300

9.4 两大短视频预热策略,直播间人气节节攀升 / 300
　　9.4.1 直播前短视频预热引流的七种方法 / 301
　　9.4.2 直播中短视频轰炸引流的五种方法 / 303

第10章 超高效直播成交,逆袭王牌带货网红 / 305

10.1 掌握两种直播脚本类型,新手也能卖爆货 / 306
　　10.1.1 直播脚本的五大核心价值 / 306
　　10.1.2 直播带货必须掌握的两种脚本类型和模板 / 307

10.2 三种开场留人话术,提升50%的粉丝留存率 / 311
　　10.2.1 直播开场的四大要素 / 311
　　10.2.2 直播开场的三种留人话术 / 312

10.3 四句话介绍产品,彻底激发粉丝购买欲望 / 314
　　10.3.1 第一句话:唤醒痛点 / 315
　　10.3.2 第二句话:塑造体验 / 315
　　10.3.3 第三句话:制造对比 / 317
　　10.3.4 第四句话:绘制蓝图 / 318

10.4 三句话获得信任,陌生用户也能100%相信你 / 319

  10.4.1　第一句话：借力外援 / 319
  10.4.2　第二句话：描述热销 / 321
  10.4.3　第三句话：现场演示 / 322
10.5　牢记七大方法，打造辅助成交的好故事 / 323
  10.5.1　打造成交故事的三个要点 / 324
  10.5.2　千万级主播常用的七种讲故事方法 / 324
10.6　三句话让粉丝主动帮你卖，快速引爆直播间 / 327
  10.6.1　第一句话：让新用户都想要 / 327
  10.6.2　第二句话：让老顾客都说好 / 328
  10.6.3　第三句话：让直播间订单刷屏 / 329
10.7　两大策略粉碎信任危机，让粉丝爽快下单 / 329
  10.7.1　解释原因，晒出证据 / 330
  10.7.2　零风险承诺 / 330
10.8　王牌主播五大促单绝招，销量至少翻一倍 / 331
  10.8.1　四种价格对比法，让顾客看完秒付款 / 332
  10.8.2　塑造稀缺，让粉丝对产品感到"饥饿" / 333
  10.8.3　两种方法巧算账，促使粉丝快速下单 / 334
  10.8.4　设置超级赠品，让粉丝抢着去付款 / 335
  10.8.5　巧用三连跳促单法，让顾客欲罢不能 / 336

短文案卖货

第1篇

朋友圈卖货篇

第1章

打造吸金人设，朋友圈卖货第一步

> 📖 **学习提示**
>
> 货品已泛滥，人品才稀缺。朋友圈卖货卖的不是产品，而是你的人设，你的生活方式。对于朋友圈卖货的人来说，人设才是你与竞争对手之间形成差异化的核心武器。只有顾客喜欢你这个人，才愿意买你的东西、为你打款。

1.1 朋友圈卖货，你必须知道的三个入门要领

在移动互联网时代流行着这样一句话，"朋友圈就是一座金矿"。于是，很多人蜂拥而至，纷纷加入朋友圈卖货大军，但忙来忙去也没有赚到钱。要么苦苦坚持，要么直接放弃，甚至有些人把产品换来换去，看啥火就卖啥，不但没赚到钱，还给朋友圈一众亲朋好友留下了"干啥啥不行"的坏印象。

之所以朋友圈卖货赚不到钱，可能是第一步就没有走稳。归纳起来，朋友圈卖货有两种常见的误区：

第一种：不做规划，一拍脑门盲目跟风。 看朋友圈卖货很火，门槛又低，自己正好有现成的产品或者看别人在卖某款产品，就直接开始在朋友圈"叫卖"。没有分析产品有什么优势，不知道目标人群在哪里，做不好也属情理之中。

第二种：忽略本质，仅把朋友圈当货场。 很多人把朋友圈卖货当成"传统生意"来经营，你付款我发货，却忽略了朋友圈的本质是社交，是人与人的价值互动。所以，除了产品本身，更重要的是要给目标顾客提供价值以及问题解决方案。

就算朋友圈是一座金矿，你若赤手空拳上场，也很难挖到金子。

那么，在朋友圈卖货前，需要理清哪些问题呢？这一节，教给你朋友圈卖货的三个入门要领，它也是你踏上朋友圈卖货征程的掘金地图。

1.1.1 入门要领一：卖什么

关于朋友圈卖货选品的建议，平常我们听得最多的就是要符合市场大、复购率高、刚需、利润高等特性。可是当你真正按照这个建议去做时，会发现实际情况却是不管选择哪个产品，它们只会符合其中一两个特性。

目前，通过朋友圈来卖的产品基本都属于这些类型：包、零食、水果、特产、手表、首饰、护肤品、奢侈品、衣服、鞋子，还有近两年比较流行的知识付费产品等。

市场证明，这些类型的产品是最容易通过朋友圈来销售的。但它们一定适合你吗？答案是不一定。而且这么多种类，你到底要选择哪一个呢？

以下是四个选品参考标准：

1. 有货源优势的产品

比如，你家是新疆的，且家里种植了品质很棒的核桃、大枣；或者你家是东北的，家乡有品质很好的养生滋补产品，那就可以把家乡特产作为优先选择。

2. 有技术优势的产品

比如，可以从事自己擅长的服务，比如服装穿搭、商业咨询等。

3. 高频且定倍率中等的产品

什么是定倍率？定倍率＝零售价/成本价。产品的定倍率高，有利润但不一定好卖；定倍率低，可能好卖但不赚钱。那么，应该选择定倍率多高的产品呢？答案是中等的。这样的产品能保证有足够的利润，而且是80%的人消费得起的。我们就拿高价的奢侈品来说，就非常考验人脉圈和粉丝拓新的能力，作为一个新手，如果朋友圈大多是工薪阶层，这类奢侈品显然就不适合。另外，为了弥补利润相对不是很高的短板，你还要选择高频消费的产品。

4. 消费者能否从中获利

很多人在选品的时候，考虑最多的是自己是否赚钱。事实上，选品的关键是看这个产品是否能让消费者获利。如果只是靠着贩卖信任，去卖三无产品或者垃圾产品，那就有悖于朋友圈的社交本质，也很难持续经营下去。如果我们以分享好产品为目的，以消费者获利为出发点，就有机会越做越好。

为什么要强调让消费者获利呢？就是相比于市面上其他同类产品，你的产品要有区分度和竞争力。比如，在保证质量的前提下，比同类产品的价格更实惠，能让消费者省钱。在价格相差不大的前提下，比同类产品品质更好，能让消费者享受更好的产品。或是在价格和品质相差不大的前提下，你的服务更到位。

另外，如果有一定的粉丝基础，还要兼顾朋友圈的人群分类，看看哪一类人多，这类人最有可能高频需要的产品是什么，能让他们获利的产品有哪些？

举个例子，如果你的朋友圈已经有1000位好友，分类统计后发现宝妈人群最多，占到了 40%～50%，而且都是 1～5 岁宝宝的妈妈，那选品就要以 1～5 岁宝妈的需求为核心，且满足以上四个标准。

1.1.2　入门要领二：卖给谁

有了产品，就需要解决卖给谁这个问题。找到目标消费群体，产品才能真正地流通出去，你才能赚到钱。比如，你卖的是女性内衣，很显然，目标受众是成年女性。再根据内衣款式、价格、材质等深入地细分市场，找到精准需求客户、潜在需求客户。

简单概括一下，你的目标受众要锁定两类人：一是直接找到对产品有依赖的精准消费者，二是找到需要解决某些问题，而可能需要产品的潜在消费者。

举个例子，你卖的是主打天然成分的护肤品，第一类目标人群就是那些肌肤比较敏感，不能用含有化学成分的护肤品的人。第二类目标人群就是那些比较注重天然、安全的人。

1.1.3　入门要领三：他们在哪里

当我们知道卖什么产品、卖给谁之后，接下来需要解决的问题就是：主动出击找到这些客户，也就是他们在哪儿。相信这也是很多人最感兴趣的话题。

你要想清楚是把产品卖给全国各地的人还是只卖给本地人。如果是把产品卖给全国各地的人，就要想办法加全国范围内的微信好友；如果是只卖给本地人，比如你在当地有线下店，就要以本地甚至是方圆 3～5 公里内的微信好友为主。

具体如何找呢？最简单的办法就是找到产品需求群体经常活动的地点，并且想办法跟他们产生链接。

1. 如何在本地市场挖掘消费群体

首先，就是老顾客。把所有老顾客导流到微信上。你可以在顾客付款时，放一个个人二维码，扫码加个人号可以额外赠送一个小礼品，像湿巾、抽纸等，成本 2 元以内，一般 80% 的人都会加。其次，在本地区消费水平高的地方，可能就会存在我们的客户群体，比如星巴克、线下车友会、摄影俱乐部、读书会、酒吧、高端商场等场所，这里的消费者消费水平偏高，且有较高的支付意愿。

你可以借助主动送体验装等方式和他们搭讪。

当然，如果你的产品客单价比较低，且是家家户户都需要的大众消费品，比如卫生纸、水果等，那么最简单、最有效的方法还是地推。可选择在人流量大的地方，比如社区广场、商场门口等进行地推。很多人觉得这个方法很低级，但这却是朋友圈卖货大牛测试出来的最好用的方法，也比较适合朋友圈卖货刚起步的人。

2. 如何在全国市场挖掘消费群体

有两个渠道可以帮你在全国市场挖掘消费群体：第一个渠道是自己搜索相关免费群。具体有两个步骤：第一步，拆开产品属性关键词。比如，你卖减肥类产品，可以搜索的关键词就是：减肥、减脂、代餐、瘦身塑型等。第二步，去他们经常活动的地方。通过搜索关键词找到他们的聚集点。比如，可以在百度、论坛社区、微信、豆瓣小组QQ、微博上搜索"减肥+微信群"。另外，相关领域的垂直网站也是他们经常出现的地方。

第二个渠道是加入目标人群聚集的线上交流群。如何找到这类精准群呢？有两个方法：

第一个方法：一对一去问。找到你身边的混群达人，你可以问他：最近都加了哪些群，哪些群气氛比较好；也可以让他帮你推荐某个领域的优质社群，记得要给他发一个小红包。当他给你推荐后，你再进行筛选。

当他给你推荐A群，并且你付费加入A群后，就在A群多互动聊天，之后观察A群里谁比较活跃，你再加他，问他还参加了什么社群，他又会给你推荐一些群。如此反复，你可以找到很多精准粉丝的群。

第二个方法：像广播一样，在朋友圈问。你可以发一条朋友圈问大家。

朋友圈参考文案为："伙伴们，你是否参加过一些××群？最好费用是在×××~×××元之间的，且气氛不错的。如果有，请留言告诉我，小红包奉上，感谢哦！"

梳理清楚以上三个入门要领之后，你的成功率也会更高。但仅仅做到这些，只能达到70分。想要超越同行，成为朋友圈卖货牛人，你还要在这些基础上，多深层次思考，多换位思考。

针对三个入门要领，你要进行三个维度的思考：

第一，确定卖什么只能让你把产品选出来，但卖得好不好，能否赢过竞争对手，你还要思考产品的差异化优势是什么。很多人经常说自己的产品有多好多好，压根儿没有参考其他产品，纯粹是"自嗨"。

事实上，不管卖什么产品，市面上都有同类产品，所以，确定卖什么只是第一步，还要深层次思考产品的差异化优势是什么以及可以采用什么宣传策略、促销策略等。

第二，卖给谁只能解决顾客的基础需求，但想要和顾客维持长久的关系，还要换位思考：顾客购买产品最本质的需求是什么，他还有哪些需求是我可以帮他解决的？在产品基础上，能否提供更多附加价值，更好地帮助顾客达成需求目标？

比如，你在朋友圈卖服装，把衣服卖给顾客只能解决他的基础需求，然而，顾客购买服装最本质的需求是让自己穿得时尚好看，但仅仅买一件衣服并不一定能满足这一需求。如果不会搭配，大牌可能显得也很普通。所以，你就可以提供服装之外的价值，比如穿搭建议。

第三，找到他们在哪里只是基础，更重要的是你要思考如何把他们吸引过来。简单有效的方法就是利他，通过提供价值，吸引目标顾客主动来加你。

如果你卖婴幼儿辅食，就可以分享辅食相关的干货文章。文章不需要很专业，也不需要写得很长，只要讲一些实用的知识点。一个小的话题就可以延伸出多个主题。

如果你是营养师，有很多营养、食疗相关网站以及健身类、护肤类的社区、App，你可以在上面分享专业领域的干货文章。比如，跑步后如何吃可以更好地长肌肉？如何吃可以让气色更好，每个月省掉几百元护肤的钱等。

总之，当你知道要往哪个方向走，行动过程中要注意哪些关键节点，你才能成功到达目的地。朋友圈卖货也是一样，懂经营的人应用得活灵活现，赚得盆满钵满；不懂经营的人应用得死气沉沉，又累又赚不到钱。

而掌握三个入门要领以及执行过程中的三个维度的思考，就能让你的朋友圈卖货之路更顺畅。

1.2 朋友圈卖货，你必须掌握的两大原则

我曾经做了一次互动调研，问大家对朋友圈卖货的理解是什么。大多数人说：朋友圈卖货就是把生意搬到朋友圈，在朋友圈发一下产品卖货广告信息。

事实上，很多人也是这样做的，但效果却不好。最常见的是三种情况：没人看，没人买，不系统。

比如，你在朋友圈发了很多信息，可是好像既没有人点赞，也没有人评论，仿佛没人看一样。更有甚者，因为你长期在朋友圈发太多信息和广告，还会被屏蔽和拉黑。

可能你每天也很花心思去编写每一条朋友圈信息，但好像并没有带来实际的转化或销量，连主动咨询的人都没有。之所以出现这种现象，因为大多数人都是想到什么就突然发一条，从来没有考虑过容易卖货成交、容易产生信任的朋友圈信息有什么规律。

那么，朋友圈卖货的规律到底是什么呢？我们先来看两个案例：

第一个案例（左图），小可是1990年出生的，她在朋友圈卖服装，每天很勤奋，花4个小时发2~5条朋友圈，但每个月只能赚800~1000元，而且还很不稳定，大多顾客都是熟人。

第二个案例（右图），刘小姐，她是我的学员，在朋友圈卖减肥产品，每天花3~4个小时发5~8条朋友圈，但每个月能赚1万~2万元。

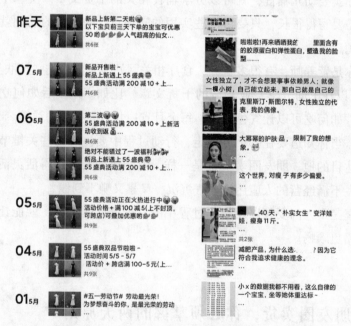

相信你已经发现两者的区别了，小可的朋友圈每天都是广告信息，什么新品上架啦，新款到货啦，限时优惠50元啦，就像一个货架一样。而刘小姐就做得比较好了，她的朋友圈不仅有产品信息，还有个人动态、个人喜好、个人价

值观等相关内容，给人的感觉就是一个活生生的人，很有温度，文案写的也比较走心。

1.2.1 原则一：人设比产品更重要

朋友圈卖货卖的不是产品，而是你的人设，你的生活方式。俗话说：爱屋及乌。只有顾客喜欢你这个人，才会觉得你卖的产品很靠谱，才会喜欢找你买东西，才会毫无顾虑地为你打款。

究竟什么是人设呢？概括起来就是：第一，你在大家心目中是一个怎样的形象？第二，你能给别人提供什么样的价值？

比如你在朋友圈卖服装，除了发服装上新、服装款式、服装促销等相关的产品信息，还要发一些能体现你个性、兴趣的生活信息以及日常穿搭、职场穿搭、不同身材穿搭技巧之类的专业内容。这样你的形象就不是一个普通的服装推销员，而是一个"穿搭专家"。那么，你发布的每一条朋友圈信息都会被阅读。因为大家认可你、相信你，觉得你很专业，她喜欢你这个人，买你的东西就是顺带的事儿。

其实，这和我们在线下店买东西是一样的，很多人之所以会反复去某一家店买，是因为喜欢老板这个人。对老板的人品、老板给出的穿搭建议都很认可，觉得她很专业，和她相处、聊天也很愉快，就像朋友、闺蜜一样。所以，人设打造好了，不管卖什么粉丝都会跟着买。

一句话，货品已泛滥，人品才稀缺。不管你卖什么产品，都能找到雷同的，但你的人设却是独一无二的。所以，朋友圈卖货一定要拒绝货架思维，而要遵循人设思维。

1.2.2 原则二：朋友圈卖货 3+1+1 法则

1. 发朋友圈的内容要按照 3+1+1 法则

如果每天发 5 条朋友圈，建议有 3 条产品软文、1 条个人动态、1 条专业知识。当然，如果你刚开始在朋友圈卖货，每天发 5 条对你来说有难度，也可以每天发 1 条产品软文、1 条个人动态、1 条专业知识，之后循序渐进。

为什么要这样规划朋友圈内容呢？因为这样的朋友圈看上去更真实可信，让好友知道你是一个活生生的人，也不容易被屏蔽，最重要的是，这样的朋友圈能与客户建立信任感。

朋友圈卖货就是通过人与人的信任和价值互动赚钱的，而3+1+1法则就保证了你能与客户建立良好的信任关系。当你把这个法则用好了，就可以在不经意中创造很多铁杆顾客。

就拿我来说，平时发的朋友圈内容除了有我的业务、服务项目之外，还会有文案专业知识以及我写课件、跑步、陪女儿的生活动态等。很多人从来没有和我说过话，但看到我推出的服务项目，也会主动来咨询、购买，因为他们默默关注我很长时间了，已经对我产生了信任。

同样，如果你是卖产品的，就不能只发产品广告，还要分享自己是如何进货的，参观厂家的体验是怎样的，平时是如何陪孩子的，以及这个领域相关的专业知识等。当好友知道朋友圈背后的你是怎样的一个人时，就对你慢慢产生了兴趣和信任，成交也会变得很简单。

2. 发朋友圈的时间要按照3+1+1法则

在不同时间段发布内容，效果也不一样。为了获得更多关注和曝光，选择合适的发布时间就显得非常重要。所以，你不仅要搞清楚什么时候是黄金时间，还要懂得结合目标客户的使用习惯来发布。

3+1+1法则就是指3个黄金发朋友圈的时间、1个固定发朋友圈的时间、1个随意发朋友圈的时间。下面我来分别解释：

（1）**3个黄金发朋友圈的时间**。实测证明效果最好的3个黄金发朋友圈的时间分别为：

①7:00~9:00。这个时间段，大多数人刚睡醒，会习惯性打开手机浏览一下朋友圈，或者在上班路上很无聊，也会刷朋友圈。

②11:50~13:00。忙了一上午终于可以歇一会儿，就会想中午吃什么，而且趁着吃饭的时间会刷朋友圈。

③20:00~22:00。忙完了一天终于可以躺在床上放松放松，睡前无聊就会浏览一下朋友圈，打发一下时间。

如果每天发朋友圈比较多，除了上面3个黄金发朋友圈的时间，还有2个次黄金发朋友圈的时间，分别是：15:30~16:30（下午茶歇时间），18:00~19:30（下班晚高峰时间）。

（2）**1个固定发圈时间**。在我们生活中，很多超市都会在某个时间段内设置固定的折扣活动。比如,我家楼下的华联,每天早上10点之前去买鸡蛋,都能享受比平时便宜0.5~1元/斤的价格,所以,我爸妈买鸡蛋只去华联,顺便还会买点其他东西回来。

之所以要设置固定发朋友圈的时间,也是一样的道理,就是为了培养用户看你的朋友圈的习惯。比如我每天早上8:00都会准时发一条"兔妈文案小讲堂",讲一个文案知识点。很多人告诉我,他们把我的朋友圈设置了星标,每天必须要看一下。

需要注意的是,这里有两个关键要素:时间固定和内容固定。时间固定很好理解,你可以根据自己的情况,选择一个固定时间。内容固定是指每次都发同一类内容,就像"兔妈文案小讲堂",它就是我朋友圈的一个固定栏目。

举个例子,如果你是卖服装的,就可以在某个固定时间点发"流行风尚标"或者"穿搭小讲堂"。但不管是什么栏目,核心是能给顾客带来价值。只有对顾客有价值,他才会每天定时来看。就像去超市买特价鸡蛋一样,顺便也会看一下你的其他朋友圈。这样你不需要广告刷屏,就能让大家知道你是做什么的。更重要的是,通过提供价值让大家相信你的专业实力,当他有需要的时候就会主动想到你。

(3) 1个随意发朋友圈的时间。1个随意发朋友圈的时间指的是周日。周日大家看微信的时间不太固定,所以,周日你就可以相对随意地发1~2条朋友圈内容。除了每天雷打不动的固定栏目,在发圈时间上也可以相对随意一点。

总之,朋友圈卖货比拼的不是你发了多少条信息,而是目标用户的注意力和关注度。如果他对你发的内容不感兴趣,也不喜欢你这个人,那么,就算你一天发20条朋友圈也没有用,还容易被屏蔽。所以,牢记这两大原则,让朋友圈卖货事半功倍。

1.3 掌握这套坐标分析模型,卖什么粉丝都跟着买

经过前两节的讲解,相信你已经意识到人设的重要性。然而,平时讲课时经常有人咨询:兔妈,我就在朋友圈卖服装,我就在朋友圈卖点水果生鲜,也需要人设吗?当然!否则,你和粉丝从来没见过面,怎能让他放心给你转款呢?而且那么多卖水果生鲜的人,粉丝又如何把你和竞争对手区隔开呢?

如果单是卖东西，粉丝更关注的是产品质量和价格，但现在很多产品的品质都相差不大，粉丝只能比谁家更便宜。想象一下，这种情况下你还有什么优势？卖贵了，粉丝不买。卖便宜了，自己不赚钱。

怎么办？答案就是打造鲜明的人设，让粉丝先喜欢、信任你这个人，这样粉丝对价格就没有那么敏感了。面对市面上各种卖同类产品的竞争对手，也更容易做出判断和选择。就算你和竞争对手卖同一款产品，粉丝也会心甘情愿找你买。

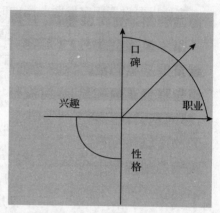

那么，如何找准自己的人设才能提高吸引力和识别度，让粉丝爱上你呢？这一节，教会你一个人设坐标分析模型。

坐标的横轴是你的职业和兴趣两个标签。纵轴是你的口碑和性格两个标签。其中，兴趣和性格是你的生活人设，让好友喜欢并信任你这个人。职业和口碑是你的专业人设，让好友信任你的专业和实力。你可以根据自己的情况，在每个标签轴上填上相应的内容。最后，你会发现把这些内容合起来，就接近一个圆，也就是一个立体的你。你的朋友圈就会更接地气、更有温度，朋友圈好友也能清晰地知道微信背后的你是一个怎样的人，从你这里他能获取什么价值。

举个例子，如果你是卖服装的，你的生活人设标签，比如性格是直爽还是内敛安静？你是喜欢读书还是画画？你的专业人设标签，不要简单把自己定位成一个卖衣服的推销员，而要定位成一个形象设计师或者穿搭顾问。口碑就是客户、朋友对你的评价，比如专业、用心、有亲和力、懂穿搭。

这样你的人设就清晰了，用一句话表达就是：某某是穿搭方面的专家，平时喜欢画画。她是个热心肠，性格非常直爽，客户都说她"非常有亲和力，不管是职场还是日常场合，她搭配出来的衣服都非常得体、显气质"。

这样你给大家的印象就不是只会在朋友圈发广告的"机器人"，而是一个专业、热心肠的服装穿搭专家。当然也更容易被人记住、受人欢迎。

1.3.1 如何打造生活人设

经常有学员咨询：兔妈，我平时喜欢在朋友圈发一些生活化的内容，这算是生活人设吗？注意，生活人设≠简单晒生活。

到底什么样的生活内容，才能更好地体现你的生活人设呢？首先，我们要明确生活化的朋友圈并不是事无巨细，把生活琐事全发到朋友圈里，而是要根据你的生活人设标签进行选择、裁剪。

有些宝妈一天到晚就是晒娃，而且孩子邋里邋遢就出镜；有些人生活中、工作上遇到什么不顺心的事，就在朋友圈发泄；有些人斤斤计较，占了别人便宜还炫耀；还有些人出去看个演出就发了十几条朋友圈刷屏。这几类朋友圈固然是生活化的，但会给人一种很不好的感觉，自然是不利于自我营销的。

可能有些人会说：我没啥兴趣和爱好，性格也不是很好，感觉不晒日常生活就没东西可发，怎么办呢？你要给自己一个定位：我是谁？我希望自己是一个什么样的人？我想给别人留下什么样的印象？我想以什么样的形象出现在粉丝面前？别人提到我，我希望他最先想到的标签是什么？

比如，就拿我来说，原来就是一个农村出身的普通宝妈，没啥特长、颜值不高，但我希望给别人的印象是富足的、自由的、有爱的、独立的、有学识的、有正能量的。

于是，我就围绕这个目标，给自己的朋友圈圈定了一些关键词，比如：读书、学习、爱思考、爱生活、勤奋努力等，并不断朝着这个目标努力，结果真的越来越好了。

为了方便理解，我用自己发过的朋友圈来解读一下。内容是这样的：

坚持做一件正确的事就像吃早餐，常吃某种食物你肯定会烦，但还不能不吃。

所以，你要做的是换着花样吃。做事也一样，可以停下来放松，但不能停滞。

这条朋友圈的发布时间是早上 6:41，配的图是早餐，说明我正在吃早餐。第一句，坚持做一件正确的事就像吃早餐。这是我的感悟，说明吃早餐的工夫我也在思考，衬托出我是一个爱思考的人。第二句，给出明确的结论。吃早餐要换着吃，做事也可放松放松，但不能停滞。这不仅体现我重视健康，爱生活的一面，也体现出我凡事坚持的秉性，给人一种正能量的感觉。

再如，就拿跑步来说，很多人跑完步只是简单晒个图，但为了衬托我是一个爱思考、懂坚持的人，我就写了这样一条朋友圈。内容是这样的：

我是最怕跑步的人，上大学那会，800 米跑考了三次不合格，老师实在没办法，说：勉强算过吧。

之所以要跑步，是因为比以前坐得更久了，腰椎、颈椎问题也越来越严重了，肚子上的肉也抢风头，所以，抽个固定时间运动，也更容易养成习惯。

第一次跑，小区400米的圈，2圈都没坚持下来，回家躺了10多分钟才缓过来。腿还疼了半天，太痛苦！

第二天继续定了2圈的目标，一星期之后每天能跑5圈了，现在能坚持5.5圈。和"跑神"比起来，这简直就是小巫见大巫，但对于我来说，很棒了。

能坚持下来，我觉得这里有几个非常重要的点：第一，写进日程，养成习惯。把跑步写进每天日程，这样才能做到像吃饭睡觉一样，而不是三分钟热度。

第二，因人而异，制定目标。很多人制定目标是以"跑神"为参照物，结果两天就坚持不下去了。而且心理受挫严重，给自己贴上不行的标签。

正确的方法是，以自己的起点为参照。就算每天向前一步，乘以365天也很厉害。

第三，设置低门槛。和我一起跑步的，速度很快、每次跑很远的人，都很难天天坚持，一个月见不到几次，相反坚持最久的是那些健步走的老年人，因为门槛低。我是慢跑，也相对好坚持。

第四，目标可量化和有弹性区间。每次感觉快坚持不下来时，我就告诉自己先跑到前面拐弯处，到达后再定下一个目标：跑到前面黄车的位置。觉得距离很近，一咬牙就到了。关于弹性区间，不是从1到5的加量，而是学会利用弹性区间，每次加减半圈或1圈。如果第一次就增加到5圈会非常累。

第二天就告诉自己：还可以按照原来的标准跑4圈，状态好就5圈。在弹性区间中保持3~5天，如果每次都做到，就继续再加。所以，我从原来跑2圈都困难做到了能跑5.5圈。

事实上，所有事情都是一样的。就拿我擅长的文案写作来说，经常听很多人抱怨很难，坚持不了，但只要按照这几点一步一步去做，你就能做到让自己惊讶的程度。

总之，生活人设不仅是把你生活的一面晒出来，而是要思考你想给粉丝留下什么样的印象，然后再筛选晒什么、怎么晒，这样你的人设标签才会越来越鲜明。

1.3.2 如何打造专业人设

经常有学员说：兔妈，你说要打造专业人设，但我不专业，怎么办？什么是专业？专业意味着你不是一个让人避之不及的推销员，而是一个当别人遇到问题，会主动想找你请教的专家，再不济也是个达人。

成为专家有两个要素：第一，自己成为专业人士；第二，让别人认识到你是专业人士。这就需要你在两个方面努力：一方面自己不断学习、总结和归纳，提高专业水平；另一方面你要在朋友圈不断输出专业内容，塑造你的专家形象。

成为专业人士其实并不难。买一批书，订阅一些该领域高手的公众号，有条件可以听听线上和线下课程。经常学习、总结、归纳，一两个月就能基本入门，五六个月就能成为半个专家，起码也比普通人懂得多。然后把知识用到实践中去，为自己解决问题，也帮别人解决问题。

需要强调的是一定要打破心理障碍，把学习的收获和感悟勇于分享出来，这是打造专家人设最好的方法。当你在某一个领域持续输出，一直给大家解决问题，你就是这个领域的专家、达人。

有一种情况是专业过多怎么办？

曾经有学员问我：自己什么都懂一点，这种情况要怎么选专业人设呢？给你一个金三角定位法则，通过三个角度形成一个三角形。大家都知道，三角形是最稳固的。所以，这样就能找到最利于你稳定发展的专业。

三个角度分别是：你的个人优势、市场环境以及你的资源优势。

首先，盘点你的个人优势有哪些。你的知识、技能、爱好、天赋、梦想等，并一一列出来。其次，了解市场环境和社会需求。你要思考这个专业、特长是不是适应市场环境的变化，能否长久做下去。然后，梳理自己的资源，比如人脉关系等，看这些资源有利于你的哪个定位。最后，把这三个角度画成一个三角形，并不断往中间集中，找出最中间的那个点。

1.3.3 企业客服号如何打造人设

很多企业也开始运营私域流量，那么，企业客服号需要打造人设吗？在回答这个问题之前，我们先来思考企业运营客服号的目的是什么？无非是想提升老客户回购，实现业绩增长。但如果只是在朋友圈简单更新一下产品促销信息，发一些企业新闻，顾客就不愿意看。而且大多数中小企业，也没有容易识别的品牌，最后只能陷入拼价格的恶性循环。所以，企业客服号也需要打造人设。

但与个人号不同的是，企业有自己的品牌形象和调性，在打造企业客服号的人设时，就要考虑品牌的调性、信仰和价值观。同时，再加入一点个人特色，让粉丝感受到这是一个活生生的人，而这个人就是企业的化身和代表。所以，企业客服号的人设公式是品牌调性、信仰和价值观+最有利于传播企业品牌调性的个人特色。

举个例子，卖零食的企业的品牌调性是萌、快乐、正能量，价值观是对每一款产品品质都严格要求，企业客服号的人设就可以是快乐、正能量、美女吃货。再举个例子，卖生鲜的企业的品牌调性是休闲、有爱、爱生活，价值观是只做最新鲜、最优质的生鲜产品，企业客服号的人设就可以是有爱心、爱生活的好物推荐官。

人设就是你的信任杠杆。面对众多竞争对手，它能快速帮粉丝做出判断，让粉丝优先选择你。也正因为它是信任杠杆，所以，需要你对自己卖的每一件商品做到严格把控。只有这样，顾客拿到产品后才会感觉很满意，你的人设也会越来越鲜明，带货力也会越来越强，最终实现"卖什么粉丝都会跟着买"的最高境界。

1.4 "四个一"工程，打造不销而销的个人品牌

上一节我们讲了如何用坐标分析模型找准人设。那么问题来了，如何最大化展示、传递你的人设呢？需要牢记一个原则，就是一切对外展示的内容，也就是顾客能接触到的所有触点都要符合你的人设。对一个微信号来说，首先就是你的静态形象，包含头像、昵称、个性签名和朋友圈封面。这也是别人对我们的第一印象。

心理学上有一个词叫首因效应，也叫"第一印象效应"。好的印象，等于成功的一半。

想象一下，如果顾客进店，看到店员穿的衣服很随意、邋遢，那么顾客会在你的店里买衣服吗？肯定不会。在微信上也是一样。所以，在朋友圈卖货之

前，一定要按照你的人设标签，包装好你的形象。

如何设置静态形象才能让好友快速了解、认知、信任并记住你，从而更快达成付款成交呢？下面我们来逐个解释。

1.4.1 一个头像抓眼球

通过微信了解一个人，首先看到的就是头像，它就是你的第一代言。所以，千万不要用花草、风景、猫狗、孩子、卡通画、表情包等做头像，因为它们不能给你代言。

正确的方法是用真人形象。顾客看你的脸次数多了，对你熟悉了，也就产生信任了。

除了要真人出镜，头像还要满足三个要素：

1. 看着舒服

我们的头像让别人看起来是否舒服，就决定了别人是否继续跟我们聊天。所以，头像给人的第一印象至少应该是不反感，最好有亲切感。

2. 传递信息

好头像自己会说话。通过头像要能传递出你是怎样的性格特征，或者有什么兴趣爱好，与什么职业相关。

拍照时可以结合自己的人设标签，搭配适当的道具，比如书、笔、电脑、领带、眼镜、胸针等，以便更好地传递你的职业、兴趣、性格等标签。

3. 增加信任

想象一下，同样一个人，一张是日常的自拍照，不够精致，清晰度也一般。一张是高清写真照，哪个更容易让人信任，更容易塑造你在该领域的专业和权威呢？毋庸置疑是后者。你的穿搭、发型都能影响别人对你的信任。所以，一定要请专业的形象设计师为你量身打造一个符合你的人设和气质的形象。

当然，如果你已经拥有了自己的团队，有了自己的品牌，还可以考虑在头像右下角加上个人品牌LOGO，这样也能显得更专业，更容易被识别。

我们来做一个小练习，如果你是一名营养师，个人头像用哪个会更好呢？

A：自拍照

B：穿着衬衫的职业装

C：微笑的，以新鲜食材为道具的高清写真照片

从打造个人品牌以便更好实现卖货的目的来考虑，C 是最佳的答案。为什么？因为它更有亲切感，也能传递出你的职业标签，而且新鲜的食材也能让人联想到专业、信任、放心。

1.4.2　一个昵称吸流量

好名字就是好的个人名片，虽然只是个文字符号，但它却能帮你获客。

先给大家分享一个小故事：曾经一个客户让我推荐一位靠谱的设计师，在我的记忆中朋友圈里有好几位做设计的人，但具体名字记不太清楚了。我就在搜索栏输入"设计""设计师"等关键词，但一个都没有找到。所以，一个不合适的昵称，就可能让你损失一份订单和一次合作机会。

所以，昵称看似简单，实则内有玄机。它是你的免费广告。好的微信昵称要满足四个要求：容易记忆，理解直观，便于搜索，利于传播。像叠字、英文、字母、图标等千奇百怪的名字最好不要用。

常用的昵称有三种形式：

1. 昵称＋标签

比如我的昵称兔妈｜文案赚钱教练、兔妈｜千万级爆款操盘手。类似的还有××｜服装穿搭专家、××｜理财教练、××｜房产律师、某某｜资深销售文案、某某｜《××》作者等。

2. 昵称＋功能

比如我曾经的昵称就是兔妈～助你爆单。类似的还有：××｜帮你穿出美、枕头哥｜专治睡不着、××｜让你躺瘦等。

3. 昵称＋品牌

这种形式适合有知名度的品牌或者是企业客服号、团队号。比如，兔小助｜兔妈团队。

1.4.3　一个签名传价值

如果说昵称是个人品牌的名字，那么个性签名就是品牌的宣传语。它要让

人容易记住，或者看到这个签名就可以联想到你是做什么的，从而达到宣传的目的。切忌用假大空、没有实质意义的签名，比如"感恩与你相遇""让我们一起成长"等，最好能用一句话体现我们的个人价值、产品价值。

给你提供六种标注个性签名的维度：①专业标签。比如我的个性签名"文案赚钱教练"就体现出了专业标签。②行业身份。×××创始人、××秘书长等。③业务范围。比如教你写卖货文案、新媒体文案和朋友圈软文等。④提供价值。比如帮商家提升多少订单转化率等。⑤企业愿景。比如让好产品不难卖。⑥服务态度。比如用120分的标准筛选每一个水果。

一般情况下，你可以选用不同维度进行自由组合。常用的组合形式有五种：

①专业标签＋帮目标对象达成的利益结果。比如文案赚钱教练，帮学员每个月靠文案多赚2000～10000元。②专业标签＋你擅长的项目。比如专注销售转化文案，擅长卖货文案、爆文拆解和朋友圈文案定制。③专业标签＋你能提供的价值。比如千万级卖货操盘手，帮你提升多少订单转化率。④行业身份＋个人愿景。比如《××》畅销书作者，让卖货变简单。⑤行业身份＋服务态度。比如，×××选品官，用120分的标准筛选每一个水果。

1.4.4 一个封面树形象

我们先来做个小互动：如果领导让你对接一家杂志社投放一则产品品牌广告，你会随便写一下就投放出去吗？肯定不会！

其实，很多地方性杂志的曝光率只有几千人次，并且这一期发行结束，基本上就不会再有人翻看了。而你的朋友圈可以有5000人，初步估算一下，如果每天潜在曝光率为10%，就是500人次。

一般来说，我们添加一个人的微信时，就会下意识看一下对方的朋友圈，这时候最先看到的就是朋友圈封面。所以，朋友圈封面就是你的免费广告位。

正确的朋友圈封面应该有哪些要素呢？主要包含四大要素：

第一，你的真人头像。真人头像更容易产生信任。

第二，你的身份标签。比如：某畅销书作者、新媒体老手、文案赚钱教练、朋友圈轻创业导师等。也可以是你能提供的价值利益，比如我的封面文案就是：手把手教你每个月靠文案多赚2000～10000元。

第三，你的成绩。可以从服务人数、帮客户达成的成绩、学员覆盖区域以及项目成绩等不同角度挖掘你的成绩。比如单品推文卖货 3000 万元，帮客户转化率提升多少，帮助 2100 人平均减重 10 斤，单条朋友圈卖货成交 1 万元，帮助 5000 名客户提升转化率，帮助 2100 名女生设计适合自己的穿衣风格，客户遍及马来西亚、美国、日本等。

第四，权威认可。你获得的某个权威奖项、某项荣誉证书或者某个权威身份，比如畅销书作者；有赞学院高级讲师；××银行行长穿搭顾问等。

如果是企业客服号或者团队号，就需要和个人号有所不同。你可以放一张"品牌宣传语＋品牌提供价值＋团队形象合照"的海报作为朋友圈封面。

1.5 五个维度规划朋友圈素材，让粉丝主动把你设为星标

上一节我们强调了一切对外展示的内容，都要符合你的人设。除了头像、昵称、个性签名和朋友圈封面这些静态形象，还有你的动态形象。动态形象就是你每天发的每一条朋友圈。它们就像是连续剧的一个个分镜头，完整展现了"你"的个人品牌。

对于发朋友圈，大多数人都存在三个误区：

（1）佛系发朋友圈。没素材，经常不知道发什么，甚至好长时间都不发一条。

（2）盲目发朋友圈。没规律，完全是凭感觉，走到哪发到哪，看到啥就发啥。

（3）复制发朋友圈。有些微商干脆直接复制粘贴上级代理的朋友圈内容。

这就导致别人浏览朋友圈时，要么看不到你，就算看到也不知道你是做什么的，对你这个人没有记忆点，有需要的时候也不会想到你。

正确的方法是围绕人设定位，系统规划你的朋友圈。只要按照这个方法去做，你会发现每天有很多素材可以发。更重要的是你的人设越来越鲜明，粉丝也越来越喜欢看你的朋友圈，甚至还会主动把你设为星标好友，那么卖货就是水到渠成的事了。

如何系统规划朋友圈呢？我归纳总结了五个维度，分别是生活类朋友圈、

工作类朋友圈、产品类朋友圈、干货类朋友圈、价值观类朋友圈。其中，生活类朋友圈和价值观类朋友圈是让朋友圈好友了解你的兴趣、性格、态度、信仰和思维等，属于你的生活人设。而工作类朋友圈、产品类朋友圈和干货类朋友圈是让朋友圈好友了解你的职业标签、业务范围、实力、口碑和价值等。

1.5.1　生活类朋友圈传递温度

乔哈里视窗理论说：一个人的公开象限越大，他的影响力也会越大。经营朋友圈也是一样。

很多人发朋友圈从不露脸，也不发和家人有关的任何信息。除了产品广告，看不出来他在哪个城市，家里几口人，有什么兴趣等。换位思考一下，这种情况下你会放心给他转款吗？答案是否定的。所以，想要赢得朋友圈好友的信任，个人生活这个板块很重要。它就是用户了解你的窗口，更是信任你的理由。

如果用户知道你有几个孩子，甚至还知道你的孩子几岁，叫什么名字，上几年级以及宠物叫什么名字，喜欢吃什么等，潜意识里就会对你更信任。

前面我们讲到生活类朋友圈不是简单地晒生活，而是要体现你的人设关键词，具体包含但不限于以下 4 个方向：兴趣爱好，情感表达，成长感悟，线下活动。

第一，兴趣爱好。比如读书、烹饪、健身、画画、陪孩子玩游戏等，你有什么爱好都可以在朋友圈展示出来。

第二，情感表达。通过晒情感表达可以传递出你是一个怎样的人，和亲朋好友的关系如何，情商高低以及是否受欢迎等。比如，你可以晒和伴侣的关系，和父母的关系，和闺蜜的关系以及亲子关系等。

第三，成长感悟。日常学习、读书的感悟以及和大咖交流的感悟等，核心是打造积极向上、正能量的形象。比如你看到某位大咖写的一篇文章很不错，就可以转载到朋友圈，并发表自己的见解。

第四，线下活动。比如日常参加一些读书会、行业交流会或者参观厂家、生产车间、原料基地等的经历。通过线下活动传递你是追求进步的人，对选产品非常负责以及生活丰富多彩。

1.5.2　工作类朋友圈放大口碑

生活类朋友圈展现了你的生活动态，让朋友圈好友觉得你的生活品质和人品还不错。而工作类朋友圈就要展现你的工作动态,让朋友圈好友觉得你的能力和口碑不错,具体包含但不限于以下两个方向:工作进展和他人评价。

第一,工作进展。工作进展要体现四个要点:我很忙,我很职业,我很用心,我很优秀。可涵盖的内容有:企业新闻或大事件,出差处理问题,和领导、同行、高手交流,学习进修动态,工作成绩等。

我有一个朋友,她在2019年入职平安保险,朋友圈发自己获奖、被表彰的内容,就很好地塑造了她业务能力很强的形象,客户买保险的时候也更愿意找她。

第二,他人评价。别人的评价比你的承诺更有效。比如客户对你的评价、同行对你的评价、大咖对你的评价等。我有个朋友在一家上市金融公司做客户经理,每次出差她都会晒出客户对她的评价,让别人感觉她这个人很靠谱,人缘很好,对客户很负责。

1.5.3 产品类朋友圈强势种草

我们花费这么大精力打造人设,最终目的就是卖货成交。所以,产品类朋友圈直接决定了朋友圈的销售业绩。然而,很多人发产品广告的方式都是错误的。最大的误区就是硬广告刷屏,大段的产品介绍、让人看不懂的原理、粗暴的产品功效,结果顾客看完不但不心动,甚至还会屏蔽你。

这类广告有个共性,就是从"我"出发,我的产品是什么,成分如何好,功效如何强大,背书如何厉害,这是典型的自嗨模式。

朋友圈的本质是社交,是人与人的价值互动,所以,正确的方法是从"你"出发,从目标用户的角度切入,多写产品给顾客带来的好处和价值利益。这也是写产品类朋友圈的总原则。

产品类朋友圈具体可以从哪些点切入呢?有六个方向:

第一,产品的试用体验。通过详细描述使用产品的感官体验以及使用产品后带来的具体效果,让潜在客户清晰感受到产品带来的好处和价值利益。

第二,产品的使用场景。你要写出产品在什么场景下使用以及能给顾客带来什么价值利益。通过场景设定,让顾客想象使用产品可以不断获得幸福和快感。而且这些场景本身也是锚定效应的应用,让顾客觉得在某个情景下有这款产品才完美。

第三，产品的反馈。产品到底好不好，顾客的反馈最重要。你可以晒顾客对产品的好评截图以及顾客使用产品获得改变的真实案例。

第四，产品的背书。比如产品获得的荣誉、奖项、证书以及被某个权威媒体报道的高光时刻。

第五，产品的故事。故事是抢占顾客心灵最有效的武器。相比于硬广告，产品故事更容易让人产生共鸣和信任。比如产品起源故事、创始人故事、研发故事、历史传承故事、配方故事等。

第六，产品的小知识。比如行业近几年的趋势、老百姓对产品使用的误区、行业大事、产品生产过程、原料选择标准、工艺流程把控、产品辨别、产品使用方法、产品日常护理等。

1.5.4 干货类朋友圈塑造专家形象

什么是干货呢？就是行业里的一些方法、规则、知识和技巧。它直接体现你的能力和水平，也是对潜在客户科普教育的过程。比如原来很多人不关注、不需要你的产品，但因为看到你在这方面坚持输出，而且很有道理，能够从中学到知识，有所启发，从而激发了其对你朋友圈长期关注的兴趣或对产品的需求。

同时，它也能让粉丝清楚知道你是做什么的，你能为他提供的价值、解决的问题是什么。更重要的是，他会给你贴上一个"某某行业专家"的标签，觉得你在这个领域很专业、很在行，当他遇到这方面的问题时，也会首先想到你。

挖掘干货常用的五个维度是：时间场合、使用人群、症状痛点、垂直细分、跨界延伸等。

举个例子，如果你在朋友圈卖服装，你能发的干货就有：

第一，时间场合。旅游时怎样穿搭拍照才好看？商务谈判时如何穿搭显气质？周末约会如何穿搭才能休闲又时尚？早春如何穿保暖又好看等。

第二，使用人群。职场女性穿搭指南，商务男士穿搭指南等。

第三，症状痛点。矮个子姑娘如何选裤子？梨形身材如何选裤子？胖人怎样配色好看又显瘦？有蝴蝶臂的姑娘如何选上衣？皮肤黑的女生适合什么样的围巾等。

第四，垂直细分。比如服装垂直细分有西装、阔腿裤、裙子等，你就可以讲小西装应该配什么样的耳环，阔腿裤应该配什么上衣等。

第五，跨界延伸。就是讲和穿搭没有直接关系，但却能影响穿搭最终效果的专业知识。比如颜色搭配知识、配饰搭配知识等。

通过干货给粉丝持续提供价值，培养用户习惯，也塑造了你的专业人设。更重要的是，平时讲干货知识时，都是用自己卖的产品做示范，相当于把产品软性植入，客户不但不反感，反而看得乐此不疲，也更容易下单购买。比如卖服装，你讲搭配技巧时，搭配的都是自己卖的衣服，粉丝原本可能只打算买一件，但看了搭配效果后可能就会买一套，销售业绩自然也会更高。

就像我是做文案培训的，我的朋友圈不能只发自己培训的产品、顾客案例，更要讲干货。很多学员说专门把我的朋友圈设为星标，还有的人说看我的朋友圈上瘾了，然后第二天就给我转了学费。

那么，如何获得干货类朋友圈的素材呢？有四个技巧：①专业书籍。买几本相关领域的书籍，每次从书中挑一个知识点，提炼一下，加工成自己的语言。②问题搜集。平时把客户普遍性的问题搜集起来，记在本上，每次选一个问题进行解答。③关键词搜索。你可以在百度搜索相关的关键词，比如衣服穿搭基本常识、穿衣风格测试、衣服穿搭技巧等。而且这里还有一个小功能，就是当你搜索其中一个关键词时，搜索页面底部会出现九个相关关键词，这样就能找到很多相关的内容。④关注KOL。你可以关注该领域的博主、微信大号、小红书博主等，借鉴KOL的内容和观点。需要注意的是，一定要把他人的观点加工成自己的语言。

1.5.5 价值观类朋友圈吸引同频

什么是价值观？就是深植于一个人内心的原则、理想、标准和准则，主要包含你对工作的态度，你对顾客的服务原则和标准以及对某个问题的深度思考。

古今中外，但凡有魅力的人，都是有思想深度的人。而价值观类朋友圈就能让你的朋友圈更有深度，相比于同行也更高一截。而且根据同频相吸的原则，多输出价值观类朋友圈也更容易让同频的人找到你。

比如，我的这条朋友圈：

很多人都在讲"死磕"，但其实大多人并没有真正理解这两个字的内涵。所以，看似很努力，每天熬夜到很晚，搞得自己昏天暗地，疲惫不堪，却没有成绩。

死磕的真正内涵，并不是把你的时间安排得满满当当，并不是让你把所有事情都做好，所有机会都要去争取，而是要在有限的时间内做最有意义的事情。

在有意义的事情上压倒性地投入时间和精力。死磕不是以"做"为导向的，而是以"目标、反省"为导向的。

一切都要围绕你的核心目标，不断反省总结，然后继续优化完善。唯有这样，才能离目标越来越近。否则，只能称得上"蛮干"。

所以，从今天起，大胆砍掉没有意义的事情，让自己轻装上阵，省出更多精力和体力在有意义的事情上死磕到底。

该朋友圈讲了我对"死磕"二字的深度思考，并且给出了自己的思考答案，让大家觉得我是一个有思考深度的人。更重要的是，价值观类朋友圈可以塑造独一无二的你。

你可以根据自己的实际情况制作一个素材规划表，平时看到与之匹配的素材就收集起来，积累多了就不缺素材了。更重要的是，这样打造的朋友圈就能像一本杂志一样有吸引力，让顾客越看越上瘾，甚至主动把你设为星标。你还担心产品卖不出去吗？

1.6　两个锦囊，让你的朋友圈互动量提升3~5倍

我们先来做一个互动：有两个人A和B，A的微信上有5000个好友，每条朋友圈平均有5个点赞、1条评论。B的微信上有2000个好友，每条朋友圈平均有10个点赞，2条评论。请问，A和B谁的朋友圈价值更大呢？

答案是B的朋友圈价值更大。为什么？明明是A的好友人数更多啊，但是B的朋友圈点赞和评论数都比A高，说明B的朋友圈好友黏性更强。

点赞和评论的数量是判断朋友圈经营是否成功的重要指标，也直接影响带货水平。更重要的是，它可以帮你锁定潜在客户。每次发完朋友圈看谁经常给你点赞、评论，那么，大概率就可以推断出他对你更关注，对你的产品更感兴趣。

经过多次互动以后再进行私聊，你和对方之间就会有一种熟悉感和信任感，

后期促进成交的时候就会容易很多。

如何提升朋友圈价值，增强好友互动和黏性呢？除了按照前面讲到的人设模型去搭建你的朋友圈门面、规划朋友圈素材，还有一个小技巧就是在平时发朋友圈的时候，根据你的人设定位加入一点儿互动性。这一节给你两个提升好友互动的小锦囊。

1.6.1 锦囊一：五个技巧，吸引好友忍不住为你点赞

想让好友给你点赞，你要懂得他们的心理以及他们刷朋友圈想要获取什么。答案无非是：有用的知识、有趣的谈资、和自己有关的内容、动人的故事。所以，我总结出了以下五个赢得点赞的发朋友圈的技巧：

1. 求知心理

每个人都有好奇心，比如你看《十万个为什么》这本书，当你看到了问题以后，不管这个问题和你有没有直接关系，你都会想知道答案。这就是人们的好奇心理。

所以，在平时发朋友圈的时候，以神秘事件来吸引对方互动是非常有效果的。比如，你在朋友圈中发了一条这样的内容：送给你一招，让你的订单转化率提高50%，想知道方法的朋友私信我。当朋友圈好友看到这条消息的时候，就有可能主动跑来问你这个方法是什么。

2. 前后反差

就是要有鲜明的对比，简单理解就是前后不一致，和我们的普遍认知不一致。

举个例子，在我们的普遍认知中，对小孩的印象就是调皮，但如果你发了一条朋友圈说：你下班回到家，2岁的孩子主动给你拿拖鞋、递水果，这样的形象就不符合2岁孩子常规做的事，就形成了反差。好友看到就会给你点赞、评论，这也是我经常用的技巧，也符合我宝妈的人设标签。

除此之外，还有给人印象的反差。比如，很多朋友都知道我不吃辣，偶尔发个吃辣的照片，就会有很多点赞，问我为啥现在也吃辣了。再如你给人的印象是商务男，偶尔晒出在家带娃的照片，就会赢得很多点赞。这体现出工作之外的暖男人设，可以给你的人设加分。

3. 多用问句

提到问句，大家都不陌生。我们在写卖货推文、推文标题的时候也经常用到。它利用了人们看到问题会习惯性回答的心理和习惯。所以，在发朋友圈时，你可以采用"问句结尾"，这样就能比平时获得多1~3倍的点赞。

举个例子，刚拍了个人形象照，摄影师推荐我选第二张，但个人觉得第三张更能体现我的职业定位。你觉得呢？

4. 幽默自黑

自黑是一种沟通方式，更是一种能力。在平时发朋友圈的时候，适当自黑可以塑造亲和力强、幽默的人设，也能获得更多的点赞。

举个例子，你给客户培训或者给顾客解决问题加班到凌晨1点。这时候就可以发一条朋友圈：刚结束客户的1对1培训，肚子有点饿，到底要不要吃夜宵呢？点赞超过1人，我就去吃啦。

这样不仅能展现出你的工作动态，更能体现出你没有架子、亲和力强、幽默的人设，拉近了与目标顾客的距离，也让人更愿意和你沟通。

5. 讲述故事

人们的大脑天生对故事更为敏感。所以，你可以在朋友圈发布近一段的成长故事，这也是吸引点赞的一种方法。

比如，我在朋友圈发了一条自己的成长故事，获得了高于平时3~4倍的点赞。

朋友圈文案是这样写的：

从零人脉绝望宝妈，到影响数十万人，我是如何做到的？

刚刚，干货帮创始人帮主给我发来了一份数据，28.2万次学习！！！对，你没有看错，就是兔妈的课。如果倒推一年，我还是拿着几千块死工资，无人知晓的绝望宝妈。

2018年，"超级IP"这个词开始流行。当时，我觉得这些都是明星、网红的事儿，对于我这样没人脉、没资源，也没颜值的普通人，简直是"天方夜谭"。

那时的我，除了按点上班，努力保住200元的全勤奖，就是围着娃和灶台转。然后，就是打听楼下哪家超市在做促销、搞活动。日复一日，平淡到让人窒息，感觉自己就像一个麻木的机器人。

不敢有梦想，更不敢想自己也能成为"文案界的超级IP"。但这些不可能，我用一年做到了。成功破局，蹚出了兔妈的逆袭之路。

现在，我的粉丝装满了三个微信号，我的课有数十万次的学习，受邀在机械工业出版社出版的书也即将上市。更受邀到各大平台讲课，站到了聚光灯下。

人生没有什么不可以，只要你敢想敢做，你也可以活成传奇。我命由我不由天。

2020年，开年很难，但不改变更难。当自己命运的逆行者，找方法，敢执行，让下半年更踏实。让未来的你，感谢曾经努力的自己。

1.6.2 锦囊二：两个评论技巧，让好友记住你

评论也是提高朋友圈好友互动性和黏性的关键，你可以根据朋友圈好友发的内容找准切入点进行评论。

比如好友提到某个兴趣，你可以围绕这个兴趣进行交流，并在交流中发现好友的需求，然后就可以试着去满足他的需求，植入产品信息。

但朋友圈评论一定要走心，好友是需要用心经营的，培养好信任感才能更好地销售产品。下面两个评论模板能给粉丝留个好印象。

1. 鼓励式：认可 + 鼓励 + 你的建议

比如，一个好友发了一条早起的朋友圈：没想到自己坚持早起2个月了。你就可以评论：哇，能坚持早起2个月真的很难得啊（认可）！我也在坚持的路上，一起加油（鼓励）！对啦，我发现一个早起打卡的软件很好用，你也可以试试呢（你的建议）。

这样的评论就要比那些简单说"太厉害了"或者简单一个赞更容易被人记住，而且还能塑造有亲和力、有爱心的人设。同时，也能传达出"我们是同频好友"的信号，便于后续进一步沟通、销售产品。

2. 赞美式：赞美 + 原因 + 具体细节

每个人都喜欢听赞美的话，但关键是你的赞美要走心，这样才能为你的社交形象加分。如何让赞美更走心呢？答案就是：赞美的点要具体。

举个例子，你看到一个好友在朋友圈发了一张自拍照，配文是：一个人的美好时光。你就可以用这个赞美的句式进行评论。例如：哇，好美啊（赞美）！

妆化得好精致（原因），尤其是眼线，超级自然（细节），希望有机会向你请教（埋伏笔）。

当别人看到你的走心评论，就会下意识点开你的头像去浏览你的朋友圈。通过朋友圈看到你在某个领域做得还不错，就会加深对你的印象，甚至主动找你购买产品。

以上给出的点赞和评论这两个小锦囊，可以帮助你提升朋友圈的互动量和曝光率。但想要获得粉丝持续的关注和信任，乃至成交，单靠套路是不行的，还需要根据你的人设标签和素材规划，坚持原创，走心地发好每一条朋友圈。

1.7 三个步骤，设计打动粉丝的人设故事

按照前面六节的内容去执行，你就能打造出一个80分的朋友圈人设。为什么是80分？因为不管是展示生活动态、工作动态，还是干货知识，这些都是事实，是偏理性的。而想要深度影响客户，让客户记住你，单采用事实是不够的。你还需要从情感上影响他们，而故事就是最有力的销售武器。

好的人设故事，就像给粉丝放了一部关于你的个人纪录片，能建立可信度。你不再被粉丝视为刷广告的微商，而是价值创造者、专业问题解决者和顾问，这让你从竞争者中脱颖而出。更重要的是，你富有感染力的故事能拉近你和粉丝的距离，让他们更愿意敞开心扉和你聊天，从而创造更多的成交机会。

很多人都知道故事的效果好，却很害怕讲故事，觉得自己没什么故事可讲，担心故事讲出来没有吸引力，甚至觉得丢人、不好意思。

其实，之所以很多人有这样的畏难情绪，是因为被市面上的故事教学方法吓到了。比如很多课程会告诉你好故事要有时间、地点、人物、情节等六大要素、八大原则等。听起来很复杂，也让人无从下手。事实上，好的故事并不需要太复杂。好故事的判断标准只有一个，就是看它能不能加深粉丝对你的认识，能不能打动粉丝。同时，人们更喜欢听有格局、有信心、有决心、有目标、有梦想、有责任、有价值、有能力、有智慧、懂坚持、肯努力的故事。

在故事中，你要把自己塑造成上述这样的人，因为人们更喜欢和这样的人打交道、交朋友，也更喜欢找这样的人买东西。因为在大多数人的认知中，这

样的人是值得信赖的、是可靠的。你可以根据自己的人设标签，锁定其中 3~5 个核心关键词。

接下来，如何设计出能打动粉丝的人设故事呢？以下归纳总结了三个步骤，你只需按照步骤去做，就能设计出一个能打动粉丝、有说服力的人设好故事。

1.7.1 第一步：问题升级，我真的受够了

在这一步，讲一个我受够了的故事。顾名思义，就是要讲你过去的经历，一个让你紧张、压迫、痛苦、难过直到受够了的故事。比如，受够了穷，受够了胖，受够了租房，受够了老公的轻视，受够了 500 强的压力，受够了看不到希望的恐慌等。

在这件事中你是悲伤的、愤怒的、绝望的、焦虑的、迷茫的、痛苦的。你可以采访一下自己，想想过去什么事情能给你带来这样的情绪，也就是触发这个情绪大爆发的导火索是什么，你就讲那件事情。

以我自己为例，之所以走上文案写作之路，就是因为"受够了穷"，那一刻我是绝望的、焦虑的。是什么事情给我带来这样的情绪呢？我讲了导致我情绪大爆发的两件小事。第一件事，女儿弄坏了邻居家孩子的玩具，价值 348 元。当时这个玩具相当于我家每个月 1/3 的生活费。所以，我哭了一晚上。第二件事，我妈带孩子时把腰摔骨折了，手术要 5 万元，但每个月还完贷款和基本的生活开销都是月光，根本拿不出钱。

这一步要注意两个关键点：

1. **找到问题升级的导火索**

如果你只是简单说"每个月工资只有 3000 元，平时喜欢的东西不舍得买"，这就是一个普遍背景，尽管挺让人痛苦的，却不是"受够了的事"。如果连续发生的两件事导致了"穷"这个问题升级，让我受够了穷，情绪大爆发，进而有了改变的动机。所以，"受够了"一定要在某个普遍背景下，发生一件更让你痛苦、忍无可忍的事，就是我们常说的雪上加霜。只有这样，你的情绪才能大爆发，才能带动粉丝的情绪。所以，你一定要找到这个导火索。

比如，我的好朋友"分销王子"罗兰猗，他也是我最早的付费会员之一，他就讲了一个"受够了没钱、没安全感"的故事。具体故事是这样的：我以前在家居装饰材料工厂上班，每个月工资只有 3000 多元，住在郊区一间月租 180

元的农民房里。2017 年，当地政府针对雾霾问题进行环保大检查，关停了很多污染企业，也波及我们工厂。工厂只能放假，工资更低了，最少的时候只有七八百元。

如果他只是讲述"在工厂上班，工资低"，这就是一个普遍背景，但工厂关停导致原本的低收入还不稳定，对他的生活产生了严重影响，于是这让他彻底受够了"没钱、没安全感"的日子。

2. 描述具体细节凸显真实

细节能增强故事的可信度和真实性，同时，也能帮助粉丝通过想象和代入看到完整的故事，切身感受到你当时的情绪，进而产生共鸣。所以，你要选取一个重要场景，并描述具体细节。

比如在我的故事中，我就讲了玩具的赔偿金额以及妈妈带孩子摔骨折的手术费用，有了具体数字就会更真实。而且还特别指出赔偿金占我家当时月度开销的具体份额，就更能凸显"穷"的程度。这样就比简单说"赔不起玩具、看不起病"更能让人感知到我当时的穷困和无助。

1.7.2 第二步：遇到贵人，好方法一路开挂

在这一步讲述你努力逆袭的过程。当你的情绪爆发后，就可以转化到另一个故事，开始讲你是如何改变的，你是如何从"地狱"到"天堂"的，讲述你的努力改变和逆袭之路。

这一步也有一个关键，就是需要在故事中设计一个人物，就是你的"贵人"。这个贵人可以是直接的贵人或间接的贵人。

直接的贵人就是有人赏识你，给你提点，给你帮助，给你平台，给你机会。或者你通过这个贵人推荐的产品或业务发生了改变。间接的贵人，就是你读到了一本重要的书，看到了一部重要的电影，参加了一个重要的聚会，在某种触动下，你清楚了某个道理，然后开启改变和逆袭之路。

事实证明，直接的贵人是效果最好的。因为设计人设故事的目的是让朋友圈好友更深刻地认识你、信任你，终极目的是通过对你这个人的信任，进而转嫁到对产品的信任，实现卖货的目的。而你通过"贵人的嘴"就能提前解除客户的抗拒，从第三方去讲述你要表达的产品，让贵人说服粉丝改变。

例如，你想让别人买单，就要有一个自己曾经买单的故事，最好还要穿插

当时你如何与"贵人"对话，如何抗拒买单，如何怀疑、犹豫，最后"贵人"解决了你某个顾虑，你如何感恩，如何走上逆袭之路的。

以我自己为例，我的文案之路的贵人之一就是关健明老师，我通过购买他的一系列产品，书籍、专栏课程、文案社群、私教1对1，最后和他成为业务上的合作伙伴和朋友。也正因为遇见贵人，让我从开始的迷茫，到掌握正确方法后的一路开挂，短时间成功逆袭。当我把这个"遇贵人"的故事讲出来后，粉丝自己就会得出一个结论：有牛人指导，要比自己摸索进步更快。所以，就会更愿意来买我的课程。这也是所谓的模仿效应。

在好朋友罗兰猗的故事中，他也有这样一个"遇贵人"的时刻：没有安全感的日子，何时是尽头！我必须改变了！我注册了公众号，开始写作，但没写出一篇爆文，公众号创业算是失败。2018年6月在朋友圈看到有人推荐关健明老师的书《爆款文案》。因为买了这本书，我进入了他的营销圈，又在这个圈子里认识了兔妈，跟兔妈结缘。我终于抓住机会，借助兔妈的势能，开始用文案变现，走上了知识分销之路。随后一发不可收拾，多次拿到分销冠军，后来辞职来到深圳开启创业之路。

他有三个贵人：第一，间接的贵人"写作"，虽然没成功，但通过写作让他进入新的圈子。第二，直接的贵人关健明老师，给他平台。第三，直接的贵人兔妈，也就是我，给他机会。于是，他就给粉丝传递了一种主动连接大咖、持续学习的人设，所以，他的粉丝购买课程的转化率都很高。

所以，你要梳理一下在自己的成长过程中，有没有遇见什么贵人，他们给了你正确的方法，正确的理念，甚至是直接给你机会。同时，为了找到贵人，你付出了哪些成本和代价。这样的好处是你在故事中植入了一个价格锚点，可以让粉丝在不知不觉中把价格放入自己的潜意识中，为最后激活成交种下关键的种子。

再举个例子，有个非常有名的时间管理老师，在他的故事里也有一个"遇贵人"时刻。为了学好时间管理，他花了3万元专门学习国外某时间管理大师的VIP课程。看到他的故事，粉丝自己就会得出一个结论：他花3万元学到的知识，现在我只需要付几百元就能学到，性价比太高了，也更容易促使粉丝做出购买决策。

1.7.3 第三步：收获圆满，我真心想帮你

因为"受够了某件事"，你发誓改变。通过"遇贵人"，你收获了圆满结局。但是，这些和你的粉丝是没有关系的。

所以，最后一步你还要升华你的故事，在故事中把你的追求、理想升华到一定的高度，帮助曾经和你一样痛苦的人，让你的"爱"传递出去。"爱"能让你得到更多人的支持和喜欢。

可能有些人会说：兔妈，我没有这么远大的理想和抱负，这样表达出来会不会很空、很假？其实，问题没有那么复杂。

你可以想一想为客户带来变化和巨大成功的时刻。然后，回想客户因为什么问题来找你？你的第一反应是什么？你是如何帮他们解决问题的？当你提出解决方案时，他们说了什么？他们的眼神是怎样的？在那一刻，你的感受是什么？现在请闭上眼睛，想象这个时刻，你就会找到那种使命感，把它写下来。这个时刻就是你创作人设故事的高潮和升华。

还是以我自己为例，在帮客户卖爆产品后，他们每一句发自肺腑的感谢，都促使我把文案成功卖货的经验写出来以帮助更多想学好卖货文案的人，让他们彻底掌握这门技能，实现用文案卖出货、收到款。这就是故事的升华。

按照以上三个步骤，你也能设计出能打动粉丝的、独一无二的人设故事。可能有些人会说：兔妈，我的经历没有大起大落，十分平常，怎么办呢？再分享两个塑造人设故事的方法：

1. "我为什么做这件事"的故事

有句话是这样说的，人们不会为你的工作买单，而只会为你为什么干这份工作买单。

为了充分了解并且信任你，顾客需要了解你为什么选择现在从事的这份事业。是什么吸引你从事现在的行业并选择你所在的团队？这些原因能说明你是个什么样的人，也能强化你的人设标签。

2. "借别人来说明自己的优点"的故事

对于很多经历平常的人来说，正确的方法是借别人的故事来说明自己的优点。

比如我的一个朋友，她的家境不错，工作稳定，个人条件也好；老公又优秀，而且情商高，还多才多艺，目标感强，专注努力，在外人眼里她就是"完美"的代名词。但如果她直接讲这些优点，就会显得傲慢。她也没有这么做，而是采用了巧妙的方式，讲了她妈妈的故事：她妈妈48岁离婚后，独自抚养她长大，并在53岁退休后通过了会计考试，现在已经73岁了还在工作，而且还自学跳舞，非常优雅。通过这个故事，我们了解到她非常尊重她的妈妈，佩服她妈妈的这些特性，而她之所以这么优秀，就是因为跟她的妈妈很像。通过这个故事，她成功传达了自己的人设标签，同时也没有让别人觉得她在自吹自擂。

所以，你可以思考给你带来最大影响的人是谁，他的故事是怎样的，他教会了你什么，然后把这个故事写出来。

第 2 章

朋友圈软文创作指南,让卖货变简单

> **学习提示**
>
> 对于一件事,我们不仅要知其然,还要知其所以然。大家都知道朋友圈卖货软文很重要,但更应该知道怎样才能创作出有销售力的朋友圈软文,更好地提升订单转化率。
>
> 这一章我们就从朋友圈创作的底层逻辑出发,给你解析朋友圈软文创作背后的规律和模型,帮助你更好、更快地写出有销售力的朋友圈卖货文案。

2.1　朋友圈的秘密：四个软文卖货模型

经常有学员问我：兔妈，朋友圈文案怎么写才能激发粉丝的购买欲望？

在告诉你答案之前，我们先来看看大多数人创作朋友圈文案的误区。归纳起来主要有三大类：

（1）追求文字优美，却未传达有效信息。很多人为了追求朋友圈文案的优美性，内容很文艺，却没有传达真正有效的信息，读者看完不知道表达的核心是什么，和产品有什么关系。

（2）生硬叫卖产品，却忽略了用户视角。与上一种情况正好相反，这类朋友圈又走向了另一个极端，简单粗暴地介绍产品、承诺功效，却忽略了用户视角，产品能帮顾客解决什么问题，给顾客带来什么价值利益等。

（3）注重表达技巧，却未考虑其策略性。明确了要传达的信息，也考虑了用户视角，却过分注重文字表达技巧，忽略了策略性。产品卖点很多，不知道如何取舍；竞争对手很多，不知道如何差异化等。

其实，创作朋友圈文案的正确方法是从目标顾客的角度出发挖掘切入点。

平时我们会通过购物满足自己的需要，但并不是随便一件东西都可以让我们心甘情愿地掏钱。想要成交，就需要先了解你的消费者。所以，我们需要从以下两点着手：

（1）确定目标人群。首先，我们要按照产品属性梳理自己的目标人群，即潜在客户。主要分为三类：①直接目标人群：购买产品和使用产品是同一个人。②二级目标人群：是消费人群，但不是使用产品的人，比如给父母买保健品的人群。③间接目标人群：对目标人群的信念、行为能够产生影响的人。

要根据产品属性找出相应的目标人群，打上标签。还可以按照目标用户意向程度的大小打上高、中、低等不同的标签。如果有多款不同的产品，还要梳理每款产品的目标人群。细化梳理目标人群，可以帮你筛选出有意向的客户。

（2）分析目标人群。先总结出目标人群都有哪些特征，如年龄阶段、爱好兴趣、购买方式、行为习惯、价格偏好、经常出入的社交场所等。

在与顾客交流和查看对方朋友圈的过程中，找出目标用户的共同点。根据与顾客的聊天记录，找出目标用户问得最多的问题，总结出他们的疑虑主要表现在哪几方面，需求主要表现在哪几个方面，想解决的问题有哪些等。总结出来的要点越细致，你就越了解他们的心理需求以及影响他们的决策因素有哪些等。

完成以上两点，你会对自己产品的目标人群非常了解，这样在创作朋友圈文案的时候，更能一击中的，促进卖货转化。

只有了解消费者，才能准确抓住他们的消费心理，找出真正的需求。根据消费者的普遍心理，通常可以从以下四点切入来创作朋友圈文案，分别是痛点、痒点、特点、利益点。这四点不仅是一切成交的诱因，更是朋友圈卖货文案的底层逻辑和必胜法则。

2.1.1 直击痛点，让顾客不买就难受

什么是痛点？简单来说，痛点就是顾客在日常生活中所碰到的问题、纠结、抱怨和焦虑。如果痛点不解决，就会影响生活、工作，让他浑身不自在，坐立难安。

比如街知巷闻的王老吉为什么能火遍大江南北呢？因为王老吉抓住了消费者的痛点，这个痛点就是"怕上火"，而王老吉的广告也很简单，"怕上火，喝王老吉"，通过这样的宣传语，让每个消费者一想到上火，就想起王老吉。

我们要做的就是发现顾客的痛点，然后一针见血地指出来，并胸有成竹地告诉顾客：我能帮你解决这个问题，如果你有这个问题就选择我。

那么，具体要怎么用呢？首先，你要找出客户在日常生活中经常遇到的问题，如果这个问题不解决会让他很痛苦，很难受。同时，还要找出客户在使用传统方法时会出现的一系列问题，这些方法令原本的痛点得不到有效解决，甚至又导致新的痛点，就是所谓的"选品痛点"。当你把这些问题一一指出来，顾客就会觉得很痛，进而刺激他寻找更好的解决方案的欲望，这样你的产品和服务才有机会。

这是朋友圈卖货文案创作的第一个万能模型，主要适用于省事型、预防型、

治疗型、改变型等产品。常用形式是：目标用户痛点＋解决方案＋圆满结局。我们来看两个朋友圈卖货的案例：

第一个案例是卖货社群，文案是这样写的：

如果你想在朋友圈卖货，又烦恼没地方找货源，可来我的社群××××，今天有58位朋友分享了自己的货源，有面膜、卤味、燕窝、女童装，你可进来挑选，起步3个月，大家预期的收益是每月3000～6000元。

该文案中，"朋友圈卖货，找不到货源"这个问题是很多想要尝试朋友圈卖货的人的痛点，很具体。紧接着，给出了一个完美的解决方案，就是社群里有很多好的货源渠道，而且会员月收益都在3000元以上，这样便可吸引目标人群马上加入。

第二个案例是知识付费社群，文案是这样写的：

我们在做海报时，最常做的就是优惠、促销海报，但是常常写得很无聊，什么"盛夏特惠""钜惠来袭"，写出来没意思，怎么办？今天我给你一个屡试不爽的招式，你想拥有吗？

该文案中，促销海报没意思、没新意，这也是很多广告文案人的痛点。紧接着，告诉目标人群想要解决这个问题就可以加入社群，在社群中分享了一个好用的招式，吸引用户加入。

2.1.2 挠中痒点，放大顾客购买欲望

什么是痒点呢？它不一定是必须要解决的问题，而是诱使消费者产生一股"我很想要"的欲望。一听到你的产品就心里痒痒的，特别感兴趣，特别渴望。

像市面上层出不穷的网红产品，比如网红奶茶店、精品小罐茶、大米、燕窝、网红吹风机，它们的爆红是靠抓住痛点吗？显然不是，网红产品靠的就是痒点。

比如苹果手机只要推出新款，就会有很多人排队购买，甚至很多人贷款也要买。其实他们不是基于功能性的需求，而是我要买最高端的那款手机，拿着这款手机，他们就会觉得自己部分地过上了高端人群的生活方式。

再如口红一哥李佳琦在直播间卖口红时，他讲的不是痛点，而是告诉你"涂上这个颜色，你就是舒淇"。这就是痒点，抓挠着顾客的心，让顾客觉得涂上这款口红就能秒变女神。满足的是顾客成为想象中那个理想的自己的愿望。

类似的痒点还有对知识的渴望、对美食的渴望、对美好生活方式的渴望等。这也是朋友圈卖货软文创作的第二个万能模型，主要适用于颜值高、品质好、有格调的产品，以及能让你拥有美好的生活方式，满足理想自我需求的产品。常用形式是：找出目标用户痒点 + 事实证明。我们来看两个朋友圈卖货的案例：

第一个案例是卖香水的，文案是这样写的：

聪明的女人，一定不会拒绝香水。淡淡的清新花香慢慢散开，似乎工作的繁杂、生活的压力随之缓缓化解。让人静下心来，有一种放松又舒服的感觉。即使从未用过香水的闺蜜，凑热闹过来闻了闻，也沉浸于迷人的香水味中，当即决定要买一瓶。

香水不是刚需产品，但当顾客看到这条文案，就会有一种抓心挠肝的感觉，觉得一定要买一瓶，这就是挠到了顾客的痒点。首先，"聪明的女人，一定不会拒绝香水"，唤起了人们理想中的自我，只要买了这款香水，感觉自己就是聪明、讲究的女人。其次，描述出产品的感官体验，闻到的花香、身心感受到的放松，这也是痒点，能唤醒目标顾客对美好生活方式的渴望。最后，通过"从未用过香水的闺蜜也要买"的事实，证明这款产品真的值得购买。

第二个案例是学员推广我的第一本文案书《爆款文案卖货指南》的文案：

从普通上班族到第 4 个月文案兼职收入 1 万元，再到现在的自由职业月入 2 万多元，这本书带我开启了文案变现的新世界。这本书我是原价 69 元买的，但却是今年最正确的一笔投资。

此刻刷朋友圈的上班族，可能从未想过要做文案副业，但看到别人通过文案副业收入 1 万多元，这就唤醒了他内心"想要尝试文案副业变现"的欲望，挠到了目标人群的痒点。

2.1.3 放大特点，让顾客忍不住选你

现在市场上的产品过剩，同质化严重，面对朋友圈琳琅满目的产品，顾客如何做出选择呢？当然会选择更好或更有特点的产品。所以，特点的本质就是与竞品的区别，也可以称为区隔点。

第一，你要找出区别其他竞品的特点。比如比其他毛巾更吸水，比其他面膜精华液更多，比其他苹果更甜更脆等。第二，找出了特点，如何把这个特点表达出来，让顾客秒懂，听完就心动，就想下单呢？只有做到这两点，产品的

特点才能产生爆炸效应,才能带来高销量。

在大多数情况下,很多人对自家产品的特点都如数家珍,但往往卡在第二个问题上,导致顾客感知不到产品的好,也不能被打动。

举个例子,大家都熟知的农夫山泉饮用水。市面上矿泉水很多,普遍口感也差不多,如何突出农夫山泉的不一样呢?

营销团队就提出农夫山泉更好喝。好喝是一个特色,但到底有多好喝谁也说不出来。回归到产品源头,水好喝的原因在哪儿?泉水是甘甜的。就有了大家熟知的广告语"农夫山泉有点甜"。"有点甜"让人们秒懂了"好喝"这个特点,也和其他产品区隔开来。而且"有点甜"这三个字很妙,只可意会不可言传。让好喝这个卖点产生了"爆炸效应"。

类似的特点还有能给细胞喝水的面膜;可以裸睡的凉席;可以养鱼的卸妆水等。这也是创作朋友圈卖货文案的第三个万能模型,主要适用于大众熟知的品类,比如,生活用品、护肤品等。常用内容是:标注特点+放大特点。我们来看2个朋友圈卖货的案例:

第一个案例还是卖社群知识付费产品的,文案是这样写的:

连续半个月,我的圈子活跃度都是全国top10。我们不考核圈子收入,只考核圈子的精华帖数量和评论数量,我们相信只要把用户服务好,其他指标自然会上来。

该文案首先指出了社群的权威地位。紧接着,标注出本社群区别于其他社群的特色"我们不考核圈子收入,只考核圈子的精华帖数量和评论数量",言外之意就是其他社群是考核收入的,但我们不这样做,这就和其他社群有了区隔。但是此刻顾客会想为什么要这样做呢?如果只是为了不一样,对顾客来说就失去了意义。所以,最后一步就要放大特点给顾客带来的价值利益"只为了把用户服务好"。因为精华帖数量多了、评论数量高了,说明社群活跃度高、粉丝黏性大,间接证明社群可以学到东西。同时,活跃度也是粉丝加入社群最看重的因素。短短两句话,不仅把特点讲清楚了,也让顾客秒懂了该特点的价值利益。

第二个案例是卖红啤梨的,文案是这样写的:

我们平时吃梨都是挑硬脆的,而这个梨子的推荐吃法是"吃软不吃硬"。它居然是桃子和苹果的混合口感,放软了直接可以吸着吃。冰淇淋的完美替代品，很适合做宝宝辅食哦，牙口不好的老人也能吃。

该文案首先指出了这种梨区别于其他梨的两个特点：第一，其他梨都是脆的，而这种梨是软的。第二，口感不是梨味，而是桃子和苹果的混合口味。但仅指出这两个特点并不能让顾客产生购买欲望。接下来放大特点给顾客带来的价值利益"吸着吃，完美替代冰淇淋"，"做宝宝辅食很适合"，"牙口不好的老人也能吃"，这样顾客就能秒懂这种梨的特色价值利益，也更容易下单。

2.1.4 聚焦利益点，给顾客一个理由

所谓利益点，顾名思义就是和用户利益相关的点，即产品能为他们带来怎样的实际价值，能解决哪些实际问题。

营销界有句名言：用户永远只关心他自己。所以，不要喋喋不休地讲产品的卖点，消费者根本没有耐心去理解。比如当年的 MP3 产品都在强调自己的容量如何大，却不如苹果 iPod 直接宣传"把 1000 首歌装进口袋里"简单明了，直击内心。

换句话说，不要局限于产品"是什么"的层面，要直接说出产品能为消费者带来什么好处的"为什么"的层面，也可以理解为产品的"买点"。

需要注意的是利益点一定要具体、确切、可量化，不能是笼统的、模糊的。比如笔记本特别薄的利益点就是便于出行携带；汽车后排空间很大的利益点是可以全家人一起出游。课程很多干货的利益点是让你一站式解决全部难题，带来收入的改变；有机大米的利益点是越嚼越甜，让孩子多吃一碗饭等。

这也是创作朋友圈卖货文案的第四个万能模型。它几乎适用于所有领域的产品。常用内容是：我用过 + 产品利益点。我们来看 2 个朋友圈卖货案例：

第一个案例还是卖社群知识付费产品的，文案是这样写的：

今天，我要送你 1 个微信被动引流的锦囊，用后每天可以涨 10 多个粉丝，后期甚至每天 70～80 个。这也是验证了 30 多种方法后，实测效果最好，也是引流最精准的方法。非常简单好用，扫码就可以直接拿去用。

该文案中，第一句话就明确给出了这个引流锦囊能带来的利益点，而且这个利益点是可量化的。比如每天可以让你涨 10 多个粉丝，后期是 70～80 个，这样就让用户有了明确的期待。但如果仅仅写出这些内容只能有 80 分，为什么？因为用户会怀疑真的有这么好吗？所以就有了第二步"我用过"。告诉用

户这个方法是我验证了30多种引流方法后，实测证明效果最好的，这样就让用户有了信任感。而且这也符合朋友圈卖货的本质，粉丝基于对你个人的信任，进而产生成交。简单理解就是，我用了一个好产品，所以推荐给你用。这要比简单说某个产品很好，更容易让人产生信任。

第二个案例是卖洗面奶的，文案是这样写的：

我最开始用这款洗面奶，还是被粉丝种草的。从此一发不可收拾……连续空瓶了三四支了。泡沫绵密又软软的，像给脸做深层泡泡浴，干净又不紧绷。我老有黑头、白头去不掉，用过后，鼻子滑滑的，毛孔都变细腻了！真有"换张脸"的感觉，性价比还很高！

该文案中，明确指出这款洗面奶是我用过的，建立信任背书。巧妙的是她特别强调这款产品是被粉丝种草的，说明这款产品口碑不错。接下来，指出产品的价值利益点，分别是：第一，体验层面的利益点。泡沫绵密，带来的具体利益是"像给脸做深层泡泡浴"。通过泡泡浴的类比，让价值可量化，进而凸显产品的使用体验。第二，效果层面的利益点。因为能深层清洁，所以洗完脸很干净。有多干净呢？鼻子上的黑头、白头都去掉了，毛孔都变细腻了，就像换了一张脸。文案非常具体，给了顾客一个无法拒绝的购买理由。

另外，除了产品软文之外，朋友圈文案还有一个目的，就是吸引客户主动来咨询，吸引客户帮你转介绍。而这类朋友圈一般也会用到利益点这个万能模型。常用的方法有：给出有用的干货，设计让用户受益的小游戏，最简单的方法就是红包诱惑。我们来看一个案例，这条朋友圈是关健明老师请粉丝帮他做的裂变传播，文案非常经典，是这样写的：

如果你觉得我的朋友圈有价值，请帮我发个圈，推荐你的朋友来加我新号。图片用下面这张，文案我写在下面评论区，直接复制就行。你先在本条下回复1再去发，因为我会抽100个人送8.8元红包（100个今天发完，发完截图给你看）。

该文案中，"如果你觉得我的朋友圈有价值，请帮我发个圈"，这里就利用了营销中的互惠原则。言外之意就是，我每天给你输出有价值的内容（利益点），那么这次请你一定要帮我这个忙。另一个利益点"我会抽100个人送8.8元红包"，就是红包诱惑，而且抽奖形式让人觉得很好玩。总结出来有三个关键词，互惠、好玩、有利益，所以粉丝参与度很高。

以上四点是创作朋友圈卖货文案的底层模型。其他的技巧都离不开这四个点的逻辑支撑。所以，不管卖什么产品，都要先思考可以用以上四个模型中的一种。只要做到这一点，你也能把朋友圈文案写出销售力。

2.2 五大策略，让你的朋友圈销售力翻倍

你有没有发现：即使是卖一样的产品，做一样的活动，粉丝数也旗鼓相当，不同的人靠朋友圈产生的订单量却很悬殊。

为什么？问题很可能是文案没有写到点上。没有打动顾客，也就是所谓的不走心。之所以不能切中顾客要害，用四个字总结就是：用错策略。

这一节总结了朋友圈卖货的五大常用策略。从这五个策略着手，就算是卖货小白也能快速写出有销售力的朋友圈卖货文案。

2.2.1 场景植入策略

先来给大家分享一下，在一次购买料理机的过程中，我是如何从拒绝到爽快下单的。去年冬至，闺蜜问我要不要一起买料理机。她说有了料理机，自己在家做饺子馅卫生又方便。当时她把链接发给我，我大概浏览了详情页，看到的内容是这样的：

"304 不锈钢刀头"

"进口马达"

"每秒 8000 转的转速"

"350w 功率"

"一机多用"

"双挡调速"

"静音运行"

"快速切菜绞肉，安全、省时、方便"

……

我看完就关掉了，考虑平时也用不上几次，所以就没有买。但今年我在朋友圈看到了一款小型料理机，当时我并没有购买料理机的计划，但看完它的文

案，10分钟就爽快下单了。它的文案这样写的：

疫情宅家，想包饺子，做肉丸肉酱，剁肉泥耗时耗力？大蒜皮总是剥不干净，大蒜肉还卡进指甲缝里，一手蒜味？××料理机全部给你搞定。最重要的是，它工作效率还特别高！加入大块的猪腿肉，只需10秒，就能绞出超细腻的肉泥。方便加工各种食品，可以给不喜欢吃肉的孩子包饺子，让他长得更高；给肠胃消化不好的父母做芝麻糊，更利于消化。平时在家吃火锅，只需10秒就能搞定自制的蒜泥辣椒酱、芝麻花生酱等。

发现它们的区别了吗？第一个只是在叫卖产品的功能，却没有让顾客产生任何联想。而第二个做得就比较好了。通过关联用户的生活场景，让其产生联想，觉得有了这个产品，就能经常享受它带来的方便和快感。这也是刺激我下单的原因。

所以，让人心生欲望的不是文字，而是由此引发的与个人关联的场景联想。这就是场景植入策略。

场景植入策略有两种切入方式，一种是正面场景，就是拥有产品之后可以获得的美好体验。另一种是负面场景，也就是没有产品时的糟糕体验。

比如这个料理机的朋友圈文案，第一句"疫情宅家，想包饺子，做肉丸肉酱，剁肉泥耗时耗力？大蒜皮总是剥不干净，大蒜肉还卡进指甲缝里，一手蒜味？"就是负面场景，指出了没有料理机时的糟糕体验，唤起了顾客脑海里的痛苦记忆，让他体会到这个场景似曾相识，这个产品如此懂我。紧接着，给出了使用料理机的美好体验，让顾客在脑海中模拟享用产品的快乐体验，唤醒了顾客在对应的生活场景中对产品的期待和欲望。

所以，朋友圈卖货一定要把产品巧妙植入生活的方方面面，让潜在顾客产生场景联想。更重要的是，通过植入每天的生活场景，还给顾客传递出一种信心"这个产品肯定很好，要不然你自己也不会天天用"。

我的好朋友苏北就把这个策略用到了极致，她主要在朋友圈卖一些生鲜食材、水果和零食。她的朋友圈从不叫卖产品，而是把所卖的产品植入到自己的一日三餐、下午茶和孩子的辅食中。在粉丝看来，她不是微商，而是一个美食分享达人，所以，她的朋友圈经常爆单。

卖玉米，她的文案是这样写的：

冬天最幸福的事就是窗外在下雪，寒风凛冽。房间里煲着热气腾腾的汤，锅里咕噜噜地响，空气中弥漫着玉米的香气，玻璃上氤氲着微微水汽，盛一碗热汤，先吸溜一口玉米里的汤汁，美哉美哉。

卖银耳，她的文案是这样写的：

把甜瓜冷藏一下，冰冰凉凉，倒入焖好的银耳羹，什么也不用加，夏日爽口水果捞，专治下午昏昏欲睡没精神。吃着吃着就漂亮了。

卖地瓜，她的文案是这样写的：

打豆浆时加六鳌蜜薯，味道超级赞，糖都不用加了。六鳌蜜薯，地标性产品，膳食纤维丰富，饱腹感还很强，天然的减脂代餐。

我们再来看一个案例，这是一个学员写的卖面膜的文案：

下班回家最喜欢的事，就是敷上果冻膜，一边泡脚一边看书。可别小看了它，上脸后面膜液很快就凝结成果冻膜，精华被牢牢地锁在里面，肌肤一直处在一个水润温软的状态，很舒服。20分钟后，揭下来面膜，皮肤就像是磨过皮一样，嫩得好想咬自己的脸一口！！

在该文案中，她并没有写面膜如何好，而是植入自己平时的生活场景，写出具体场景下的美好体验，让顾客对这个场景产生期待和联想。

所以，不管卖什么产品，一定要把产品植入生活中的场景，分享不同场景下的美好体验。如果你卖梨膏，就要分享早晨嗓子干、讲课嗓子疼、感冒嗓子哑、孩子咳嗽不吃药等场景下，喝梨膏水的美好体验；如果你卖护肤品，就要分享早晚使用产品的场景和美好体验等。你可以从四个维度去拓展场景：①使用人群（你、你的家人、你的朋友等）；②使用地点（家里、办公室、旅游途中等）；③使用时间（早上、中午、晚上、周末、节假日）；④使用症状（上火嗓子疼、熬夜没精神、肠胃不消化等）把产品巧妙植入进去。

2.2.2 差异对比策略

在解释什么是差异对比策略之前，我先给你分享一件生活中的小事：有一次我去楼下的袜子店买丝袜，老板拿了一款给我，我问老板这种丝袜会不会脱丝。老板直接拿出一款其他品牌的丝袜说："这种丝袜容易脱丝，你看轻轻一拉就脱丝。但我们家卖的袜子全部都是最新的工艺，你随便穿。你自己使劲拽一下，完全不用担心脱丝。"

原本我还打算货比三家，但看完了老板的对比演示，直接拿了两双就走了。因为她已经通过对比，向我证实她的袜子是最好的。

俗话说，没有对比就没有伤害。在朋友圈卖货，差异对比也是非常有效的策略。对于产品来说，有对比才有优劣，才更容易让顾客做出决策。对于人来说，有对比才有痛苦，才容易刺激顾客改变。

我们如何用差异对比策略来提升朋友圈文案的销售力呢？常用的有五种对比角度：

1. 用你的产品和其他竞品对比

它的核心逻辑就是先指出竞品的差，再展示自家产品的好，就会显得自家的产品格外好。比如，卖包就可以放出细节对比图，并告诉顾客你的包跟其他的包材质有什么区别，做工有什么差异，五金配件怎么不一样等。如果你是卖燕窝的，就可以教别人鉴别真假燕窝，最好也有对比图，一目了然。突出产品的差异优势，让顾客更容易做出抉择。

我们来看一个面膜产品的文案：

为啥它能做到一次就有敷 10 片面膜的效果呢？敷完面膜水分和营养都还在表皮层，如果不护肤、不锁水，就会导致营养流失。就像用水洗脸一样，脸一直是湿的，但只要一停止，脸就会又干又粗糙。市面上许多面膜敷了之后皮肤也没变好。而这款××美白面膜，内置高浓缩胶囊精油，在使用面膜后涂一层，形成保湿油膜，锁住面膜的营养！就连秋季起干皮的小仙女，都能一次见到效果！

该文案通过对比凸显了自家面膜的优势。它没有直接吐槽竞品差，而是先指出市面上其他面膜之所以用了脸还会干，是因为没有锁水，这样就显得很客观。

2. 用目标人群和理想人物对比

人都是有好胜心的。当用户听到对理想人物的描述时，就会产生"你可以做到，为什么我不可以"的想法。所以，就产生了行动的动机。它的底层逻辑就是指出同样的起点别人能做到，你为何做不到，以激发目标人群的好胜心，其本质是痛点型模型的应用。同时，也给目标人群一种心理预期，"只要我行动了，我也能像他一样优秀"。

我们来看一个案例，这是 2019 年我推广自己的公开课时的朋友圈文案：

同样是写文案，为什么别人单篇稿酬超过万元，而你只拿几千块死工资？半年卖货 7000 万元的"爆单女神"兔妈，首次公开文案赚钱的秘诀，并用 3 天时间手把手教你打造爆文，每月多赚 5 万元。

该文案就用目标人群（想要靠文案变现的人）和理想人物的代表做对比，"别人单篇稿酬超过万元，而你只拿几千块死工资"，目标人群就会觉得很痛，被刺激到了，进而想要改变现状。同时，也会让他产生一种心理预期，只要我掌握了正确的方法，也能像别人一样做到单篇稿酬超过万元，而解决方案就是买兔妈的课程。

3. 用目标人群的现在和他的理想对比

人不仅喜欢跟他人相比，还喜欢跟理想相比。通过对比会认清现实和理想之间的差异，从而形成新的消费需求。它的底层逻辑是先指出目标人群的现状，再呈现他们想要的理想画面，进而让其对现状感到不满，刺激改变的欲望。其本质也是对痛点型模型的应用。

我们来看一个护肤品的文案：

常常有女生抱怨，女人 25 岁就开始衰老了，细纹、干皮统统找上门，40 岁更是开始走下坡路。但是，你看赵雅芝，这明明就是一个女人最好的状态啊！虽已年逾花甲，但皮肤依然白皙细嫩、红润光泽，岁月从不败美人啊！所以，女人保养一定要趁早。就算每天敷一敷面膜，坚持 1 个月你试试，肯定大变样。

该文案通过对顾客现在的状态（25 岁细纹、干皮、初老）和她想要的状态（皮肤白皙细嫩、红润光泽）进行对比，让顾客对现状更不满，对想要的状态也更渴望，进而采取行动，那就是购买面膜。

4. 用顾客的现在和过去对比

它的底层逻辑是通过顾客使用产品前后的对比，让潜在目标人群相信产品是有效果的。有其他顾客实实在在的利益证明，才能说服潜在顾客毫不犹豫地行动。其本质是对利益点模型的应用。

我们来看一个案例，这是我推广自己的师徒陪跑项目的朋友圈文案：

很多人发愁：学好文案怎样变现呀？徒弟@悟空也是，原来觉得自己没客户，没案例，也不自信，不知道怎样找客户，怎样接单变现。今年的她，报名师徒陪跑一路打怪升级，不仅死磕基本功，更死磕文案接单变现。

她基础好，执行力又很强，所以，进步迅猛。上个月靠文案接单变现10000元。今天又接到报喜，稿子已经约到5月份了。所以，掌握方法，执行到位，文案变现并不难。从0到月入5000元，中间隔得不是天堑，而是系统的方法论和你的执行。

该文案通过对学员的过去和现在进行对比，让对项目感兴趣的学员相信师徒陪跑是可以学到东西的，是可以帮他改变现状的。

5. 用你的过去和现在对比

我们先来做一个小互动，如果你想买一款减肥产品，有A、B、C三个卖家。A天生身材就很好，B则身材臃肿，C呢，原来很胖，现在身材很好，你会找谁买呢？

相信大家都会和我一样，选择C卖家。为什么？因为你相信她自己都在用这个产品，并且看到了实实在在的瘦身效果，所以，你相信这个产品肯定是有效果的。

前面我们讲过，朋友圈卖货是基于粉丝对你这个人的信任而产生的交易。所以，想要获得顾客的信任，你要向顾客证明，你自己通过这个产品或方法已经获得了改变。这样顾客才会相信这个产品是好的。

你可以从以下几个维度拓展思路：①结果的改变对比；②收入的改变对比；③观念的改变对比；④地位的改变对比；⑤影响力的改变对比；⑥精神状态的改变对比；⑦行为的改变对比等。

我们来看"分销王子"罗兰猗分销某训练营的朋友圈文案：

参加训练营之前，我不敢联系权威，粉丝只有700，而且都是无效粉丝，无法变现。如今获得关健明、兔妈、端银、麦子等大佬背书，打造出个人IP，每月分销变现2万多元。

该文案通过对自身的过去和现在进行对比，让目标人群相信这个训练营是靠谱的，并且还让目标人群产生了一种积极的心理预期。内容看似简单，但只要用对策略，就会给你的朋友圈带来高的销量和转化。

再来看一条我的朋友圈案例，内容是这样的：

现在的"文案女神"，也曾被劝退

"兔妈，你是不是很有天赋，一开始就很会写文案？"这是靠文案赚到钱以来，被问到最多的问题。说实话，我是完完全全的零基础，我大学学的是编程专业，入行前没看过一本文案书，也没有写过一篇文章。

第一份月薪800元的工作，当时领导让我写一份通稿，300字，我被要求改了20多次。因为表现太差，被HR劝退到客服部。

在客服部干了1个月，我每天下班找来同行的案例模仿着写，最终又被调回文案部。正因为没有放弃，才有了靠文案实现自由职业的现在，才有了今天50多位商家和50000多名学员口中的文案爆单女神。

所以，做文案不怕没基础，怕的是你因为没基础而主动放弃的缺陷思维。

总之，差异对比策略是以某一方面的差异为基点，通过不同角度的比较，来凸显产品和主人公的优越性，刺激目标顾客出于对现状不满进而采取行动。需要注意的是，不管是顾客的改变，还是主人公本人的信息，一定要真实，千万不可伪造信息。假的再小，经不起考验；真的再大，真金不怕火炼。

2.2.3 情感冲击策略

好文案会走心，而走心的关键就是情感。情感最大的特色就是容易打动人，容易走进消费者的内心，所以"情感冲击"一直是营销百试不爽的灵丹妙药。

情感冲击策略就是从消费者的情感需求出发，唤起消费者的情感需求，诱发消费者心灵上的共鸣，寓情感于营销之中，让客户的防线不攻自破，让有情的营销赢得无情的竞争。

让我印象最深刻的情感营销案例就是：方太的"妈妈的时间机器"。曾经方太厨电推出了以"妈妈的时间机器"为概念的水槽洗碗机，在广告中，一位名叫方须奥的女士，利用每天一小时的时间撰写了一本影响极其深远的著作——《妈妈的时间机器》。而当她在获奖台上宣读感言的时候却发现，书中空无一字。这时画面回转到厨房的画面，并响起画外音"这个梦很美，但你还有很多碗要洗"。原来只是这位妈妈的一个梦想，她梦想成为一名作家。而妈妈为了我们的梦想而放弃了自己的梦想。

《妈妈的时间机器》就用这样一个白日梦的故事折射出了妈妈的辛酸。但真的要妈妈放弃心中的梦想吗？最后"要捡起心中的梦，先放下手中的碗"冲击了目标用户的情感防线。所以，孩子为了帮辛劳一辈子的妈妈完成梦想，就要为妈妈买洗碗机。

我们如何用情感冲击策略来提升朋友圈的销量和卖货转化率呢？常用的方式有以下两种：

1. 把产品和目标人群的某种感情巧妙嫁接

创作情感文案的关键是要在各种定位要素中融入某种让人心动的人情味，引起消费者感情上的共鸣。这种感情应是真情实感，而不是售卖者本人一厢情愿的矫情。否则，会引起顾客的反感。

比如，卖面包的朋友圈文案是："每天多花3块3，就能吃上优质早餐，让孩子爱吃、多吃几口，上课更精神一点，个子长得更高一点。作为妈妈来说，这就是每天实实在在的幸福。"

2. 从咨询服务上注入情感，让顾客更易成交

朋友圈卖货是人与人的交流，很多情况下，都要经过反复几次的咨询才能成交。所以，在处理咨询售后时，也要多打感情牌，让顾客觉得受到了尊重，有被特殊照顾，当然也更喜欢找你买东西。

先卖人品，再卖产品是朋友圈卖货的精髓。通过钟情于客户，对客户真诚、尊重、信任，处处为客户着想，从而赢得客户的好感和信任；通过优质的服务，向客户表达关怀、传递感情，不断提高自身声誉，树立良好形象，也是战胜竞争对手最好的途径之一。常用的方法有：①提供超值服务；②提供额外赠品；③在顾客生日时主动送上礼物；④在顾客伤心时主动送上关怀等。

2.2.4 爆销造势策略

这种策略就是要把畅销的景象通过朋友圈展示出来。常用的方式有五种：

1. 晒高销量

如果产品的销量数据很可观，你就可以把每天的打包图、收款图展示出来，让顾客实实在在感受到这款产品很畅销。

2. 晒高评价

有些人刚开始做朋友圈卖货，销量还不高。这时候可以每天多晒顾客的好评。透过好评，潜在顾客就会认为这个产品口碑还挺不错的。口碑好是畅销的

前提。

3. 晒转介绍

引导铁杆粉丝帮你转介绍客户。然后，在朋友圈截图展示出来。大家都在帮你转介绍，就能说明你这个人以及你卖的产品肯定是靠谱的、受欢迎的。

4. 晒高人气

产品卖断货了，一定不能默默补货，而要展示出来，还要经常晒代理之间互相调货、借货的聊天截图。

5. 晒模仿者

你可以去挖掘市面上有没有模仿你产品的同类竞品，如果有就可以在朋友圈展示出来。潜在顾客一般会认为，有人模仿的产品肯定卖得不错。

需要注意的是，不管从哪个点切入，都要有具体的截图证明，让目标顾客眼见为实。

2.2.5 故事营销策略

朋友圈是一个碎片化信息平台，大量信息会在上面出现。而故事因为有画面感和情节，更容易吸引目标顾客的注意，也更容易让人产生共鸣。

通过讲一个完整的故事带出产品，用产品的"光环效应"给消费者心理造成强暗示，使销售成为必然。或者通过故事传递某种价值观，让你的人设标签更立体。

1. 讲述主人公的故事

我们来看一个理财课程的文案：

2017年，我写下了一个梦想清单，就是在深圳买一套房。当时的我，租住在一个10多平方米的小公寓里，工资只有8000元。要实现这个愿景，靠当时的认知和能力，最少还要奋斗10年。

首先，我把一张杂志上的房子剪了下来，把它贴在了最显眼的地方。然后，开始围绕财富愿景做目标计划，用"存"首付的方式一定是不可行的，而是要用金融的方式去操作，怎么办呢？

于是我和自己说，专门用一年时间去学习和财富投资相关的知识，网上找课，一本本地看书、学习。

那时候，业余时间我哪儿都不去，就是学习、听课。终于刷新了认知，找到了方法，我马上行动。在写了梦想清单一年后，我在深圳福田买了一套98平方米的房子。比之前预定的计划整整提早了9年。

在该文案中，她讲述了自己在深圳买房的故事，通过故事让粉丝更全面地认识她，加深对她的印象，感受到她是一个目标感很强、敢想敢做、执行力强的人。同时，还给潜在顾客传递出一种信心"我已经做到了，肯定也能帮你做到"，所以，更容易赢得学员的信任，进而选择她的课程。

2. 讲同行创业者故事

我们再来看一个同行创业者的故事：

本地有个水果摊，老板娘50多岁，收拾得干净利落。主要是老顾客多了，生意做得挺好。据她讲，当初从乡下来市里卖水果，一晃已经20多年了。

老板娘不识字，做生意后慢慢学会了最基础的加减法。这么多年，她陆续在城区买了两套房子、一辆车。儿子去年结婚也是她操办的。

我想说的是，任何生意都是靠积累的。能够在一个领域里深耕，此时你已经打败了百分之九十的创业者，而未来你就可能成为佼佼者。

与上面的两个案例不同，该文案讲述了一个同行创业者的故事，通过这个故事，传递出一种"凡事要坚持"的价值观。同时，给代理鼓劲打气，暗示他们只要坚持，也一定能成为佼佼者。

想要在朋友圈创作好的故事，你一定要多搜集素材，可以是顾客的素材、同行的素材、团队成员的素材或自己的素材等。

创作朋友圈文案最核心的就是理解"人性"，从人性的角度去写文案，了解目标群体的需求及问题，继而打造走心文案，但要牢记讲故事的原则是不能造假。

2.3 朋友圈文案创作流程，让发圈像自来水一样简单

前面两节讲了创作朋友圈卖货文案的底层逻辑和五大策略，那么，落到每天的具体工作上，如何才能写出叫好又叫座的朋友圈文案呢？

首先，我们要明白朋友圈文案分两种，一种是产品文案，一种是自我营销文案。产品文案主要用来促成交易、引发传播。自我营销文案主要用来强化人设，增强专业形象。但不管是产品文案还是自我营销文案，好文案的产生流程都是一样的。除了需要正确的策略，更需要遵循有效的步骤和方法，并进行长期刻意练习。

这一节总结了创作朋友圈文案的标准流程图，具体可拆分为六个步骤。按照这六个步骤不断训练，你也能把朋友圈文案写得又快又好。

2.3.1 第一步：确定发圈的主题

所有文案都有一个目的，所以，发圈前要确定发朋友圈的目的。如果目的是塑造个人专业形象，文案就要有专家范。实现的方法有很多，比如可以在开头写"很多朋友问我……"。通过解答目标用户的普遍性问题，来塑造在某方面的专业性。同时，也给目标用户留下一种平时有很多人咨询你、你很受欢迎的印象。

如果要营造产品很畅销的景象，常见的就是晒单，比如微商常用的晒爆仓、晒代理人数等，给粉丝一种产品很畅销的感觉。除此之外，你还可以通过描写家人的感觉、闺蜜的感觉、仓库管理员的感觉、客户的反馈来凸显畅销，比如家人抱怨你陪他们太少，闺蜜说你好久没陪她逛街了，客户疯狂催单等，以衬托你的忙碌，进而凸显产品的畅销。

2.3.2 第二步：成为领域的专家

当你销售某款产品或某项服务时，首先要做的是成为这个领域的专家。就像我们去医院看病，都喜欢找有经验的大夫。每个人都信赖更专业的人。所以，你要成为某领域的专家，并时刻记得你是这方面的专家，要用你的专家身份为客户解决问题，只要有这种感觉，朋友圈文案就对了。

我们来看一个文案：

如果你想靠互联网赚钱，你可以养成一个习惯——每加一个微信好友，就发一段自我介绍给他，让他知道你是做什么的！

该文案通过给粉丝输出互联网赚钱的方法，来塑造专家人设。

2.3.3　第三步：了解目标用户属性

在成为专家的同时，你还需要了解用户的信息，例如用户的职业、年龄、爱好等，根据他们的喜好，使用他们喜欢的说话风格，设计符合他们生活方式的使用场景。

举个例子，如果你的朋友圈好友主要来自于育儿社群，大部分人是全职宝妈。而你常用的场景和关键词却是"同事说""上班时"等，她们看了就很难产生共鸣。正确的方法是说她们感兴趣的内容，比如"遛娃""宝宝"等。所以，一定要对目标用户有足够的了解。

也许有人会说：通讯录里各行各业的人群都有，怎么办呢？很简单，你可以设置分组可见，用不同的文案匹配不同的粉丝群体。

2.3.4　第四步：开始动手写文案

确定了上面三个基调之后，就可以动手写文案了。在这一步很多人下不去笔，写写删删，30分钟过去一段还没写完。

写文案的重点在于动手，开始的时候不要在意句子结构、语法对错、标点符号，而要围绕着自己的文案核心进行阐述，最好能够一气呵成。充分地想象，但要符合逻辑，这样粉丝跟着你的节奏代入情景，才能更容易产生共鸣。

这一步要遵循的原则是先完成，再完美。先把脑海里初步构思的想法写下来。

2.3.5　第五步：修改编辑文案错误

与"下不去笔"对应的是另一种情况，就是洋洋洒洒写了一大段，写完简单浏览一下，甚至也不检查就直接发布，内容读起来很啰唆，甚至还有错别字。这样给粉丝的阅读体验就很差。

所以，写完一定要去检查文字、语法、标点、结构等方面的问题，逐行浏览，将错误的地方进行纠正，尽量让文案内容更加简洁明了。

2.3.6　第六步：开始停笔酝酿文案

修正完文案的错误后就停下来，站起来走一圈，活动活动筋骨或者喝口水，处理一件其他的事，让自己的大脑放空，身心获得放松，然后再坐下来通读一遍文案。

你会发现有些地方还需要修改。这时候就继续重复第五步、第六步的动作，直至修改到满意为止。然后，把写好的朋友圈文案再套到前面三个步骤里，如果能很好地突出发圈的主题，而且与目标用户的属性相匹配，就可以定稿发出了。

2.4 简单三步，轻松写出订单翻倍的朋友圈产品软文

上一节讲了朋友圈文案创作的标准流程图，这一节就详细解读影响朋友圈卖货业绩的产品文案的创作步骤。

在告诉你正确方法之前，我们先来做个小互动：如果朋友圈有两个卖护肤品的人，分别是 A 和 B，A 的朋友圈天天充斥着产品介绍、产品图片、效果承诺、产品促销等硬广告。B 的朋友圈也会介绍产品，但每次都是以朋友的口吻，向你娓娓道来自己使用产品的感受。你会喜欢谁的朋友圈呢？毫无悬念，暂且不说是否会喜欢 B，肯定不喜欢 A。

所以，我们要换位思考一下，如果在朋友圈卖产品、做分销，怎样让大家更愿意关注你发的产品信息呢？答案就是发软文。

软文和硬广到底有什么区别呢？硬广主要是从"我"出发，我的产品是什么，是卖给谁的；而软文更多的是从"你"出发，从目标用户的角度出发写朋友圈文案，多写给"你"带来的好处。

软文写作要熟悉目标顾客的心理和表达技巧，但庆幸的是这并不需要强悍的天赋，只要掌握正确的方法，加上一段时间的练习，人人都能掌握。

那么，朋友圈产品软文可以从哪切入呢？主要有几个方向，可以傍名人、跟热点、讲故事，也可以展示自用效果，转发买家秀，还可以诉诸便宜、诉诸共情、诉诸唯一、诉诸比较、诉诸情怀等。

一切可以打动你的，让你愿意埋单的都是朋友圈软文写作的素材。通常来讲，对于一款产品，我们需要先写出一条完整的产品简介，然后根据产品简介罗列出 20~50 条购买理由，这几十条购买理由就是朋友圈软文的雏形。具体有

三个步骤，下面我们来逐一解读。

2.4.1 第一步：写出产品简介，穷尽产品特色

为什么要写产品简介呢？产品简介能让你更了解自己的产品。产品简介包含四个要素：

1. 产品

要推销的是什么产品？要给它一个有特色、容易记忆、容易传播的名字。

2. 受众

产品是卖给哪些群体的？他们是谁？

3. 效果

产品能起到什么样的效果？能解决什么样的问题？一个产品通常会有多种功效，但建议突出某一个或两个功效。比如，洗发水都有清洁、柔顺、去屑的功效，但海飞丝主打去屑，潘婷主打顺滑，都是攻其一点，这样才容易被记住。

很多产品文案有一个误区，就是列出一大堆功效，但读者看完一个也记不住或者给人自卖自夸的感觉，反而不容易获得信任。

4. 特色

特色就是可以和其他产品区别开来的属性。没有特色的产品不容易被消费者识别，自然不可能被购买。

比如，防晒霜的产品简介就可以是这样的：

产品：防晒霜

受众：有防晒需求的人，以女性为主

效果：晒不黑，美白防汗，清爽不粘腻

特色：泰国原装进口（暗示产品质量有保证），无添加（迎合现代人追求健康的心理），大包装（便宜实惠）等。

在这一步中，挖掘产品的特色是关键。很多人因为对产品特色没有足够的了解，导致在接下来的创作步骤中，很难找到可以发挥的点，写出来的文案毫无打动力。

如何更好、更全面地挖掘产品特色呢？以下总结了八个挖掘产品特色的角

度，可以帮你拓宽思路：

（1）从外观角度挖掘产品特色。举个例子，一般人都知道伞是用来防晒或挡雨的，但有一个品牌换了一个角度来卖伞，主打手机大小的外观，简称"手机伞"，一下子就抓住了粉丝的注意力。

（2）从材质角度挖掘产品特色。举个例子，一款面膜的材质是蚕丝的，贴在脸上非常服帖，可以达到隐形的效果，而且也不容易过敏。那么，你就可以把蚕丝材质作为产品的特色。

（3）从工艺角度挖掘产品特色。举个例子，一款牛仔裤主打塑型、舒服，但如果只强调塑型、舒服，缺少特色。所以，可以聚焦在工艺上，通过四面弹的独特工艺让粉丝更容易记忆和信任。

（4）从功效角度挖掘产品特色。这也是大多数产品采用的方法。比如，一款眼罩除了传统的遮光、缓解疲劳，还有消除眼纹、黑眼圈的功效，通过挖掘强大的功效赢得粉丝的青睐。

（5）从时间角度挖掘产品特色。大家熟知的"充电5分钟，通话2小时"就是典型的用时间挖掘产品特色的案例，让消费者迅速记住。再如一款精油文案"从每年5月起，每天黎明破晓时分花农就要争分夺秒，开始采摘带着露水的玫瑰。随着太阳升起，气温逐渐变热，精油会随之挥发，所以，一定要保证九点前完成采摘，并在12小时内将花朵送至蒸锅。"同样是玫瑰精油，它就通过时间凸显了产品天然的特色。

（6）从地域角度挖掘产品特色。举个例子，一款大米的广告语是"不是所有的大米都叫岛米"。这种大米产自崇明岛，它是中国第三大岛，得天独厚的优势就是三面环海，特殊的岛屿气候，使这里出产的大米与其他地区的大米有所不同。这个方法经常用于食品、特产、养生品等。

（7）从人群角度挖掘产品特色。举个例子，一款梨膏直接把产品做成了孩子爱吃的棒棒糖款式。这款梨膏比市面上其他梨膏的价格高出6~8倍，销量却不错。类似的还有儿童蜂蜜、女生聚会喝的酒、产妇专用卫生巾等。

（8）从专家角度挖掘产品特色。如果产品是由业内知名专家参与研发的，就可以把这点作为特色，放大放大再放大。

你可以从以上八个角度着手，思考产品有哪些特色，并一一列出来。这样在创作朋友圈卖货文案的时候，思路更容易被打开。

2.4.2 第二步：两个要点，让顾客不买就难受

这一步有两个关键要点：

1. 每次讲透一个点

朋友圈软文有个特点就是不能太长，建议在写朋友圈软文时，文字篇幅尽量控制在十行以内。每次可以重点突出产品四要素中的一个。突出哪一点，哪一点就写在前面。

举个例子，如果想突出产品的特色是"泰国进口"，就可以这样写：

终于知道为什么××防晒霜产自泰国了！这地方阳光真的太强了，容易晒黑晒伤，所以泰国对防晒产品的要求很严格。每天出门涂一涂××，40度高温也晒不黑！

通过开头的一句话让粉丝瞬间记住"这款防晒霜是泰国进口的"，而且还给出了理由"泰国阳光更强"，进而凸显产品防晒功能强大。

如果想突出防水防汗这个特色，就可以这样写：

40度高温参加儿子学校运动会，还好没晒黑！而且美白防汗，运动会持续了整个上午，40度的大太阳下竟也没化开，拍的照片在人群中白成了一道光。

如果想突出清爽不油腻这个特色，就可以这样写：

不明白为什么很多防晒霜都很黏腻。防晒神器××，其实还是蛮清爽的，慕斯乳液的质地，涂在身上非常丝滑，有淡淡的奶香味，每次用完都有种偷吃了椰奶慕斯的感觉，清甜到爆炸，想咬自己一口。

2. 明确特色的好处

你不能只是简单地把特色写出来，还要站在顾客的立场上，明确这个特色能给顾客带来什么好处。需要注意的是，这个好处一定是具体的、确切的、可量化的且顾客可感知的。比如，上面案例中的"40度高温也晒不黑"。

我们再来看一个面膜的案例，想要突出的特色是"美白提亮效果明显"，就可以用试用体验的方法来写，文案可以是这样的：

我一般一周敷2~3次，每周坚持用，三周后和原来的照片一比，自己都被吓一跳，明显白了一个色号啊！天生的暗黄皮变得由里到外的透亮，用手指轻

轻一戳就像果冻一样弹，连闺蜜都问我是不是偷偷去打了美白针。

该文案符合两个要点，第一句"明显白了一个色号"突出了美白提亮效果明显这个特色。并通过闺蜜的反馈"是不是偷偷打了美白针"，暗示这个特色能给顾客带来的好处，就像打了美白针一样有效。

另外，写试用体验时还有个小技巧，你可以和其他权威产品进行对比，放大产品的特色和好处。比如：

我用了一周，脸上的痘印就不见了，比SK-II美白面膜好用。用完第二天还觉得皮肤滑滑嫩嫩，很透亮，妥妥的元气少女。

如果用场景植入的方法来写，文案可以是这样的：

上个月公司年中总结会，每天加班到晚上1点多，心想坚持这么久的美白功课又要被打回原形了。但熬了一周，皮肤还是很透亮，太让我惊喜了！连一起熬夜的同事都嫉妒地说：明明一样熬夜，凭啥你的脸像没熬一样。其实，我原来也一样啊，别说熬一周，一天脸就垮了，这次多亏××面膜救急。

它也符合以上两个要点，"熬了一周，皮肤还很透亮"，大家都知道熬夜后脸色容易暗沉发黄，通过这个场景突出了美白效果好这个特色；并通过同事的反馈"凭啥你的脸像没熬一样"以及本人的证言"原来熬一天就垮，现在熬一周也不怕"，暗示这个特色给顾客带来的好处。

如果用第三方好评的方法来写，文案可以是这样的：

刚××留言说：她上周六熬夜到凌晨三点多，一整天出门也没涂防晒霜，第二天以肉眼可见的速度黑了。我原本以为面膜对她效果不明显。接着她又说："星期天晚上救急敷了一片，敷完第二天就白回来一点点。我就说嘛，医美级美白成分，绝对靠谱。"

它也符合以上两个要点，"周六熬夜、出门还没涂防晒霜，周日敷了一片，就白回来一点点"，通过顾客的反馈，突出美白提亮效果好的特色，同时也暗示了产品能给顾客带来的好处和价值利益。

类似的方法还有借势权威、顾客证言、蹭明星热点、竞品对比等。

2.4.3　第三步：优化表达，让文案更有吸引力

初稿写好后不要着急发布，还要想一下能不能优化表达，比如用疑问句、

好友对话、制造反差、用专家人设开头、设置悬念，还可以加入惊叹词和超级词语等。

用提问开头：

为什么网红达人都力荐这款××面膜？我亲自体验后才明白，太神奇了。

用悬念开头：

这款面膜惹大祸了！连着好几个人问我是不是偷偷打了美白针！不过毫不夸张地说，真的太让人震惊了。

用好友对话：

你的试用体验+互动引导：你觉得我像打了美白针吗（配上你变白前后的对比图）？

加入惊叹词：

这款面膜太太太太好用了！

可能有人会问：兔妈，朋友圈必须写软文吗？这个要分情况对待。

比如，我有一个朋友，她是做代购的，朋友圈基本上都是硬广，每天发10条以上，但并不影响她的生意。为什么？因为代购的特点是产品多、竞争少，而且关注她的受众十分精准，他们就是为了看广告，然后购买自己喜欢的产品。所以，从这个角度来说，目标用户从来不拒绝广告，他们只是拒绝无用、无趣的广告。

但是对于大多数朋友圈卖货的人来说，一般做1~3款产品，而且粉丝并不精准，这时候就要以产品软文为主了。

当然，你也可以采用5+1原则，就是发5条软文，配合1条硬广，硬广可以是产品促销的信息。

2.5 12个秘密武器，一发就有人互动、咨询

前面两节讲了创作朋友圈文案的标准流程和产品软文的写作步骤，它们就像是一个导航仪，让你在写朋友圈文案的时候找准方向，不走弯路，知道如何下笔。

但关于朋友圈文案的具体写作技巧有很多，这一节帮你总结了拿来就能套

用,一用就立竿见影的12个发圈技巧。

2.5.1 取一个好标题

面对朋友圈里琳琅满目的信息,用户不是逐字逐句认真看的,而是刷的,就像一台扫描仪一样快速地"扫"。而我们想要获得粉丝的互动和咨询,首先要吸引他的关注。

另外,朋友圈文案发布后能被完全显示出来的只有100多字,这100多字很难把全部内容讲清楚。怎么办?答案就是取一个好标题。好标题不仅能快速吸引粉丝的注意,还能告诉他这条朋友圈的核心内容,吸引他点开一探究竟。

不同于文章标题,朋友圈标题要更吸人眼球。常用的方法有:故事法、疑问法、悬念法、利益诱惑法、成果法、顾客原话法等。比如我的部分朋友圈标题:"如何掌控顾客的购买决策""你和高手的区别可能在'网感'""简单1招,增强顾客行动机""师父,第一个月收款5600元""1条朋友圈卖出60多箱樱桃"等。

2.5.2 标注顾客心声

我们先来做个小互动:如果你是专门推荐潮流穿搭的,你觉得下面两个文案,哪个更吸引人?

1. 今夏潮流必看!让你美的出彩!

2. 手长脚长的"模特儿"根本无法当作参考!我想看看与自己同身高女孩的穿搭!

很显然是第二个,因为它替潜在顾客说出了自己的心声,接收方会觉得与自己有关而深有同感。所以,朋友圈文案一定要多替顾客表达心声,让读者感觉与自己有关。只有这样他才更愿意关注,也会觉得你很懂他。

比如,如果在朋友圈卖防晒帽,用标注顾客心声的技巧就可以这样写:

经常有小仙女抱怨:明明每天坚持涂防晒霜,还是被晒得黑黑的……为什么?事实上,不是你出门前涂一次防晒霜就可以了。一般的防晒霜每隔2~4小时就要补涂一下,你做到了吗?所以啊,夏日一定要软防晒、硬防晒两手都抓。××遮阳帽,简单方便的硬核防晒,脸蛋、头皮、头发、耳朵、脖颈,统统遮住!阳光再强,也晒不到你脸上!

2.5.3 多用利益吸引

朋友圈卖货最忌讳的就是自卖自夸,但很多人习惯卖力地在朋友圈宣传自己的产品如何厉害,却很少讲能给顾客带来什么好处,这是一种典型的自我陶醉。用户不关心你的产品,只关心产品能带给他什么好处。

能让人产生购买欲望的朋友圈文案,应该是对产品卖点以及卖点带来好处的描述,你的产品能帮助顾客获得什么?这才是顾客所关心的问题。

比起太平洋上的一次历史台风,我们更关心过两天自家楼下的菜市会不会涨价,因为楼下的菜市对我们来说价值更大,所以我们一定要急客户所急,想客户所想,多讲粉丝关心的利益,然后不断吸引他。

如果卖一款女性黑糖,不要讲产品用了多好的原材料,而要讲这种原材料与其他黑糖原材料的区别以及它给顾客带来的好处。比如,这种原材料营养成分更高、暖宫效果更好,让女生例假时期肚子不疼,还不用担心长胖等。

2.5.4 借力业内权威

如果你所宣传的事物或者产品和名人、牛人相关,借着名人、牛人的噱头,一定会吸引不少粉丝的眼球。

就像很多测评帖子之所以受欢迎,也是这个原因,顾客觉得自己是在学习业内达人的行业知识,而不是看商家的洗脑广告。除此之外,借力权威也是增加信任和说服力的方法。

举个例子,分销王子罗兰猗的这条朋友圈文案,就通过借力业内名人关健明老师凸显自己的实力。内容如下:

《爆款文案》作者关健明老师给我公众号文章点了"在看",他说要把我的海报模板、话术存下来作为公司的业务模板。多输出价值,就能获得更多认可。

再如,我的这条朋友圈文案,就通过借力行业大牛来凸显自己的课程是靠谱的、受欢迎的、高含金量的。同时,对于想结识牛人的学员来说,也非常有诱惑力。内容如下:

我的师徒陪跑私教课都是谁来上?有博士、工程师、大学教授,还有樊登读书的资深文案,有1000万粉丝自媒体平台的首席文案,有年销15亿元美妆品牌的高级产品经理,有年销5亿元企业的文案总监等,他们都是你的同学。

2.5.5 违反常态认知

这种写法通常是先用违反常理和顾客认知的内容抓住人的眼球，一般会放在第一句。先吸引粉丝注意，再慢慢解释原因，进而实现向顾客传递产品信息的目的。

比如，曾经有个学员是卖护肤品的，在大多数人的认知里，我们的皮肤干就要补水，但她却一反常态说，你是缺油了。紧接着，解释原因塑造专家形象，并讲述自己的产品如何从根本上调理皮肤干的问题。

再如，一款天然护肤品的产品文案：一款可以吃的面霜。在大众的认知里，面霜是不能吃的。该文案通过反常态吸引人的注意。紧接着，解释面霜的天然成分，突出产品安全的特色。

另外，正话反说也是一种违反常态的惯用写法。比如，下面这条直播课程的朋友圈文案：

"听你们的课挺后悔的！"她后悔的是听晚了。之前瞎拍视频，才涨了2300个粉丝，现在做直播，已经涨了3万多粉丝了。

当粉丝看到"听课后悔了"就会非常好奇，因为在他的认知里，"老师晒学员好评"才是常态，所以就想一探究竟。类似的还有"短视频真的已经不行了吗""敷面膜真的就能让皮肤变好吗""脸油真的是坏事吗"等。

2.5.6 巧借热点营销

热点自带流量。所以，你可以结合时下最新的热点事件、娱乐节目、节日和季节热点来创作朋友圈产品文案或设计朋友圈栏目。

比如2020年的娱乐节目《乘风破浪的姐姐》风靡全网，有一个朋友在她的朋友圈创作了一个栏目叫"乘风破浪的创客姐姐"，每期输出一个自己团队成员的创业故事，反馈效果很不错。

你可以借势的热点大到奥运会、世界杯，小到圣诞节、情人节、高考、端午节等。在使用这个方法时，需要注意的是一定要结合产品特点和粉丝群的特点。比如你是卖体育用品的，就可以多关注体育方面的热点。如果你是卖创业课程的，就可以结合社会趋势热点等。

2.5.7 多用数据造势

从小我们最先认识的就是阿拉伯数字,所以,人们天生对数字更敏感。尤其是面对让人目不暇接的信息时,带有数字的内容更引人注目。

使用数据有五个好处:第一,数字简单明了,冲击力强;第二,具有非常好的"心理效应",能形成悬念、吊人胃口;第三,让人觉得信息量大,具有充分的说服力,能引起粉丝的关注;第四,增强说服力;第五,数字不容易产生理解偏差,可以提升沟通效率。

所以,不妨在"广受用户认可和好评"后,加上"150万用户的共同选择";在"销售火爆"后,加上"平均每分钟售出×××包";在"高复购率"后,加上"复购率99.2%,打破行业纪录"。在"极致的口感体验"后,加上"要经过18道工序,即便熟练的师傅也要做30多分钟"等。

在成功吸引目标粉丝的关注之后,就可以另起一行罗列证据,并详细解释你是如何帮助顾客达成这些效果的。

2.5.8 多使用疑问句

疑问句有着"请人参与"的姿态。普通的陈述句我们可能不会太多关注,而祈使句又有可能因为情绪和立场引人反感,但疑问句却能润物细无声地接近受众,就像一个钩子一样诱使他们参与你的话题,与你进行同步思考。

我们在看到疑问句或反问句时,会不自觉地开始思考相关问题,好奇心和求知欲会被激发出来。另外,有一个非常关键的点,就是最有效果的疑问句一定要满足三个条件:①这件事大家都很熟悉。②用户不知道答案。③是目标受众想达成的目标。

举个例子:

卖T恤:为什么明星都喜欢穿这件T恤?

卖辅食:如何让宝宝比同龄人多长高2cm?

卖理财:月入5000元,怎么在一年内买房?

卖讲书类:为什么你看了这么多书,还是没长进?

勾起目标受众好奇后,再陈述你的观点。现在用户的时间越来越碎片化,看什么都是快速扫描的,所以,抓住目标用户注意力是首要解决的问题。

2.5.9 低门槛吸引

大多数人都惧怕投入大量时间和精力去艰苦卓绝地完成一项任务。尤其是在朋友圈，粉丝对你不会 100% 地信任，更需要通过降低门槛来增加他的行动动机。

所以，不妨给目标受众一个心理暗示：这件事（可以是减肥、美白、变美、赚钱、健康、创业、升职加薪、写好报告、写好文案等）其实并不难。

最常见的句式是："……，就……"。

举个例子：

减肥产品：睡前涂一涂，躺着就能变瘦。

英语课程：每天 10 分钟，就能学好英语口语。

写作课程：靠文案月入 10000 元非常简单，只要做到这一点就可以。

成功吸引了用户的注意力后，然后再另起一行解释"为什么我能保证你做到"，具体可以使用事实证明、顾客证言、权威转嫁等方法来赢得顾客的信任。

2.5.10 多留互动钩子

前面我们提到，朋友圈是基于人与人之间的互动产生的成交。只有互动才能建立链接，只有互动才能锁定谁是你的潜在客户。

所以，在平时发朋友圈的时候，一定要多制造互动钩子。这不仅有利于刺激购买、重复购买，还能把潜在用户转化为忠实粉丝。

比如，有个朋友是卖减肥代餐的，她发了一张学习的照片，配文是："这次参加培训也带上了××，出门在外还解锁了一种新吃法。看图找亮点，找到亮点记得私信我领礼物"，这就是一个不错的互动钩子。这样顾客就有了参与感，也有了联系她的理由。

类似的方法还有猜谜题、抽奖品、发红包等，可以送代金券，也可以是小红包或精美小礼品。当然，也可以是"快问快答"，就是对顾客使用产品过程中出现的各种问题进行解答，对购买者进行购买指导等。

2.5.11 主动化解顾虑

当你塑造了鲜明的人设，打造了专家形象，也给出了产品带来的价值利益，但很多人还是处于观望状态。其实，大多时候顾客不买都是因为存在一定的顾虑。比如，觉得产品价格太高，对售后不放心等，但他又不好意思问，索性直接放弃购买。这时候，你要主动化解用户的顾虑，给他吃一颗定心丸。

比如，卖水果就要承诺坏果包赔。再如有个学员在朋友圈分销兔妈的文案课程，她了解到很多粉丝担心自己零基础学不会。于是，她就把这个问题主动提出来，并在朋友圈文案中给出了证明，证明小白也可以学得会，课程干货很足，结果一条朋友圈成功分销出几十单。所以，思考顾客可能存在的顾虑并主动提出来，给他合理的解决方案，他才会爽快下单。

2.5.12　善用评论位置

如果在朋友圈发一条比较长的内容，就会被微信自动折叠起来。顾客看不到完整信息就可能影响他做出购买决策，怎么办呢？这时候就要把评论位置用起来。

很多人都忽略了这一点，也有一部分人在用，但大多情况都用错了。最大的误区就是把整个朋友圈文案全部复制到评论里，很容易让人反感。

正确的操作方法是什么呢？先根据创作朋友圈文案的步骤和要点，写好朋友圈文案，把其他想说的内容放在评论区作为补充。评论区一般包含两类内容：①对原有文案的补充，可以强调产品的特色、好处、优势、适用人群等。②号召粉丝马上行动的内容。比如，限时优惠、活动倒计时、名额限制等。

除此之外，还要注意两个要点：第一，评论区的内容要和这条朋友圈文案有较强的逻辑关系。比如朋友圈是个问句，评论区就可以是答案。朋友圈给出互动奖励的主题，评论区就可以是具体的奖励规则和参与方式。朋友圈是某课程的推荐，评论区就可以是活动和引导链接。第二，可以用"答朋友问"的形式发布评论。比如，"有朋友问我这款产品如何，特意在这里统一回复大家"。这样不仅能暗示咨询购买的人很多，还更容易影响潜在顾客做出购买决策。

总之一句话，想要打造有销售力的朋友圈，关键不在于是不是噱头足、文采棒，而在于能否足够抓住对方，加深他的印象，吊足他的胃口，强化产品的销售信息。千万不能为了噱头而夸大事实，真实永远是第一位的。

第 3 章

朋友圈软文模板大全，五倍提升转化率

学习提示

朋友圈卖货，文案内容是关键。那么，什么样的朋友圈文案更容易促进产品销量的转化？如何根据日常需求持续写出优质的朋友圈文案呢？

这一章将为你总结朋友圈卖货常用的 12 个软文模板，涵盖打造朋友圈的各项内容，具体包含引流涨粉、产品预热、产品种草、促销团购等，你只需照着模板直接套用，也能成为朋友圈卖货达人。

3.1 四个互推涨粉模板,你也能轻松爆粉

销售额＝流量×转化率×顾客价值,朋友圈卖货也同样遵循这一公式。公式中的流量体现在朋友圈卖货中就是你的粉丝数。如何引流涨粉是很多人关心的问题。

引流涨粉的方法有很多,这一节分享一招简单易上手,且引流精准的方法——朋友圈互推,并提炼总结出了四个朋友圈互推文案模板。

所谓朋友圈互推,是指找一位微信好友,两个人分别在各自的朋友圈推荐对方,让各自的好友加到彼此的微信号上,实现共同增粉的目的。这种低成本引流方式,一直被业内大咖所推崇,甚至成为很多自媒体电商公司的日常工作之一。

为什么那么多人热衷互推呢?因为你的微信好友中总会有一部分对你是信任的,你在朋友圈推荐了对方,相当于为对方做了信任背书,再加上一定的利益吸引,就会有一部分人主动加对方。从这个意义上来讲,你互推的对象越多,就会有越多的人加你。

那么,如何开始朋友圈互推呢?总共有三个步骤:第一步,选择合适的人。第二步,写出优秀的互推文案。第三步,及时处理互推好友。

其中,在选择互推对象时,有以下几个标准:

(1)粉丝数量相当。顾名思义就是等价交换。例如,你有1000个粉丝,对方有800～1200个粉丝,这样会比较好。

(2)朋友圈黏性高。朋友圈黏性越高,互推效果越好。你可以从对方日常的发圈和互动情况、代理级别上进行初步判断。

(3)目标人群相同。简单来说,你们的目标用户是同一个群体,但卖的产品又不属于同类,没有直接的竞争关系。比如,A是卖水果的,B是卖内衣的,AB两个人没有直接的利益冲突,且目标人群都是中青年女性,通过互推都得到

了各自想要的粉丝，实现了双赢。

（4）人缘和口碑好。只有人缘和口碑好，你和他互推，你的粉丝才不会反感。否则，粉丝加他后，他推销一些不好的产品，对你影响也不好。

（5）找你比较熟的人互推。可以选择你的强关系人脉互推，比如闺蜜、同学等。你给对方发个红包，让他们帮你发一条互推朋友圈。

在朋友圈互推的三个步骤中，文案是重中之重。那么，互推文案应该如何写，才能让对方的好友看到后情不自禁想要加你呢？下面总结了四个简单有效的互推文案模板。

3.1.1 故事式互推模板

纽约大学社会心理学家乔纳森·海德说："人类的大脑是故事处理器而不是逻辑处理器。"互推时最容易让人产生记忆，也最容易打动人的就是个人故事。

故事式互推模板 = 表明关系 + 个人故事 + 限时限量福利

模板要点解读：

1. 表明关系

朋友圈互推是基于信任而产生的关注行为。所以，首先要表明推荐人和你是什么关系，以便获得朋友圈好友的信任，降低抵触心理。常用的关系可以是：我的好朋友、我的老师、我的学员、我的会员等。

2. 个人故事

个人故事是故事互推模板的核心，可以是创业故事、励志故事、逆袭故事。想要用故事打动更多人，故事的情节就不能平铺直叙，而要有反差。比如学历反差、职业反差、年龄反差、境遇反差、行为反差、顾客反馈反差等。

3. 限时限量福利

互推的目的是让人看完主动加你，而能够刺激对方行动的关键就是对他有好处。你的故事很励志、很感人，但和对方有什么关系呢？所以，一定要再给出一项限时限量的福利。简单理解，就是你加我就能获得某项特殊福利。常见的福利形式有：副业赚钱手册、电子书、免费咨询名额、免费进群名额、免费礼品等。

我们来举个例子：

今天，给你推荐我的好朋友——××（表明关系），她放着好好的外企高管不做，非要回农村带着几千位宝妈搞副业，前期投入了几十万，家人一致反对，但她坚持了下来，还考了××认证的训练师（职业反差）。现在她的副业联盟做得风生水起。跟着她，很多宝妈每天带娃之余也能赚 100 多块。这次，她的副业赚钱社群免费开放 100 个名额，马上满了，现在扫码应该还来得及（限量福利）。

3.1.2 成绩式互推模板

有些人的个人故事没有太多看点，也不够吸引人，这时就可以用成绩式互推模板。把你的标签、头衔以及成绩摆出来，进而吸引对方主动加你。

成绩式互推模板 = 表明关系 + 身份标签 + 个人成绩 + 利益吸引

模板要点解读：

1. 表明关系

同上一个模板。

2. 身份标签

即你是谁，需要注意两个要点：第一，身份标签一定要聚焦。可能你有很多标签和头衔，但只需选其中 1～2 个标签。这样更容易被记住。第二，身份标签一定要有信任背书，这样才能获取他人的信任。比如，畅销书作者、百万知识付费讲师，30 多家平台签约作者，某大咖力荐的创业导师，曾被央视采访等。

3. 个人成绩

标注个人成绩的目的有两个：第一，佐证你的身份标签，让潜在客户认可你的实力；第二，让潜在客户产生一种心理预期，你帮别人取得了成绩，也一定能帮我实现。

4. 利益吸引

加你可以得到什么好处，好处最好是具体的、可量化的。只有好处足够吸引人，才能刺激对方马上加你。

我们来举个例子，这是我曾经写的互推文案，内容是这样的：

今天给大家推荐我的好朋友（表明关系），京东经管畅销书第一名《爆款文案卖货指南》作者兔妈（身份标签），她有一套文案副业赚钱方法，8个月帮助了5200多位白领每月多赚了2000～30000元（个人成绩）。想靠文案副业赚钱的朋友可以加她的微信，回复"文案赚钱"，她会送你一套新手如何开启文案副业的电子书，帮你一个月多挣2000～5000元（利益吸引）。

再如，曾经帮一个客户写的互推文案，内容是这样的：

给你推荐我的好朋友（表明关系）：××，她是中国母婴微商第一人（身份标签），靠做微商白手起家，已帮助10000多名宝妈月入过万。她被大家称为微商奇才，只用一年就打造了万人代理团队（个人成绩）。之所以推荐她不是因为她是大咖，而是她每天在朋友圈分享团队管理、招募代理的经验，你可以直接套用。立刻扫码加她微信，前10名还能获得价值×××元的《大客户成交攻略》（利益吸引）。

如果你没有感人的故事，也没有取得厉害的成绩，怎么办呢？可以直接用产品来互推。简单理解，就是让购买过、体验过产品的顾客和朋友帮你在朋友圈发一条产品好评，并通过限时福利，引导潜在客户主动加你。

产品互推成功的关键是一定要挑选王牌产品，具体体现在两个方面：①大众刚需。②质优价廉。尽管这种互推方式的加粉率不如前面两种，但只要挑选好产品，效果也非常不错，而且粉丝会更精准，成交率也会更高。

3.1.3 痛点式互推模板

痛点式互推模板 = 普遍痛点 + 完美方案 + 利益吸引

模板要点解读：

1. 普遍痛点

指出目标人群在没有某个产品的情况下，存在的普遍性且经常发生的问题或困惑。

2. 完美方案

给出解决问题的完美方案，引出你要互推的产品。

3. 利益吸引

写明加好友后可以得到什么好处，比如优惠券、体验装、小礼物等。利益吸引可放在评论区。

我们来看个案例，这是我一个学员的朋友圈互推文案：

冬天喝热水，最麻烦的是水还没喝完就凉了，用普通的保温杯只能维持2~3个小时，出门开车也不方便携带，还长得丑（指出了冬天喝热水的三个普遍痛点，保温时间短、不便携、不好看）。最近发现了一个颜值、内在都很赞的保温杯，保温长达12小时，昨晚倒的热水，刚喝起来还温温的，携带也很方便。冬天空调屋比较干燥，续命就靠它了（完美方案）！

评论区：有很多朋友问我这个保温杯哪里有卖的，是我表姐海外代购的，某某牌最新款，大家可以加她微信×××，报我名字，可以送一个××小礼品（利益诱惑）。

3.1.4 体验式互推模板

体验式互推模板 = 高频使用 + 美好体验 + 利益吸引

模板要点解读：

1. 高频使用

指出在目标人群的日常生活中，可以使用产品的不同场景，进而暗示潜在顾客产品很好用，以至于你时刻都离不开它。

2. 美好体验

描述使用产品的美好体验，刺激潜在顾客想要尝试的欲望。

3. 利益吸引

同上一个模板。常用的利益吸引方式有产品优惠券、体验装等。

我们来看个案例：

这是我吃过最甜的橙子，没有之一。每天都要吃好几个，一斤水果没两天就吃完了（高频使用），果肉晶莹剔透，入口细腻甘甜，爆汁无渣，仿佛尝到了一整个秋天的美好（美好体验）。

评论区：有很多朋友问我在哪买的橙子，是闺蜜家种的，不打农药，天然种植，大家可以加她微信×××，报我名字可以享受9.9元5斤尝鲜福利，仅限前10名（利益诱惑）。

以上四种互推模板就是非常简单、有效的低成本引流模式，你可以把模板记下来，打磨自己的互推文案，每周找一个好友和你互推一下。哪怕每次增加二三十人，一年也能增加 1000～1500 个精准粉丝。如果再把转化和服务做到位，就能保证不错的业绩。

最后，在互推时还要注意三个细节：第一，文案配图。一般情况下配 2～3 张图，分别是：体现你和互推对象关系的图片，可以是你们的合影、聊天截图等；如果是产品互推，要配上自己使用产品的场景图。最后一张就是对方的二维码图片。第二，互推时间。一定要选择黄金发圈时间。测试效果最好的时间段是周二、周四、周六的晚上 9：30 左右。第三，后期处理。一定要提前准备好赠送的礼品以及与新好友的沟通话术。另外，在互推 1～2 天后，要把互推信息删除，保持朋友圈的干净整洁。

3.2 七个个人动态模板，让顾客 100% 信任你

个人动态是打造朋友圈人设非常重要的一环。通过在朋友圈呈现日常动态，让好友更清晰、全面地了解你是一个怎样的人，业务水平如何、圈子人脉如何等。

几乎每个人都在朋友圈发表过个人动态，但很多人都没有掌握要领，常见的误区有以下三种：

（1）不做筛选，想发就发。

（2）内容无聊，不能给好友创造价值。

（3）内容没有和人设建立关联。别人看了你的朋友圈个人动态，无法推断出你是做什么的，你是怎样的人。

正确的个人动态文案应该如何写呢？需要遵循一个原则：你发布的个人动态，都要能不断强化你的人设标签。

比如，你的人设标签是专业、靠谱的文案写手。那么，如果有一家机构找你合作写文案，你就不能简单写"感谢某总认可和支持"或者"又和某总达成了新的合作"，而应该通过以下两个角度来凸显专业、靠谱的人设：

（1）突出与你合作的机构的权威性，让别人觉得这么厉害的企业都找你合

作,你的专业水准肯定很高,进而强化你的人设标签。

(2)指出这家机构为什么要找你合作,而不是找别人。通过对方对你的认可,体现你的专业实力很强,人品很可靠。

在第 1 章中,我们讲到个人动态主要包含:兴趣爱好、情感表达、成长感悟、线下活动以及工作进展等几个方面。我们发布的个人动态要尽量围绕这几个方面。

个人动态的朋友圈文案到底如何写才能给人设加分呢?这一节帮你归纳总结出了七个个人动态文案模板,只需直接套用就能让你轻松写出能给人设加分、粉丝又爱看的朋友圈文案。

3.2.1 行动时刻式

行动时刻式 = 做了什么事 + 有什么收获 + 总结升华

模板要点解读:

1. 做了什么事

你完成了什么事情,可以是阅读了某本书,做完了某项运动,帮助某人做了什么事,参观了生产车间等。

2. 有什么收获

通过做这件事,你获得了什么样的收获和结果。收获和结果最好能凸显你的实力和成绩。

3. 总结升华

承接收获,进一步总结升华,可以更好地衬托出你爱思考、有深度的人格魅力。

这个模板适合生活日常类的个人动态。我们来看一条学员的文案:

早上 6 点起床,写完了一篇关于快速阅读的公众号文章,2000 字(做了什么事)。通过坚持输出,自己的写作能力稳步提升。后台还收到很多学员的好评和打赏,连我的文案老师也点赞了(有什么收获)。多给他人输出价值,你也会越来越厉害,正所谓利他就是利己(总结升华)!

3.2.2 遇见牛人式

遇见牛人式 = 见到了谁 + 发生了什么 + 得到什么启发和收获 + 总结升华

模板要点解读：

1. 见到了谁

即见到了哪些人。所见的人最好是业内牛人、大咖、KOL，这样就能更好地衬托出你的实力强、人脉广。

2. 发生了什么

听牛人谈了些什么内容，和牛人开展了什么对话或者针对什么问题做了深度探讨等。

3. 得到什么启发和收获

通过和牛人的交流和探讨，获得了什么样的收获和启发。最简单的方法是直接记录牛人说的让你印象深刻、对你启发最大的一段话。

4. 总结升华

承接收获，进一步总结升华。

我们来看两条文案，这是我拜访喊食创始人孙正钊时发的朋友圈动态：

和国内食品爆款操盘手@喊食孙正钊喝茶聊天（见到了谁）。四个小时，从项目操盘、营销战略、方法论到底层本质，脑细胞高效输入。过瘾（发生了什么）！印象最深刻的是正钊大佬说"每周带团队复盘，如果没空，把项目放下也要复盘。复盘才能快速成长。其他受外界影响的因素可能都是短期的，但只要复盘能力在就不怕（得到什么收获）。"所以，牛人最后拼的都是刻意练习和自律，成绩只是赢得的复利效应（总结升华）。

下面这个案例是我的好朋友李蜻蜓的朋友圈动态，内容是这样的：

在休息间隙，遇到了KK老师（见到了谁）。当知道了我的职业后，KK老师询问了胖人应该怎么穿。经过了一番讲解，没想到得到了老师的认可，还主动添加了我微信，说可以付费咨询（发生了什么）。

其实，KK老师身边也不是没有厉害的形象师，只是很少有形象师接男客户的单，毕竟女士才是消费主力军。

很荣幸得到 KK 老师的认可，让我立志帮助更多有需求的人实现转变（得到什么启发）。这一生如果只做一件事，希望这件事是你认为最值得的（总结升华）。

3.2.3 生活见闻式

生活见闻式 = 去了哪里 + 见到了什么 + 有什么收获 + 下一步动态

模板要点解读：

1. 去了哪里

去了什么地方，参加了什么活动，比如图书馆、行业交流会、产品工厂、生产车间等。

2. 见到了什么

可以是看到的风景、物品、人等。

3. 有什么收获

到这个地方或参加这次活动之后你有什么收获，达成了什么合作或者实现了什么目的等。

4. 下一步动态

预告你的下一步动态，让粉丝提前了解你的行程，并通过行程安排给粉丝传达出你的工作很忙、档期很紧。

我们来看两个案例，第一个是我参加有赞年会的朋友圈动态：

两天有赞年会结束啦（我去了哪里）！线上合作的商家在线下面对面，沟通更高效。商盟招商的展位上，看到很多自己写的产品文案，有点小成就感。年会上还做了一次一对一 VIP 咨询，一位小姐姐专门从富阳开了一个多小时车赶来。本来一小时的咨询聊了三小时，一起吃了饭，小姐姐还送我到高铁站（我见到合作的商家、自己写的产品文案以及 1 对 1 咨询的 VIP 学员）。两天行程完成了三天的工作量，高压状态短暂结束（我的收获），下个月北京约起（下一步动态）。

再来看好朋友罗兰猗的朋友圈动态：

晚上到西西弗书店坐一会（去了哪里），这里有古朴的装饰，赏心的音乐，香浓的咖啡,还有美丽的服务台小姐姐(见到了什么)。换一个环境,工作效率可能会更高(有什么收获)。明天"五一",我没有节日,继续工作、约人(下一步动态)。

3.2.4 工作总结式

工作总结式 = 在忙什么 + 为了什么

模板要点解读:

1. 在忙什么

最近要忙的事情有哪些,目的是突出你的工作忙、业务多。

2. 为了什么

如果只说你很忙,对方会觉得你业务还不错,却感受不到和自己有什么关联。所以,正确的方法是不仅要说我很忙,还要指出我之所以这么忙,都是为了你们。这样顾客才能感受到你的用心和专业。

我们来看一条关老师的朋友圈动态:

最近电话接不停,一会儿是牛肉哥团队要对进度,一会儿是应聘主播的人来面试,同时我们还在装修直播间(在忙什么)!用力狂奔,掌握最新的抖音打法,传授给我的学员(为了什么)!

3.2.5 因果关系式

因果关系式 = 发生了什么事 + 因为什么 + 总结升华

模板要点解读:

1. 发生了什么事

开门见山指出发生了什么事情。

2. 因为什么

发生这件事的原因是什么,最好要衬托出你的成绩和实力。

3. 总结升华

通过这件事情,你想告诉粉丝的话或想要给粉丝传递的理念和价值观。

第一个案例是关老师的朋友圈动态：

哎呀，学员送美食来办公室啦（发生了什么事）！庆祝她第一个月开播，业绩突破 200 万元！她是上海的学员，投入大量资金研发了优质洗发水，但是不知道去哪卖，做了抖音直播，问题解决了，现在直播间平均有 150 人以上在线（因为什么：之所以送零食，是因为学完课程，业绩突破 200 万元，直播间 150 人在线）。只要掌握方法，直播卖货并不难（总结升华）。

第二个案例是我的朋友圈动态：

受私域流量专家、畅销书《轻创业》作者施有朋老师的邀请，在他的轻创业 VIP 社群做了一场 90 分钟的文案卖货专题分享（发生了什么事）。这次机会得益于我的一次自我介绍，施老师看到我半年帮商家卖货 7000 多万元，他说：对于所有创业者来说，文案都是非常急需的能力。所以，就有了这次分享（因为什么）。不断努力向前跑，路上就会遇到你的贵人（总结升华）。

3.2.6　思考总结式

思考总结式 = 听到了什么 + 个人思考 + 总结升华/呼应主题

模板要点解读：

1. 听到了什么

在生活中的某个瞬间，听到的碎片化信息或微信好友给你分享的某个信息，如大咖课程里听到的信息，也可以是最近听说的某个行业趋势或一首歌等。

2. 个人思考

如果只写出听到了什么信息，相当于只是把这个信息简单复述了一遍，对于粉丝来说就没有太大的价值和意义。所以，你还要写出听到这些信息后自己产生了什么样的思考和想法，以更好地塑造自己爱思考的人设。

3. 总结升华/呼应主题

想告诉粉丝的话或想要传递的价值观等，也可以呼应开头的主题。

下面我们来看一个案例：

楼下新开了一家卤味店，为了开业引流提前在小区派发宣传页，爸妈拿回来两张，说凭宣传页可以以优惠价 17.8 元/斤买到卤好的排骨。

第二天，老妈按照宣传页上的开卖时间去买，却被告知：卖完了，下午再来。老妈想：这么火爆，味道肯定不错。下午提前去，又被告知卖完了。

楼下遇到几个邻居，也都说跑了两次空。每次都告知卖完了，然后店员推销其他新品。所以，明摆着宣传页上的优惠价排骨根本就没有，只是引流的噱头而已（我听说了什么）。

便宜促销肯定赔钱，开业没人来货卖不出去还是赔钱。所以，商家为了不赔钱，还能吸引人来，就用了这一招，自认为很高明。但问题的关键是，能为了17.8元/斤排骨跑两趟的人，一般都是全职宝妈或老年人，他们最看重的是性价比。如果你推销30元以上的产品，是很难产生转化的，而且还被贴上"骗子"的标签，得不偿失。

事实上，很多人误以为只要有流量就能卖出去。所以，绞尽脑汁引流，却没有想过引流后如何成交，结果死得很惨（我的思考）。

正确的方法是先做成交，再做引流。你要先捋清楚来的人如何成交，成交的流程和步骤是什么以及使用什么话术和策略，然后再去做引流。否则，引流再多也是无用功，甚至成为口碑破坏机（总结升华）。

3.2.7 意外惊喜式

意外惊喜式 = 正在做什么 + 发生了什么事 + 触发你产生什么思考 + 总结升华

模板要点解读：

1. 正在做什么

正在做什么事情，可以是你的工作或生活事务等。

2. 发生了什么事

在做这件事时，发生了一件对你更重要的事，一般是好事或改变你认知的事等。

3. 触发你产生什么思考

通过这件事，你产生了什么思考。比如老顾客直接转款复购这件小事，让你产生"只要把价值和服务做到位，顾客会自动找上门"等思考，塑造爱思考的人设。

4. 总结升华

通过这件事，表达你想要传递的个人信仰、价值观等。

我们来看一个我朋友圈动态的案例，内容是这样的：

正在埋头赶稿（我正在做什么），收到荔枝微课和活动行的线下课邀约，讲"如何练就职场高薪技能？"（发生了什么事）。毋庸置疑，文案是大家公认的职场必需技能。回想刚毕业时，大专学历的我，没工作经验，求职屡次被拒，不得不接受800元月薪的文案工作。300字的通稿被要求改20多次，差点被劝退。当大家都不看好我的时候，我靠文案五个月赚到了30万元，还站上了讲台，把写好文案的方法分享给更多人。写文案不怕没基础，怕的是还没找到正确方法就先放弃（触发我产生的回忆和思考）。对于普通人来说，文案是印钞机，更是个人影响力的金钥匙（总结升华）。

以上七种朋友圈个人动态文案模板，基本上可以应对我们日常发朋友圈的全部情况。只要你坚持按照上面的模板不断练习，你也能越写越好，越写灵感越多，让粉丝越来越喜欢你、信任你。

3.3 六个干货模板，打造让顾客上瘾的朋友圈

曾经我到楼下买西瓜，小区门口有两个水果摊位，我先来到A摊位问：老板，西瓜甜不甜？A摊位的老板说：保甜，你尽管放心买。这是商家一贯的说辞，我有点怀疑。所以，我又走向B摊位问，B摊位老板的回答很巧妙，他说："姑娘，我种了十多年西瓜，现在闭上眼用手一摸就知道哪个西瓜甜。我给你讲讲怎么挑西瓜。第一，看花纹……第二，看肚脐……"这一番话让我觉得他非常专业，所以愉快地在B摊位买了两个西瓜。

在大众眼里，专家推荐的东西更值得信赖。打造朋友圈也一样，多在朋友圈输出干货知识，塑造你的专家形象，就能让粉丝更愿意找你买产品，你的卖货转化率自然会更高。更重要的是干货对粉丝有价值，可以吸引他主动看你的朋友圈，甚至还会主动帮你传播，最终形成滚雪球效应，让越来越多的粉丝知道你是这个领域的专家。

在第 1 章中，我们讲到干货朋友圈的素材可以来源于专业书籍、顾客问题、行业关键词搜索和 KOL 的观点和建议四个方面，你可以从时间场合、使用地点、使用人群、症状痛点、垂直细分、跨界延伸六个维度拓展思路。

那么，干货朋友圈文案到底如何写才能更好地塑造你在某个领域的专家形象呢？这一节归纳总结了六个干货文案模板，简单有效，可以直接套用。

3.3.1 概念科普式

概念科普式 = 场景切入 + 结论 + 科普概念 + 总结升华

模板要点解读：

1. 场景切入

从生活中发生的某个场景、现象切入话题，让顾客产生代入感。

2. 结论

根据这个场景或事件，得出了什么结论。

3. 科普概念

提出一种新概念、新理念或新方法，并进行详细解读，让粉丝感知你在这个领域很专业。

4. 总结升华

针对这个现象和概念进行总结归纳，并向粉丝传递理念和价值观。

这个模板一般用于给粉丝科普某个新概念、新方法等情况。我们来看一个案例：

你身边有没有这样的人，执着于某个技能的提升，却不敢让别人知道他在做这件事。我就有个这样的朋友，她是心理咨询师，做了两年一直都没有推出自己的产品和服务。我就问她：你看了那么多书，经验也很丰富，为什么朋友圈没见到你的宣传呢？她说：我怕别人看到给差评（场景切入）。

其实，不管是个人还是企业，这种情况都很普遍。很多人的托词是"我要力争完美"，结果一拖再拖。爱上自己的想法，而不是爱上用户的需求，这是创业者最大的忌讳（结论）。

应该怎么办呢？其实，我们可以试着用一种叫"最小可行性产品"的方法来做产品。简单来说，就是做出最简单的产品形态。行不行，先试一试，根据数据反馈再调整（科普概念）。

没有天生的十全十美，只有不断优化的日趋完美。用最快的速度、最低的成本犯错，这也是最经济的创业方式（总结升华）。

3.3.2 解决问题式

解决问题式 = 抛出问题 + 解决思路 + 方法清单/操作步骤

模板要点解读：

1. 抛出问题

指出目标用户普遍存在的问题。平时你可以搜集和专业相关且顾客感兴趣的问题，比如卖母婴产品的就可以抛出如何正确给孩子断奶，如何让孩子自己吃饭等问题。

2. 解决思路

针对这个问题给出你的思考以及解决问题的思路。

3. 方法清单/操作步骤

承接上面的思路，给出解决问题的方法清单或详细的操作步骤。

这个模板常用于解答顾客普遍关心的某个问题等。我们来看一个在朋友圈卖服装的学员的文案：

如何搭配衣服才能拉高显瘦（抛出问题）？

答案是打造前中线。越是胖的人，里深外浅越显瘦。我们要掩藏突出的腹部，打造前中线，中间竖向拉高显瘦。结合腰带，用腰带伪造腰围，造成腰不露出来的宽度就是腰围的错觉（解决思路）。

如图一：开衫不系扣，打造竖向线条拉高显瘦。如图二：风衣敞开穿；斗篷腰带与衣服色彩反差小；中式服装竖向线条拉高显瘦。如图三：同一色系的服装，里深外浅搭配，不仅显瘦，还有高级感（方法清单）。

3.3.3 专家解惑式

专家解惑式 = 痛苦问题 + 解释原因 + 得出结论 + 给出方法

模板要点解读：

1. 痛苦问题

指出目标顾客普遍存在的某个痛点，如果痛点得不到解决就会非常难受、痛苦。

2. 解释原因

解释出现这个问题的原因，可以从环境、地理、社会等维度展开。

3. 得出结论

明确告诉顾客想要解决这个问题要从哪里着手，解决这个问题的关键是什么。

4. 给出方法

指出解决问题的具体方法，针对顾客的痛苦问题给出药方。

这个模板的使用前提是你要知道目标顾客普遍存在的痛点有哪些，并且还要真正知道引发这个问题的原因。

3.3.4　干货钩子式

干货钩子式 = 普遍问题 + 给出答案 + 引导行动

模板要点解读：

1. 普遍问题

目标顾客普遍存在的某个问题或困惑。在平时处理顾客的咨询时，你可以把顾客经常咨询的问题记录下来，比如详情页文案和卖货文案有什么区别，怎样判断燕窝是真是假等。

2. 给出答案

针对普遍问题给出你的答案，需要注意的是答案一定要有理有据。

3. 引导行动

给出顾客明确的指令，可以是私信咨询你、马上下单购买等。

不管是什么行业、卖什么产品，顾客都会有一些困惑，这时候你就可以用

这个模板给予统一解答,从而塑造你的专家形象。下面来看一个文案:

经常有顾客问,茶叶看起来差别不是太大,是不是喝起来也都差不多呢(普遍问题)?

其实不然,即使是同一种茶,由于产地的地形、环境和气候不一样,造就了茶叶有效物质含量的不同。低海拔地区的茶茶多酚含量高,氨基酸含量低,水浸出率低,苦涩感重,回甘差。而高海拔地区的茶茶多酚含量低,氨基酸含量高,入口淳滑,回甘好,水浸出率高。

其中,茶多酚是一种天然抗氧化剂,可以有效延缓血管老化。它的抗氧化效果是维生素C的5倍,维生素E的10倍。氨基酸则有利于去除人体内部的有害自由基,对经常吸烟的人非常好(给出答案)。

科学识茶,才能更好地喝茶!如果你喜欢喝茶,却不知道如何选茶,私信我免费教你3招辨别正宗好茶(引导行动)。

3.3.5 纠正误区式

纠正误区式 = 常见误区/争议话题 + 痛苦结果 + 解释原因 + 正确方法

模板要点解读如下:

1. 常见误区/争议话题

针对顾客普遍存在的误区(行为误区和认知误区)或某个争议性话题,比如燕窝到底好不好,眼霜到底是不是收智商税,小龙虾到底卫生与否等。

2. 痛苦结果

指出误区可能导致的结果,这个结果可能会让顾客很痛苦,进而引起目标顾客产生共鸣,激发其想要改变的欲望。

3. 解释原因

解释出现痛苦结果的原因。

4. 正确方法

给出解决这个问题的正确方法和思路。

不管是什么行业都存在一些普遍性的误区或有争议性的话题,这种情况下你就可以用这个模板进行统一解答,进而化解目标顾客的顾虑,同时塑造你的专家形象。下面来看一个文案：

很多人以为做爆款就是靠博概率。只要做的产品足够多，总能出爆款（常见误区）。

所以，经常有商家一周上架 3~4 款产品，把团队搞得很忙很累，结果也没有做出爆款（痛苦结果）。

其实，简单的产品和定位很容易被模仿，就算短期卖得好，也会很快变成红海，这也是这样操作很难做出爆款的原因（解释原因）。

而真正的爆款策略是一套独特的经营活动组合，从产品研发到产品包装，再到用户调研、宣传策略等都要用心打磨（正确方法）。

3.3.6 案例解读式

案例解读式 = 案例概述 + 亮点解读 + 总结升华

模板要点解读：

1. 案例概述

由某个案例、热点切入主题，明确指出这条朋友圈要讲述什么内容。

2. 亮点解读

详细阐述案例中存在的亮点或一些值得学习的细节。

3. 总结升华

针对这个话题进行总结或传递出你想让粉丝知道的某个理念、价值观。

这个模板常用于案例拆解，比如我是做卖货文案的，平时看到优秀案例就会拆解分析并发布在朋友圈，以塑造自己的专家形象。同样，如果你是卖服装的，看到某个明星、达人的优秀穿搭，也可以作为示范案例进行解读。下面来看一个案例，这是我针对一则信息流广告拆解的干货朋友圈，内容是这样的：

这个家装信息流广告做得很棒（案例概述）！

第一句"为啥我劝你别乱装房子"，制造出了"我知道，你不知道"的信息差，运用了损失厌恶心理。因为顾客害怕"万一装错怎么办，毕竟装修是大事"。第二句"建议你看这10000张装修实拍图"，醒目的数字吸引眼球，让顾客觉得这里的装修风格很全面，信息量很大，总有一款适合自己。第三句"看完再装也不迟"就像和好朋友聊天一样，而且对顾客来说看看也没有什么损失

（亮点解读）。

所以，好的文案一定是对顾客心理的把控，而不是简单的文字技巧（总结升华）。

3.4 两个价值观模板，让粉丝不知不觉被洗脑

在朋友圈输出价值观信息是从思维层面表达自己、展示自己的有效方式。通过输出价值观就能建立独一无二的个人品牌形象。更重要的是，在输出价值观的同时，可以软性植入你经营的事业、卖的产品，进而对粉丝产生潜移默化的影响。

那么，价值观朋友圈文案到底如何写才能更好地表达、展示你的思想内涵，塑造你的个人品牌呢？这一节归纳总结了两个价值观朋友圈文案模板。下面我们来分别解读。

3.4.1 巧借热点式

巧借热点式 = 热点话题 + 得出结论 + 价值观

模板要点解读：

1. 热点话题

由生活中的某个热门话题或某个场景切入。

2. 得出结论

分析该热门话题或场景，得出某个结论。

3. 价值观

明确你的某个价值观。需要注意的是给出的价值观最好能和你的业务、工作、产品产生关联，进而对粉丝产生潜移默化的影响。比如，如果你做的是技能培训相关的业务，就要让粉丝看完你输出的价值观文案后意识到学习、成长的重要性。

这个模板常用于借势当下的某个热点话题传递出你的某个价值观。下面我

们来看一个案例：

北京的客户让我帮忙推荐文案人员，月薪1万~1.5万元，但连着帮他推荐了几个优秀写手，大家对现有工作都比较满意，没有跳槽打算。他感慨地说：裁掉的都是没能力的（话题引入）。

一场疫情，很多人喊着失业了，降薪了，没钱还房贷、车贷了，找工作难了，但有实力的人还是香饽饽（得出结论）。

疫情之下，很多人都在强调 Plan B、Plan C，但真正的 Plan B 是启动自己的价值系统，打造你的"强势股"。

这样即使你所在的企业倒闭了，你也会被其他的企业争相邀请。否则，再多退路，做不好都没你的份。

所以，投资自己是永远不会亏本的买卖。千金在手，不如一技傍身。时刻保持学习精进，成为不可替代的稀缺人才，才是王道（价值观）。

3.4.2 认知迭代式

认知迭代式 = 原有认知 + 现在认知 + 价值观

模板要点解读：

1. 原有认知

指出针对某个话题、某件事、某个物品的原有认知是什么。需要注意的是，你给出的原有认知最好是一种普遍现象，这样粉丝看完才容易产生共鸣，让他觉得"我也是这样认为的"。

2. 现在认知

针对这个话题、这件事，你现在的感悟和认知是什么，让粉丝觉得你在不断成长，变得更好、更坦率、更接地气、更有魄力等。

3. 价值观

同上一个模板。

这个模板是写价值观朋友圈文案的经典模板，主要通过展现原有认知和现有认知的反差，让粉丝接受你现在的价值观，你现在做的事，你现在的方法。比如你原来看不起微商，现在通过微商这份事业越来越独立、勇敢，进而传递出要勇于拥抱新事物的价值观。

3.5 三个产品上新模板，一预售就爆单

很多人的朋友圈都不止销售一款产品，而是一系列产品或满足某个细分人群日常需求的多款产品。上架一款新产品时，我们就需要写一段朋友圈文案做新品预告。千万别小看预告文案，如果写得好就能吸引更多潜在客户的关注，甚至实现预售阶段就爆单。

然而，很多人都知道预售的重要性，也会在产品上新时编写一条朋友圈文案进行预告，但只起到了通知作用，并没有达到吸引关注、预热造势、引导销售的效果。

常见的错误的产品预热形式主要有以下两种：

（1）硬广通知。比如"××新品即将到货，首批数量有限，需要的朋友赶快私信我"，这种形式不能很好地契合朋友圈的社交特点，而且粉丝看完不知道这款产品有什么特色，也不知道是否适合自己。

（2）故弄玄虚。比如"有大事发生，倒计时××天"等。你的大事小事粉丝都不关心，除非你是朋友圈红人，有非常强的个人IP和粉丝黏性。

正确的产品预热文案应该如何写呢？这一节归纳总结了三个产品上新文案模板，下面我来分别解读。

3.5.1 互动提问式

互动提问式 = 引出新品 + 产品卖点 + 互动提问 + 引导下单

模板要点解读：

1. 引出新品

通过粉丝提问直接切入要引出的新品品类，比如"最近很多人问我有没有好用的防晒霜"，"情人节马上到了，很多人问我有没有适合送女朋友的礼物"，暗示想要这类产品的人很多，利用人们的从众心理吸引关注，唤醒潜在顾客的需求。

2. 产品卖点

明确指出你选择这类产品的标准和要求，传递出这款产品的卖点。

3. 互动提问

主动询问粉丝意见，让粉丝参与进来。有了参与感，粉丝关注度会更高。

4. 引导下单

有了粉丝的关注和参与之后，在这条朋友圈的评论区明确产品的上新时间，并引导粉丝主动找你下单。

这个模板适用于上架一款新品类的情况，一般是针对某个细分人群、某个特殊场景拓展出来的新需求。我们来看一个案例，是防晒霜上新的预热文案：

最近很多人都在问我有没有好用的防晒霜，其实我也想做一款（引出新品）。防晒霜最好是防晒足够，透气性好，不粘腻，好推开（传递出产品卖点）。我选了三个品牌，都是网红达人的口碑款，防晒时间分别适合普通日常防晒、长期户外防晒以及宝宝防晒。其中，××款特别加了珍珠粉，不仅能有效防晒，还能越用越白，价格还更亲民。你更喜欢哪一款（互动提问）？

评论区：感谢大家的宝贵意见，第一款是人气最高的。这款是今年的爆款，我将会于下周二上架，首批产品不多，预计只有50瓶，小姐姐记得定闹钟（引导下单）。

3.5.2 高要求准备式

高要求准备式 = 我正在 + 高要求准备 + 上新预告

模板要点解读：

1. 我正在

即你正在忙什么，通常是为即将上架的产品做准备。比如废寝忘食做课件，到产品基地参观，到生产车间参观，和商家负责人谈判等。

2. 高要求准备

描述对某个产品和项目的高要求或通过讲述准备的细节和过程展现你的高要求，让粉丝觉得你是一个负责任的人，也暗示你的产品品质非常高。

3. 上新预告

指出产品的具体上架时间，也可以透露产品的稀缺性和福利政策，吸引潜在顾客的关注，为新品造势。

这个模板适用于需要时间打磨、沉淀、生产的产品，比如知识付费、生鲜或某款工艺复杂的产品。我们来看两个案例，第一个案例是我预热专栏课程的文案，内容是这样的：

忙着打磨最新的卖货文案掘金术课件，午饭还没顾上吃（我正在）。为了准备这次课程，我花了六个月时间，经过了九次打磨，并招募了两组内测学员对课程内容进行全面评测。评测组听完课程内容直接炸了，一致评价说内容太硬核（高要求准备）。课程将在10天后正式上线，催我快一点的小伙伴，耐心等一下哦。另外，首批会有50张福利券，一定要记得定闹钟（上新预告）。

下面这个案例预售的是丹东草莓，文案内容是这样的：

今天来到著名的草莓基地丹东来看看（我正在）。草莓看起来差不多都成熟了，随便摘了一个，尝一口，草莓味非常浓郁，不过甜味还差一点。草莓还是需要在最适合的时候摘才好吃。为了让大家吃到口感最好的草莓，我的原则是一天都不能差（高要求准备）。今年天气比较冷，正宗丹东草莓预计上市销售会比去年晚一周，催我上架草莓的伙伴，耐心等一下（上新预告）。

3.5.3 福利暗示式

福利暗示式 = 福利话题 + 产品卖点 + 参与规则
模板要点解读：

1. 福利话题

开篇点名福利话题，比如有奖调研、红包调研、互动抽奖等，目的是吸引朋友圈粉丝的关注。

2. 产品卖点

通过设置互动内容，传递出即将上架产品的卖点和特色。

3. 参与规则

给出福利话题的参与规则，一般是送新品体验装、试用装、小红包等。后期还能对中奖粉丝进行回访，搜集顾客反馈和好评，为新品造势。

这个模板几乎适用于所有产品的上新预热，需要注意的是要设置好福利参与规则，做好成本预算和控制。

通过以上三个模板，可以实现产品预热、造势的目的，而且还不会引起粉丝的反感和抵触。你可以根据自己销售产品的品类和上新节奏，选择适合的文案模板。

3.6 四个产品种草模板，让顾客不买就难受

所谓种草就是当你给粉丝推荐了某款产品之后，粉丝的购买欲快速地产生并且不断地增长，最终只能买下它，满足自己的欲望。

而朋友圈卖货就是在朋友圈通过文案的形式给粉丝不断种草，进而实现销售产品的目的。所以，种草文案的好坏直接决定着订单转化率和销售业绩。然而，很多人写的产品文案并不能成功实现给粉丝种草的目的，常见的误区主要有以下三种：

（1）货架介绍式。就像货架上的说明一样，只简单给出产品的基础信息，比如卖服装的就写什么尺码、什么颜色、什么材质、多少钱等，卖护肤品的就写什么品牌、什么成分、适合肤质等，通过这些基础信息顾客无法感受到产品具体怎么样，所以这类文案很难促成实际转化。

（2）卖点自嗨式。从产品角度出发，只简单罗列产品卖点和特色，却没有写清楚这些卖点和特色能给顾客带来什么样的实际价值和利益。比如卖裙子的就写"别具一格的腰带设计"，但对顾客来说，腰带只是产品的基础卖点，她更关心的是腰带能不能显年轻、显苗条。

（3）自说自话式。有些人为了把文案写得"软"一点，喜欢走文艺、唯美路线。比如卖纱裙的就写"更飘更轻，轻得像晨风"，看起来很文艺，但对顾客的购买决策没有任何参考价值。顾客考虑的是穿上这件纱裙会不会显臃肿，能不能显高挑。

以上三种文案形式统称为无感文案，粉丝看完没有太大感觉，也不会下单购买。作者犯了一个共同的错误就是只关注产品和自己，却忽略了顾客。

顾客买的不是产品本身，而是产品带来的爽快体验以及产品帮他解决问题的安全感。所以，我们在写朋友圈种草文案的时候，一定不能只"叫卖"产品的卖点，而是要从顾客的需求和痛苦出发，突出产品带来的美好体验和解决痛点的收益。

这一节归纳总结了四个简单有效的朋友圈种草文案模板，帮你促进朋友圈的销售转化，分别是痛点刺激式、竞品对比式、场景唤醒式、试用体验式，下面我来分别进行解读。

3.6.1 痛点刺激式

痛点刺激式 = 普遍痛点 + 解决方案 + 引导下单

模板要点解读：

1. 普遍痛点

准确找出目标人群的普遍痛点，这是该模板的关键。比如工资低、职位低、工作效率低、比同学混得差、一到冬天皮肤就干燥起皮、个子矮、小腿粗等，让粉丝看完产生一种"你说得太对了，我就是这样"的自我映射。

如何准确地挖掘顾客痛点呢？给你三个方法：

（1）用户思维。简单理解就是换位思考，真正站在对方立场去理解他的处境，并罗列出一天 24 小时不同生活场景中，他可能存在的困惑或痛苦。

我们以服装来举例，顾客的痛点主要有：周末逛街买衣服，因为腿比较粗，试了很多裤子都不满意；周一要参加商务活动，却没有一件得体的衣服；想置办夏装，但因为胖只敢选黑棕灰系的衣服，看起来很不清爽等。如果你要卖一款适合微胖姑娘的连衣裙，颜色非常亮丽，就可以写"这款裙子非常显腰身，就算是有肉肉的姑娘穿上也能显瘦五斤，更重要的是颜色是清爽的牛油果绿。夏天看起来非常干净利落，还能让肤色提亮一个度"。这句文案对只敢买黑棕灰系的胖姑娘来说，就非常有杀伤力，因为击中了她的痛点。

（2）吐槽思维。你可以到线下和顾客聊一聊，听听顾客在平时购买产品过程中的痛苦以及对同类竞品的不满。另外，你还可以去电商平台搜集顾客对竞品的负面评论，这都是顾客的痛点。

举个例子，如果你是卖女士内裤的，在一次顾客购买产品时听到她的抱怨"穿一段时间会松弛"，那么，你就可以从这个痛点切入，文案可以写"有的小仙女担心内裤穿得时间久了，就会变松弛。这款冰丝内裤完全不会有这种困扰。它是超强抗拉伸的，不管你怎么拉扯，无论你穿多久，也无论你怎么清洗，弹力依旧满分，也不用担心裤腿处有勒痕，再胖也不怕。"

（3）社交思维。你可以到一些社交平台，比如贴吧、知乎、小红书等听听目标顾客的心声。我们以知乎为例，提问代表需求，话题的关注数和点赞数代表普遍性，比如"胖子夏季如何穿衣"这个话题有18000多的关注量；"皮肤黑的女生如何穿衣服"这个话题有140多万的关注量。说明这是大家普遍的痛点。

2. 解决方案

解决方案就是你售卖的产品。需要注意的是不仅要指出产品能帮顾客解决某个痛点，更要描述出产品带来的价值利益和完美结局，进而让顾客产生联想和期待。

3. 引导下单

前面做了这么多工作，最终目的就是卖货成交，然而很多人都忽略了这一步或用错了方法。正确的方法是在评论区告诉顾客"为什么要现在买"，促使他马上做出购买决策。常用的方法有限时限量、买赠送礼、算账、价格锚点、产品稀缺、超值赠品等。

这个模板适用于创新型、省事型、功效型产品，下面我们来看一个案例：

身高不到165cm，腿又不够细，不够长，不够直，怎样穿才能显高（普通痛点）？

给你推荐这款被称为"裤子界PS"的××阔腿裤，超级藏肉，穿起来也很亲肤，双腿就像钻进云朵一样。更重要的是视觉上显瘦10斤！不管是搭配衬衫、T恤、夹克、吊带，都能在不同场合搭出不同风格（完美解决方案）。

评论区引导下单：这是××品牌的最新款，有米白、黑、卡其三种颜色，吊牌价699元，限时特价199元。第一批到货只有10条，秒杀的节奏。

3.6.2 竞品对比式

竞品对比式 = 品类利益 + 竞品缺点 + 凸显差异 + 引导下单

模板要点解读：

1. 品类利益

指出某个大品类给顾客带来的利益和好处，先激发顾客对这类产品的欲望。

2. 竞品缺点

罗列其他竞品的缺点，并指出缺点给顾客带来的影响和后果。

3. 凸显差异

指出产品区别于竞品的优势和特色，并描述出优势和特色给顾客带来的价值利益。

4. 引导下单

通过明确指令，引导顾客马上做出购买决策。常用的方法有限时限量、买赠送礼、算账、价格锚点、产品稀缺、超值赠品等。

这个模板适用于大多数产品，核心就是通过竞品的差异化对比，突出自家产品的好以及给顾客带来的高价值，进而激发顾客的购买欲望。下面我们来看一个案例：

最新流行的毛呢萝卜裤上宽下窄的设计，专治各种腿型缺陷，无论你是腿粗，还是O型腿、X型腿，穿上秒变细长直（品类利益）。但毛呢面料最让人讨厌的是起球和粘毛了，再好的裤子也显得很没档次（竞品缺点）。而××家的萝卜裤采用最新压毛工艺，就算用刷子刷，也不起球、不粘毛。网红达人都在穿，这个冬天的时尚和温暖，它全包了（凸显差异）。

评论区引导下单：统一上新价99元，今天女神节秒杀价79元，仅限最后3条。

3.6.3 场景唤醒式

场景唤醒式 = 使用场合 + 美好体验 + 引导下单

模板要点解读：

1. 使用场合

很多人喜欢写"非常好""气质高贵""五星级体验"等，听起来非常高大上，但如果你是顾客，你会因为这些词下单吗？相信80%的人都不会。因为看完这些描述，我们还是很模糊，不知道产品什么时候可以派上用场。

"产品何时用，怎么用"是个思考题，但顾客是很懒的，一想到这些问题就会觉得"哎呀，太复杂了"，干脆直接放弃购买。

正确方法是帮顾客规划好产品的使用场景，把场景1、场景2设计好，让他想象一天下来，可以一次又一次地使用产品，不断获得幸福感，只有这样才能成功刺激他的购买欲。

如何设计出契合顾客心理需求的场景呢？答案是洞察目标顾客的生活日常，看他平时会做哪些事，去哪些地方以及在哪些场合可能会用到你的产品。给你三个挖掘场景的维度：

（1）从时间上：工作日、周末、小长假、年假、节庆等。
（2）从地点上：在家、在单位、上下班路上、旅游途中等。
（3）从表现上：外卖油腻、感冒咳嗽、风衣不好搭配等。

2. 美好体验

指出在不同的时间、地点使用产品的美好体验，不仅需要指出在某个场合可以使用产品，更要指出使用产品的美好体验和收获，让顾客产生期待和联想，进而忍不住下单。

3. 引导下单

同上一个模板。

这个模板几乎适用于所有产品，不管你卖什么产品，都要给顾客描绘出一幅幅不同场合使用产品的美好画面。当顾客脑海里浮现出这些美好画面时，需求就被唤醒了，就会觉得"这样用很方便啊""这样吃很美味啊""这样搭配很有范儿啊"，进而忍不住下单。产品的使用场合越多，顾客会认为产品价值越大，越值得购买。下面我们来看三个案例，第一个是卖玉米的，文案是这样写的：

冬天最幸福的事就是窗外在下雪，寒风凛冽，房间里煲着热气腾腾的玉米排骨汤（使用场合）。锅里咕噜噜地煮，空气中弥漫着玉米的香气，玻璃上氤氲着微微水汽，盛一碗热汤，吸溜一口，美哉美哉（美好体验）。

我们再来看一个朋友圈卖服装的文案：

真正的时髦精，衣柜里永远会有一条锥形裤！开春，正好是穿外套的天气，西服套装（使用场合）穿起来干练又时髦（美好体验）。

搭配风衣或长外套也可以轻松出门（使用场合），秒变电影大女主。尤其是西装材质的锥形裤，更是拥有独特的精致感（美好体验）。上班穿（使用场合）利落优雅（美好体验）；平时穿（使用场合）休闲又惬意，时髦中显大方（美好体验）。

下面是一个燕麦片的文案：

每天吃饭不规律，经常胃痛、不舒服（使用场合），直接加水煮成燕麦粥，软糯口感，好消化，好吃又养胃（美好体验）。

没时间做饭（使用场合），用牛奶冲上一碗即食燕麦粥，加一些时令水果或坚果，美滋滋的早餐吃起来！早上还能多睡20分钟美容觉（美好体验）。

孩子喜欢吃炒酸奶，又担心外面的原料不好（使用场合），在酸奶中加入燕麦片，放在平底容器中铺匀再放入冰箱冷冻，2小时后就可以吃到美味又饱腹的家庭版炒酸奶啦（美好体验）！

3.6.4 试用体验式

试用体验式 = 我用过 + 体验感受 + 适合人群 + 引导下单

模板要点解读：

1. 我用过

我们先来思考一个问题：如果你的好友自己都没有体验过一款产品，就在朋友圈给你推荐，你也是第一次听说这个产品，你会买吗？90%的人不会。为什么？因为缺少信任度。

前面我们讲过，朋友圈卖货是基于信任而产生的交易。所以，"我用过"就是明确告诉粉丝推荐的这款产品是你自己都在用的。只有你自己都在用，顾客才会相信这款产品真的不错。

2. 体验感受

如果只说"我用过""产品很好"，顾客也会怀疑。所以，还要详细描述使用产品的体验。这样做可以实现两个目的：第一，让粉丝相信你真的用过。第二，通过美好体验和实在收获，刺激粉丝产生期待和联想，当他想象到自己使用产品的美好体验时，就会情不自禁付款购买。

需要注意的是，不同产品的属性不同，体验感受侧重也不同。普通产品侧重感官体验，比如眼睛看到的、手触摸到的、身心感受到的等。而功效型产品侧重于使用产品后实实在在的收获。比如使用产品后实现多少业绩增长等。

3. 适合人群

指出产品的适合人群，让潜在顾客对号入座。

4. 引导下单

同上一个模板。

这个模板也是大多数产品都适用的模板，通过你的体验感受成功给粉丝种草。下面我们来看一个朋友圈卖货的案例：

今年最值的一笔投资是报了兔妈师徒陪跑计划，跟着兔妈死磕文案一年（我用过）。

这个课程帮助我把零散的知识碎片、系统化，形成记忆深刻的知识卡片，写起文案来更有章法，效率也高很多。以前写一篇文案可能要4~5天，但现在基本2天就能完成，还有几次能顺利地一稿过，稿费也比之前涨了不少。

除了自己受益，我的团队也跟着受益。我把兔妈的一套教学方法应用在团队培训上，大家进步比之前快很多，频频出爆文，整个团队上个月超额五百万元完成业绩，还得到老板点名表扬（体验感受）。

强烈推荐想通过文案变现，实现卖货转化的朋友试试，兔妈给的方法很实操，案例也非常实用（适合人群）。相信我，学好文案真的非常重要。少买一个包，少买几件衣服，把这笔钱投资在自己身上，掌握一门终生受用的文案技能，或许能成为你走向另一种人生的拐点（引导下单）。

在使用不同的模板时，每次可以从其中一个点切入，比如顾客可能有五个痛点，那么，你每次可以以其中一个痛点切入写一段文案。通过文案一次又一次种草，成功激发顾客的购买欲望，进而实现朋友圈业绩的提升。

3.7 四个热点借势模板，助你轻松爆单

借势热点已经成为产品营销的不二法门，通过对热点巧妙、合理、及时地借势，助力产品传播，促进产品销售。这一招对朋友圈卖货同样有效，只要热

点借到位,就能获得更多粉丝的关注和订单。

在朋友圈卖货时,我们可以借势的热点主要有以下六种:

1. 娱乐热点

比如热播的电影、影视剧、综艺节目等,通过某个娱乐热点的片段引出要卖的产品。比如某个明星公开自己的护肤秘籍,提到平时会用到某个方法,这个方法恰好和你的产品作用原理一致,那么就可以用它来借势。

2. 潮流热点

潮流意味着是新的,利用的是人们喜欢追逐新奇,尝试新鲜事物的天性。所以,把产品与某个潮流结合起来更容易获得粉丝的关注和青睐。比如时尚潮流、穿搭潮流、美食吃法潮流等。

3. 季节热点

比如夏天酷暑,如果你是卖冰凉喷雾、防晒品的,就可以以夏季的季节热点来借势。

4. 社会热点

在某个时间段,大众普遍关注的某个社会性的话题热点,比如雾霾、高考等。

5. 节日热点

一年大大小小的节日有几十个,这也是我们可以有效借势的热点。比如情人节给伴侣送礼;父亲节、母亲节关爱父母;儿童节关爱孩子;女神节关爱自己等。

6. 政策热点

政策热点用的相对较少,一般适用于某个细分行业。比如国家出台直播业务的发展政策,而你恰好是卖直播课程的,就可以借势这个政策。

在借势热点时,一定要牢记以下三个原则:

(1) 热点一定是正向的。只有正向的热点,才能给粉丝留下好印象。所以,像自然灾难、社会悲剧、政治事件等热点最好不要借。

(2) 热点和产品有关联。产品需要借势卖货,而不仅是瞎凑热闹。所以,如果找不到关联点，不要凑数借势。生拉硬拽地把热点和产品关联到一起，并不能让粉丝对产品产生印象或者影响粉丝的购买决策。

（3）热点能调动粉丝情感。要站在粉丝兴趣的角度，与目标顾客产生"利益"与"情感"的关联。只有内容价值触及粉丝的利益或情绪，才能促进产品的转化和销售。

那么，在写朋友圈产品软文时，如何借势热点才能促进产品的销售转化呢？这一节归纳总结了四个简单有效的朋友圈热点借势文案模板，分别是季节热点式、娱乐热点式、潮流热点式、节日热点式，下面我来分别解读。

3.7.1 季节热点式

季节热点式 = 季节热点 + 选品痛点 + 圆满结局 + 引导下单

模板要点解读：

1. 季节热点

结合产品属性和使用场合，与当下季节热点建立关联。比如卖水果可以结合夏季吃甜品的热点，卖银耳可以结合秋季吃润燥汤水的热点，卖衣服可以结合不同季节穿搭方法的热点等。

2. 选品痛点

通过季节热点唤醒人们对某个品类的需求，但想要粉丝选择你的产品，还需要指出市面上其他竞品的缺点。只有这样，粉丝才有可能选择你给出的新方案。

3. 圆满结局

承接选品痛点，指出产品给粉丝带来的美好体验。

4. 引导下单

同前文模板所述。

这个模板适用于受季节影响较大的产品，比如生鲜、服装等。

下面这个案例是一个卖芒果的文案：

夏天最爽的事莫过于吃着冰凉的甜品窝在沙发里追剧了（季节热点）。

但外面的甜品不新鲜，价格贵倒是其次，最重要的是加了大量糖分，吃完又得长半斤肉（选品痛点）。

给你推荐完美替代款，芒果界的霸气女王玉芒，兼具小台芒的软糯和贵妃芒的多汁，果肉比你手掌还要大。加点牛奶、椰汁，冰箱里放上10分钟，就是健康天然的甜品，好吃又养颜（圆满结局）。

超市里的玉芒一般每斤都在十几元左右。而今天现摘现发的广西一级大玉芒，49.90元5斤，还包邮（引导下单）！

3.7.2 娱乐热点式

娱乐热点式 = 娱乐热点 + 结论 + 美好体验
模板要点解读：

1. 娱乐热点

比如娱乐新闻、电视剧、电影、综艺节目等，需要在这些娱乐热点中准确找出与产品相关联的话题、理念和价值观等。

2. 结论

通过分析，得出某个结论。结论起到承上启下的作用，不仅能概括娱乐热点的主题，还能顺利过渡到产品。另外，结论要短小精悍，最好是金句。

3. 美好体验

描述使用产品的美好体验，激发粉丝购买产品的欲望。

你可以关注不同平台的热搜榜寻找灵感，并结合产品属性找到热点和产品的关联。下面我们来看一款洁牙产品的文案：

《爱的迫降》中孙艺珍的大白牙上了热搜（娱乐热点）。

不得不说，笑容好看给颜值加分，牙齿白净就能让笑容满分（结论）。

美牙神器××，每次刷完，舔一圈，牙齿光溜溜的，就跟刚刚洗过牙一样。刷三天左右牙齿就开始变白，还是那种略带透明感的白。口红都不用挑色号的（美好体验）。

3.7.3 潮流热点式

潮流热点式 = 潮流热点 + 痛点顾虑 + 凸显差异 + 引导下单

模板要点解读：

1. 潮流热点

对粉丝来说，新流行的潮流是一种文化，只要是新的就能获得更多的关注和购买。所以，你要学会捕捉和利用与产品相关的潮流热点，让粉丝有种买了产品就跟上了潮流的感觉，进而达到卖货的目的。

2. 痛点顾虑

在跟风潮流时，粉丝可能存在一些痛点、顾虑和担心，比如看了最新的潮流穿搭，可能担心不适合自己；看了最新的潮流吃法，可能觉得太麻烦；看了最新的减肥方法，可能担心费用太贵等。

3. 凸显差异

指出产品区别于其他常规产品的差异化特色和优势，并描述出特色和优势给粉丝带来的价值利益，激发购买欲望。

4. 引导下单

同前文模板所述。

下面我们来看一个卖衬衫的文案：

佟丽娅一身白衫白裤的照片上了热搜，作为时尚百搭单品的白衬衫，也再次在仙女心中长满了草（潮流穿搭热点）。但白衬衫选不好就容易显得保守、呆板（痛点顾虑）。

我筛选了100多个款，最中意的是这一款。纯正的珍珠白，挺阔有型，微胖女孩也能穿。不透肉、不走光，还抗静电，店里的小姐姐先自留了一件。不管搭配裤子还是裙装，穿上清爽又减龄（凸显差异）！

本周四上架，限量10套，美妞们速速私聊我哦（引导下单）。

3.7.4 节日热点式

节日热点式 = 节日热点 + 产品利益 + 引导下单

模板要点解读：

1. 节日热点

节日热点常用的切入方式有两种：第一，场景植入。在某个节日场合植入产品,激发粉丝的购买欲望。比如,描述五一劳动节、国庆节出游时带上某款零食的美好体验。第二,正当理由。一般是通过节日送礼的方式,帮粉丝合理化购买理由,让他更容易做出购买决策。比如情人节、母亲节、父亲节、儿童节等给亲人送礼物。

2. 产品利益

描述产品的核心特色和优势,并指出特色和优势给顾客带来的具体利益和好处,让粉丝对产品充满渴望。

3. 引导下单

同上一个模板。

这个模板适用于节日带货的情况,需要根据节日寓意和产品属性,选择两种切入方式中的一种。

下面这个案例是在朋友圈卖巧克力的文案,借势了情人节的热点:

所谓情人节,其实就是爱情中的仪式感,告诉对方你一直都在我的心里。在情人节这么甜蜜的日子里,心水之选当然是带着满满心意的巧克力(节日热点)。

看一眼舍不得吃,吃一颗停不下来。特殊的香气、丝滑的口感、让人欲罢不能的余味,就像爱情一样。这一颗,不只适合情人节,还适合所有跟情人分享的时刻(产品利益)。

原价399元的手工巧克力礼盒,情人节尊享价199元,并赠送定制表白卡,让女神感受你给她带来的甜甜爱意(引导下单)。

以上四个文案模板,可以帮助你更好地借势热点实现朋友圈卖货业绩的提升。当然,想通过借势热点把产品卖爆,还需要有捕捉热点的敏感度,对产品和目标人群的足够了解和把控,并按照模板持续不断练习。

3.8 八个心机晒单模板,犹豫顾客也能爽快下单

人们在购买产品时总是习惯参考其他人的建议,比如你去柜台买一款面霜,这款面霜你从未用过,也没有听过,你肯定非常犹豫,担心效果不好。但如果

这时候旁边一位老顾客告诉你："这款面霜效果非常好，用了1个月毛孔都变小了。"你可能就会心动，甚至当场付款购买。

事实上，在朋友圈卖货也是一样，你可以通过晒单刺激潜在客户的购买欲望，并让他们相信你的产品是值得信赖的，进而促进产品的销售。所以，晒单是朋友圈卖货的必备操作。然而，很多人晒单之后并没有实现订单转化率的提升，甚至还给别人留下不好的印象，被屏蔽拉黑。这可能是因为你没有掌握晒单的正确要领，常见的晒单误区主要有以下三种：

（1）选错素材。选择的晒单素材不能给潜在顾客明确、肯定、积极的暗示，让人看完抓不到重点。

（2）忽略素材。日常工作中忽略了可以晒单的优质素材，也没有积累素材的习惯，导致没内容可晒。

（3）笼统自嗨。晒单时配的文案内容非常笼统，粉丝看完依然不了解具体情况，无法产生代入感。

想通过晒单实现业绩的提升，首先要明白晒单的目的是什么，主要有以下五个：

1. 引发顾客共鸣

如果晒单文案能解决粉丝的需求，自然就会促进成交。比如，有些人在晒单的时候，讲述了一个"因为没有选好面膜导致皮肤过敏，并通过产品最终调理好了皮肤"的顾客案例，就会让有同样遭遇的顾客产生共鸣，对产品产生欲望和信任。

2. 突出产品利益

在晒单的时候可以描述产品的使用场景，描述给顾客带来的好处和利益，让顾客对产品有更多的了解，进而产生购买行为。

3. 展现使用过程

一些产品的使用过程比较特殊，这时候就可以通过晒单引导顾客正确使用，也更容易让人信服。

4. 暗示产品畅销

通过晒单暗示产品很畅销，比如咨询的人很多、购买的人很多、好评的人很多、转介绍的人很多等，刺激顾客的购买欲望，同时建立产品的信任背书。

5. 打消顾客疑虑

顾客在购买产品时总会存在各种各样的顾虑，对产品的顾虑，对售后的顾虑等，而通过晒单就能打消顾客的顾虑，促使他马上做出购买决策。

根据以上五个目的，归纳总结了可以晒单的八种素材，分别是：①晒顾客好评；②晒顾客表白；③晒顾客咨询；④晒卖货收款；⑤晒账户收入；⑥晒顾客案例；⑦晒发货进度；⑧晒售后服务。

3.8.1 晒顾客好评

晒顾客好评 = 好评内容 + 顾客改变 + 总结升华
模板要点解读：

1. 好评内容

直接引用顾客发给你的某句好评，并截图展示。选择引用的好评一定要有吸引力、说服力。比如顾客取得的成绩，对你的评价和感谢等。

2. 顾客改变

简单描述顾客使用产品前后的改变，可以是认知改变、状态改变、效果改变等。效果和改变能让好评更有可信度和说服力。

3. 总结升华

借顾客的好评和改变，向潜在顾客传递出你的理念、价值观。同时，更好地衬托出你爱思考、善总结的人设形象。

可能有人会问：兔妈，如果没有收到顾客好评怎么办？给你一招：主动向顾客要好评。比如我在发售自己的电子书时，就让助手和购买的学员聊天，询问电子书对他们写文案有什么帮助，就收到很多好评。需要注意的是，询问一定要具体，不要问"觉得怎么样"，否则，得到的答案十有八九是"差不多"，就没有太大意义。正确的方法是问具体问题。下面我们来看一个案例，这是我在朋友圈晒学员对师徒陪跑好评的文案：

"兔妈每次点评都是一针见血，彻底帮我打通了文案卖货思维"（好评内容）。

徒弟@mj 做过三年电商文案，没有系统学过，也没有人带，全靠自己摸索,很多时候转化率都不理想。听朋友推荐报名了师徒陪跑,上周按照新的系统方法写文案,改掉了原来靠拼凑、凭感觉写作的习惯,转化率提升了60%,连老板都惊呆了(顾客改变)。所以,只要掌握正确的方法,写好文案并不难(总结升华)。

3.8.2 晒顾客表白

晒顾客表白 = 表白内容 + 顾客情况

模板要点解读:

1. 表白内容

直接引用顾客的表白内容,比如夸你专业、夸你负责、保证会买、必须支持、请假也要来听你的课、跨省也要来见你等,通过展示顾客对待产品的态度以及对你无条件的信任,向潜在顾客传达出你和你的产品是值得信赖的。

2. 顾客情况

简单介绍顾客的基本情况,比如年龄、性别、地域、职业、职位、现状等,通过对顾客基本情况的描述,凸显真实感,也更容易获得信任。同时,让潜在顾客产生一种"我和他的情况一致,这个产品肯定也适合我"的感觉。

下面我们来看两个案例,第一个案例是护肤品文案:

"研究了很多,还是你的产品最放心"(表白内容)。这位顾客是上海一家金融公司的高管,平时工作比较忙,还经常加班熬夜,皮肤状态不是很好,还有点敏感。用过不少大牌产品,效果都不是很理想。这次做了很多功课,最终找到我(顾客情况)。

下面这个案例是直播课程文案:

"老师,你的线上课、线下课我都要报名"(表白内容)。这位朋友是做旅游的,2020年受疫情影响,旅游行业萧条,他都考虑换行了,但又不甘心。听说我们的旅游学员直播第四场就能做到1.8万元销售额,他又点燃了希望,要做直播(顾客情况)。

3.8.3 晒顾客咨询

晒顾客咨询 = 咨询问题 + 专业解读 + 凸显差异 + 引导下单

模板要点解读：

1. 咨询问题

直接引用顾客咨询你的问题，一般是对产品、专业相关信息的咨询，选择引用的问题最好是顾客普遍存在的问题。

2. 专业解读

针对问题给出专业解答，突出你的专业形象。

3. 凸显差异

通过对问题的解答，巧妙过渡到产品，并指出产品的差异化优势和特色及其能给顾客带来的价值利益。

4. 引导下单

同前文模板所述。

3.8.4　晒卖货收款

晒卖货收款 = 收款项目 + 购买理由 + 产品利益 + 适合人群
模板要点解读：

1. 收款项目

晒出收款项目和金额，告诉潜在顾客其他人都在买，从而赢得信任。

2. 购买理由

介绍顾客的基本情况，并解释顾客购买的原因，暗示潜在顾客"他这种情况已经购买了，如果你也有这种情况，产品也一定适合你"，让顾客产生代入感和共鸣。

3. 产品利益

明确指出产品能帮顾客解决的问题，并描述产品给顾客带来的价值利益。另外，也可以通过第三方反馈间接证明产品利益。

4. 适合人群

明确指出产品的适合人群，让顾客对号入座。

3.8.5 晒账户收入

晒账户收入 = 收入项目 + 理想状态 + 引导行动

模板要点解读：

1. 收入项目

晒出收入项目，比如代理转款、项目奖金、卖货业绩等。

2. 理想状态

描述现在的理想状态或者通过和原来境遇的对比，突出现在的美好状态，比如不用上班打卡每个月就有稳定收入等。

3. 引导行动

释放信号或者给出明确指令，引导顾客马上链接你、咨询你、加入你的团队等。

这个模板适用于招募代理等业务，目的是吸引新人加入你的团队、成为代理。下面我们来看一个在朋友圈晒收入招募代理的文案：

看了一下今天卖产品的利润有2301.6元（收入项目）。

以前我就在想，什么时候可以不用上班，还能有稳定收入。现在确实实现了，每天不用出门，简单发发朋友圈，聊聊天，就能挣到别人每个月1/3的工资（理想状态）。

如果你也想做一份副业，增加一份收入，却不知道做什么、怎么做，欢迎来联系我。跟着有结果的人，赚钱不是问题（引导行动）。

3.8.6 晒顾客案例

晒顾客案例 = 案例概述 + 原来情况 + 结缘产品 + 现在情况 + 总结升华

模板要点解读：

1. 案例概述

用一句话概述案例中顾客的整体情况。比如达成了什么目标，实现了什么结果，赚到多少钱等。

2. 原来情况

描述顾客在使用产品之前的情况，一般是糟糕的、不好的状态。

3. 结缘产品

指出顾客与产品是如何结缘的。比如朋友介绍、老客户介绍、网上看到一篇文章等，突出你的影响力和口碑还不错。

4. 现在情况

描述顾客在使用产品之后的情况，一般是美好的、圆满的结局。

5. 总结升华

借顾客案例向潜在顾客传递出你的理念、价值观或其他信息。

这个模板适用于顾客使用产品后收获明显效果和改变等情况。需要注意的是，选择的顾客案例一定是典型案例，最好满足三个要点：①符合目标顾客画像，包括年龄、职业等。②有使用前、使用后的具体效果对比。③有真实的照片、截图证据。下面我们来看一个文案：

早上刚送完妞妞上学，就收到徒弟@ddl 的报喜，收到 5600 元稿费。这是她最近一个月的稿费（案例概述）。

说起来，她的本职工作和文案没有关系。两年前接触文案的时候，主要写一些情感文，接单主要以新媒体文章为主。除了能赚几十块的辛苦码字费，也没啥收入（原有情况）。

一年前，经朋友推荐认识了我，从买了公开课开始，一发不可收拾，扎下心来死磕卖货文案。今年又找到我，报名师徒陪跑（结缘产品）。

现在不但能稳定变现，做得比本职工作还要好，靠文案平均每个月稳定收入 4500 元。这已经是第三次报喜（现在情况）。

所以，迈出文案变现第一步，靠的是系统的方法论和你的执行力（总结升华）。

3.8.7 晒发货进度

晒发货进度 = 发货数量 + 产品畅销 + 引导下单
模板要点解读：

1. 发货数量

顾客有一个简单的判断逻辑，卖得好＝产品好。如何体现产品卖得好呢？最直观有效的方法就是晒发货。你可以通过图片或视频晒快递单、打包图、包裹图来凸显发货多、卖得好。

2. 产品畅销

承接前面的发货情况，再次强调产品非常畅销。比如"每天都有10多单，基本上都是老客户回购""10个顾客，9个是转介绍"等。

3. 引导下单

同前文模板所述。

3.8.8　晒售后服务

晒售后服务＝售后问题＋处理方式＋服务原则

模板要点解读：

1. 售后问题

很多人认为售后问题大多情况下都是负面的，只有产品有问题的时候，顾客才会申请售后服务。所以，很多人觉得没必要，甚至不敢晒售后方面的内容。事实上，晒售后服务是非常有必要的。通过展示你的售后承诺，可以打消顾客的顾虑和担心，更好地促进成交。一般情况下，售后问题包含两种情况：第一，被动售后。比如顾客收到产品发现有问题主动来找你，在这种情况下，你是被动状态，但如果及时做好危机公关，反而能化危机为转机。第二，主动售后。在顾客购买产品后，你主动询问顾客使用产品的情况，可以凸显你对顾客用心、负责的服务态度。

2. 处理方式

描述你对售后问题的处理方式，是主动关心，还是给出赔偿、重新补发等。

3. 服务原则

借由本次售后问题，明确并强调你的服务原则，做出服务承诺，让粉丝感受到你是一个有原则、有担当、负责任的人，他们就会更放心找你买产品。

下面我们来看一个案例文案:

最近猕猴桃爆单了,加上天气比较热,快递运输又不可控制,有个别果子可能会出现挤压破损的情况(售后问题)。

如果出现质量问题,请你第一时间跟我联系,我会按数量赔偿相应金额(处理方式)。

我一直相信产品好才是最大的口碑,所以,不管是选品还是发货,都力求做到最好。只希望你能买得放心,收得舒心,吃得开心(服务原则)。

你可以根据不同的素材,选用不同的晒单模板来创作朋友圈文案。掌握正确的晒单方法,再犹豫的顾客也能爽快下单。另外,在晒单时,还需要注意以下三个细节:第一,重视配图,有图有真相。但有些人配的聊天截图打了很多马赛克,显得很乱。有些人把整张聊天截图放上去,密密麻麻的内容,让人抓不到重点。正确的配图原则是凸显重点,好看美观。第二,晒单一定要建立在人设的基础上,如果你从来不给顾客提供价值,也从来不和顾客互动,晒单只会给人造成骚扰,甚至还会让别人质疑晒的单是假的。第三,保证晒单的真实性,千万不要造假。只有真实,顾客才能感受到你的真诚和底气。

3.9 五个故事模板,粉丝主动追着你买买买

人们讨厌被说教,讨厌被推销,但人的天性喜欢听故事。如果你在朋友圈说教,顾客往往没有任何反应,甚至还会非常反感,但是一旦通过故事的方式讲出来,不但让对方觉得很有趣,还会觉得非常有道理,这就是故事的魅力。

所以,朋友圈卖货高手擅长把想要传递的道理、产品的卖点藏在故事中,让顾客像被催眠一样认定并主动购买你的产品。

一个有销售力的朋友圈故事要遵循四大要素:

1. 悬念

如果你直接说"我给你讲个故事",别人就会非常困惑,"我为什么要听你讲故事"。所以,在讲故事之前,要设置悬念激发顾客的好奇心,引导他主动来探索、阅读。在朋友圈文案中,一般通过标题或者开场第一句话设置悬念,吸

引关注。比如两个月从欠债50万元到月入10万元,他是如何做到的?

2. 冲突

故事的核心在于冲突,只有冲突才能吸引别人的关注。如果故事中的主人公以及发生的每件事都一切顺利,读者会感到无聊,也很难产生情感上的代入感和共鸣。常见的冲突有遭遇变故陷入绝境、理想与现实的差距、外在与内在的矛盾、人物前后的反差、做某件事遭遇层层阻碍等。

3. 代入感

有销售力的故事一定要让读者产生代入感和联想,只有读者代入进去才能产生情感上的共鸣,也更容易做出购买决策。如何让读者产生代入感呢?答案是善于描写细节,比如主角在痛苦、挫折、绝望、转机、兴奋、成功等情景下的心理活动,心理活动与目标客户越接近,越能引起他的情感共鸣,触动他的内心,也越能促使他马上采取行动。

4. 价值

写故事的目的是为了实现销售,但有些人写了一大段故事,却没有传递出产品的任何价值信息,不能增加或者凸显产品的价值感,结果顾客看完没有心动,也不会下单。所以,讲故事之前,先确定你要传达的价值主张是什么,然后围绕你的核心主张展开。

可能有人会问:兔妈,短短几行字的朋友圈,怎么能写出一个好故事呢?其实,故事并不需要超多字数。掌握了正确的方法,短文案的故事性也能实现令人意想不到的效果。这一节帮你归纳总结了写朋友圈故事的五个常用文案模板,分别是:产品由来故事、匠心研发故事、顾客见证故事、个人蜕变故事、寓意寓言故事。就算是文案小白,照着做也能写出打动顾客的朋友圈好故事。

3.9.1 产品由来故事

产品由来故事 = 历史由来 + 效果背书 + 全新升级

模板要点解读:

1. 历史由来

讲述产品的历史由来,比如在解决某个问题的过程中,产品被意外发现等。

2. 效果背书

产品凭借完美的效果获得某权威人物、权威机构的认可和好评。

3. 全新升级

在历史基础上进行包装升级,成为现在全新的品牌。

这个模板适用于有历史的产品,也可以讲述产品采用的配方或工艺历史。下面我们来看一款姜糖膏的故事文案:

姜糖膏的发现是一个传奇(制造悬念)。相传公元672年,药王孙思邈行医至怀庆府,看到当地人面黄体虚、胃寒疲顿,就用当地怀姜取汁加入红糖、甘草等熬制成膏让人们冲水饮用。大家喝后顿觉胃暖身热,精神旺盛,所以就流传了下来(历史由来)。

清朝年间,乾隆皇帝品尝后赞不绝口,姜糖膏又被封为宫廷贡品(效果背书)。

在家传配方的基础上,我们又添加了两味食材,辅以科学的炮制工艺,才有了现在的××姜糖膏,对调理身体的效果非常好(全新升级)。

3.9.2 匠心研发故事

匠心研发故事 = 研发初心 + 遇到阻碍 + 费时费力 + 大获好评

模板要点解读:

1. 研发初心

指出创始人研发产品的初心,为什么要研发这款产品以及有什么意义。比如看不惯某个行业乱象,想帮某类人群解决某个难题等。

2. 遇到阻碍

描述产品研发过程中遇到的阻碍,比如寻找原料的阻碍、制作工艺的阻碍、寻找合作商的阻碍、宣传推广的阻碍等。

3. 费时费力

讲述为了攻克阻碍,创始人花费了大量人力、物力的艰难过程。

4. 大获好评

产品上市后,收获了目标人群的一致好评和认可,非常畅销。

下面我们来看一款女性红糖的故事文案：

其实，做这款红糖是一次偶然。在平时工作中，我发现大多女孩子都有痛经的问题。听老一辈人说，用土红糖做出来的姜糖水缓解痛经的效果非常好（研发初心）。

但想找到纯正的古法土红糖并不容易，不少朋友劝我换成普通红糖，都被我一一否决了。我的想法是要么不做，要做就做精品（遇到障碍）。

不顾老公和家人反对，我走访了山东、山西、河南、陕西、云南的20多个城市，花了将近120天的时间，终于找到了最正宗的红糖（费时费力）。

区别于其他红糖，它富含微量元素铁、铬和其他矿物质等，而且甜而不腻，活血化瘀效果也更明显。第一批产品还没宣传就被身边同事、朋友抢光了，被她们称为"东方巧克力"（大获好评）。

3.9.3 顾客见证故事

顾客见证故事 = 糟糕状态 + 经过弯路 + 结缘产品 + 惊喜改变

模板要点解读：

1. 糟糕状态

描述顾客在使用产品之前的糟糕状态。

2. 经过弯路

为了改变现状，顾客尝试了很多种方法，走了很多冤枉路，浪费了很多钱，但结果都不是很理想，甚至还因为错误的选择，让情况变得更糟。

3. 结缘产品

偶然机会与产品结缘，顾客抱着怀疑的态度决定试一试。

4. 惊喜改变

顾客使用产品之后取得了很好的效果，收获了惊喜改变。

这个模板适用于顾客在使用产品后发生翻天覆地改变的情况，目的是通过顾客的糟糕经历让潜在顾客产生共鸣，并通过顾客使用产品后的蜕变，给潜在顾客一种正向的心理暗示"使用产品后，我也能像他一样收获理想结果"。

3.9.4 个人蜕变故事

个人蜕变故事 = 低起点 + 决心反击 + 努力过程 + 圆满结局

模板要点解读：

1. 低起点

描述你的低起点，比如职场小白、小学学历等，目的是让目标顾客产生共鸣。

2. 决心反击

工作生活中发生了某件事，让你彻底受够了当下的状态，并决心改变。

3. 努力过程

讲述为了改变现状你的奋斗过程。比如，花大量时间学习，不怕挫折反复练习，花全部存款做了某件事等。

4. 圆满结局

通过努力终于达成了某个目标，实现了人生的蜕变和逆袭。圆满结局也是目标人群渴望达成的结果。

这个模板的目的是通过描述主人公的蜕变过程，让潜在顾客产生共鸣和代入感。同时，也让顾客产生一种希望"他比我起点还低，都实现了完美结果。我不比他差，肯定也能做到"，"他以那么低的起点拿到现在的成绩，肯定掌握着一套超级管用的方法，通过这个方法我也可以实现逆袭"。下面我们来看一个案例：

从文案小白到爆单女神，我是如何做到的？（标题制造悬念）

我出生在农村，读的是大专，毕业没经验，费尽周折找到一份月薪800元的编辑工作。那时候天天想的是怎样省钱，经常一个烧饼就是一顿饭。

亲戚朋友劝我回老家，像大多数农村姑娘一样，结婚生子，我不甘心。但没有硬核技能，想在大城市立足很难。干了三年，每个月工资才3000元。加上结了婚、有了孩子，钱更是不够花（低起点）。

孩子弄坏别人348元的玩具，那是我家当时一个月生活费的1/3，为此我哭了一个晚上。自己喜欢的衣服，加入购物车等到过期也舍不得买。屋漏偏逢连夜雨，妈妈带孩子时不小心摔骨折，手术要 5 万多元。我要改变！（决心反击）

为了赚钱，20 元的海报、100 元的主持稿我都接，一度累出颈椎病。偶然一次，接触到卖货文案。第一次因为没经验，被客户骂了一个小时，但这却开启了我的逆袭之路。为了写好卖货文案，我埋头拆解 400 多篇爆文，总结出自己的一套爆款方法论（努力过程）。

用这套方法，我帮商家四小时卖货 13000 多单，销售额 170 多万元。有了第一次的经验，口碑相传，屡战屡胜，接连半年，做出五个全网爆款，累计卖货 7000 万元。因为这套方法，我从小白成为文案讲师、畅销书作者，收入也实现了 18 倍的增长。（圆满结局）

3.9.5　寓意寓言故事

寓意寓言故事 = 生活小事 + 制造冲突 + 迎来转机 + 得出结论

模板要点解读：

1. 生活小事

讲述身边发生的或你听说的一件小事，需要注意的是这件小事和你的产品是有关联的。

2. 制造冲突

描述由小事引发的冲突，冲突是吸引人的关键。同时，冲突也能戳中目标人群的普遍痛点。

3. 迎来转机

"英雄式人物"出场化解了冲突，迎来了转机，并借由"英雄式人物"的嘴告诉粉丝一个道理，而这个道理正是你想让粉丝明白的。

4. 得出结论

通过这件事得出一个结论，这个结论能够给顾客"马上行动，购买产品"的正向暗示。

3.10 五个促销文案模板，销量至少翻一倍

无论是线下销售、传统电商，还是朋友圈卖货，促销都是必不可少的操作。可能有人会说：兔妈，我也在朋友圈做促销，但效果并不是很理想。其实，问题可能出在你的朋友圈促销文案上，常见的促销文案有以下四种误区：

（1）大甩卖式。比如"原价199元的××产品，到手价99元，倒计时最后3天，千万不要错过"，给别人一种菜市场大甩卖的感觉，显得产品很廉价。

（2）太笼统式。比如"大牌美妆抄底价，保证正品，活动时间截至××日，机不可失，扫描二维码马上下单"，顾客看完文案不清楚什么产品有活动、有什么活动以及产品能解决什么问题等，当然也不会下单。

（3）无理由式。比如"原价××元，活动价××元"，却没有给出促销的正当理由，所以，顾客会产生怀疑"你的产品原来就是这个价格吧"，不信任自然不会购买。

（4）老套路式。比如"全场商品打几折""回馈老顾客产品直降××元"等，对于这些促销玩法，顾客已经司空见惯了，所以也很难产生马上行动的紧迫感。

想要写出效果好的朋友圈促销文案，一定要有以下四个营销思维：

1. 给顾客提供有价值的信息

促销文案是写给目标顾客的，而不是大众用户。因为大众用户对产品不关注、不了解，就算你的产品打一折可能也很难吸引到他。所以，有效的促销文案要能给目标顾客提供有价值的信息。

2. 给促销活动一个正当理由

如果只是打折，顾客可能会想"产品质量是不是也打折了？是不是清理库存的产品？是不是先提价后打折？"，所以，一定要给促销活动找一个正当理由。

3. 塑造促销活动的稀缺性

如果是无限期、无门槛的优惠，顾客往往不会太在意，他可能会想"接下来是不是还有更大力度的优惠活动，要不要再等下次优惠"等。所以，一定要

塑造促销活动的稀缺性，让顾客觉得这次不买，下次就没有如此优惠的机会了。

4. 调动顾客的主动参与性

对于各大节日的常规促销活动，消费者已经司空见惯了，也无法激发他的购买欲望。但如果吸引顾客主动参与进来，让他对活动有期待，这样的促销文案更容易促使他行动。

那么，到底如何写朋友圈促销文案才能更好地提升转化率呢？这一节归纳总结了五个促销文案模板，分别是：化解顾虑式、投票调查式、抽奖福利式、超值套餐式、惊喜福袋式。直接照着写，你也能写出更容易打动顾客、更有带货力的朋友圈促销文案。

3.10.1　化解顾虑式

化解顾虑式 = 认同顾虑 + 价值获得 + 促销信息

模板要点解读：

1. 认同顾虑

主动提出顾客在购买产品时可能存在的顾虑，并予以认同。比如购买衣服时，顾客可能担心面料不好、款式不合适、洗了掉颜色、护理太麻烦等。

2. 价值获得

承接顾客的顾虑，明确指出产品的特色以及给顾客带来的价值利益和获得感，以化解顾客的顾虑。只有顾客感知到产品的价值，才会觉得在促销中占到了便宜。

3. 促销信息

给出产品的促销信息，并引导顾客马上做出购买决策。常用的方法有节假促销、限时限量、买赠送礼等。

下面我们来看两个案例，第一个案例是T恤促销文案：

这款T恤用的是最新的涤纶面料。很多人一听涤纶就排斥，因为普通涤纶有个很大的缺点，不吸汗（认同顾虑）！

这款面料特地做了改进，利用优势技术做了特殊的吸湿处理，不仅不会捂汗，而且很轻，透气性也很好，穿上就像背了一个小空调，非常凉快。就是爱出汗的人也能放心穿！极致细腻的触感，就像云朵一样，让你娇嫩的肌肤得到温柔呵护（价值获得）！

吊牌价199元，品牌折扣日99元，明天晚上12:00恢复原价（促销信息）。

下面这个案例是付费社群的促销文案：

加入一个社群花799元，看起来有点贵，可以买一件不错的大衣了（认同顾虑）。

但用这钱连接大咖，了解新红利趋势，提升自己的圈层，平均下来一天才2块钱，也就一杯豆浆的钱，就可以跟行业里顶级的大牛交流。学习，投资你的人脉和圈子，获得的价值将远超过799元。

比如上一期学员××加入两个月就被××公司的运营总监发现，成功换岗，月薪从原来的4000元涨到8000元（价值获得）。

而今天报名这个社群，早鸟价只要699元，直接省100元。这个价格只限今天报名前20位，过后就恢复原价799元（促销信息）。

3.10.2 投票调查式

投票调查式 = "发起投票 + 参与福利 + 投票链接" + "公布结果 + 价值获得 + 促销信息"

模板要点解读：

这种促销方式适合于产品款式比较多的情况，比如服装、生鲜、配饰等。分为两个步骤，通常在两天内完成。

第一步，发起投票调查。包括发起投票 + 参与福利 + 投票链接。

1. 发起投票

提前选出几款产品让粉丝参与投票，选出人气最高的一款作为本次的促销产品。这样操作可以实现两个目的：第一，可以给产品做预热。第二，通过吸引粉丝主动参与，提升粉丝互动，让他对促销活动更期待、更心动。

2. 参与福利

为了吸引粉丝投票，可设置参与福利，比如参与投票可以领取10元店铺优惠券等。

3. 投票链接

给出投票链接，如果款式小于 9 个，也可以让粉丝直接在朋友圈的评论区投票。

这个模板适用于投票调查式促销的第一天，下面我们来看一个在朋友圈卖服装的案例，文案是这样写的：

仙女们，新品春装选款喽，票数最高的一款可享受超低"提前购"福利（发起投票）。

参与投票奖励 10 元现金券，全店通用（参与福利）。

投票链接×××（投票链接）。

第二步，启动促销活动。包括公布结果 + 价值获得 + 促销信息。

1. 公布结果

公布投票选出来的结果，凸显产品的高人气，还能让没有参与的粉丝感受到产品很受欢迎，进而产生购买欲望。

2. 价值获得

同上一个模板。

3. 促销信息

同上一个模板。

这个模板适用于投票调查式促销的第二天，下面我们继续来看案例文案：

第五期投票选出的人气最高的春款大衣是××款，128 票（公布结果）。

小姐姐们都很有眼光，这款是今年流行的加长款风衣，手感柔软，不会起褶皱。由日本设计师设计，自带气场，藏肉显瘦，穿上秒变电视剧女主角的感觉。随便怎么搭都好看（价值获得）。

吊牌价 699 元，提前购福利价是 399 元，比其他同款便宜了近 100 元，活动只做两天，逾期恢复原价，错过下次就没有了哦（促销信息）！

3.10.3 抽奖福利式

抽奖福利式 = 点赞抽奖 + 塑造价值 + 评论区促销

模板要点解读：

1. 点赞抽奖

发起点赞抽奖，并设置点赞抽奖参与规则，通过抽奖吸引粉丝的主动参与和关注。比如抽取点赞第××名免费送××产品等，抽奖产品就是你要促销的产品。

2. 塑造价值

如果不了解产品的价值，顾客就会想"抽奖免费送的产品会不会不好呀"，所以，一定要塑造产品的高价值，最好是当前爆火的某款产品。只有这样，顾客才会主动参与促销活动。

3. 评论区促销

在评论区公布中奖名单，同时，再发布一条产品促销的信息。

这个模板适用于大多数产品。通过抽奖福利还能激活朋友圈，提升朋友圈好友的互动和留存。下面我们来看一个面膜文案：

点赞送68元的山羊奶面膜！

抽取点赞的第8名、第28名、第48名免费包邮送一盒最近爆火的山羊奶面膜，一毛钱都不用花，把地址给我就行（点赞抽奖）。

俗话说一白遮百丑，而羊奶的美白嫩肤作用，绝对是王者级的。羊奶分子是水分子的1/8，渗透力超强，用完第二天脸还能水嫩水嫩的。每盒五贴，幸运儿会不会是你呢（塑造价值）？

"没有中奖的小可爱们也不要灰心，我特地为大家准备了都能享受的福利。原价68元/盒的山羊奶面膜，现在128元三盒包邮，就是收个邮费和打包成本，我的目的就是结交你这个朋友。因为亏本太多，只有10个名额（评论区促销）。

3.10.4 超值套餐式

超值套餐式 = 促销理由 + 价值获得 + 超值套餐

模板要点解读：

1. 促销理由

不管促销什么产品，一定要给顾客一个促销理由。好的促销理由会让顾客觉得你不是因为产品质量有问题或者清库存而降价的，而且顾客会觉得这个机会很难得，也更容易采取行动。

2. 价值获得

明确指出产品的特色、核心亮点以及给顾客带来的价值利益和获得感。

3. 超值套餐

超值套餐是这种促销方法的核心，常用的方法有两种：第一，加钱兑换。比如购买产品后，可以享受加5元兑换正价38元产品的福利。第二，产品搭售。选择搭售产品时有两个原则：①搭售的产品是目标人群需要的。比如针对买护肤品的女性，可以搭售卫生巾、零食、洗发水等。②搭售的产品是大众类产品。比如相比于祛斑霜，护手霜就更大众，人人都需要。

下面我们来看一款洗发水的促销文案：

下周就是情人节了，约会的时候头发必须香香的、滑滑的才更有感觉啊（促销理由）。

××香氛洗护套装，每次洗完头都像给头发敷了一次玻尿酸滋养水膜，毛躁的头发乖乖被抚平了，一梳到底。尤其喜欢它的香味，闻起来和600多元的祖玛珑小苍兰香水一样，想象一下约会时的美妙情景吧（价值获得）。

官方原价129元/套，情人节福利价89元/套，洗护产品都是500ml，能用大半年，平均一天只要几毛钱。另外，前20名下单还能享受加5元兑换李佳琦直播间同款洗脸巾一盒（超值套餐）。

3.10.5 惊喜福袋式

惊喜福袋式 = 促销福袋 + 塑造价值 + 限时限量

模板要点解读：

1. 促销福袋

顾名思义，就是把售卖的产品包装成福袋的形式，并起一个有美好寓意的名字，比如好运连连、大吉大利、财源滚滚、幸福美满等，然后设定一个相对低的促销价格。一方面利用人们喜欢追求新奇、未知的心理，另一方面通过超值的价格让粉丝觉得占到了便宜。

2. 塑造价值

一定要塑造福袋的价值，让顾客觉得不管是收到哪个福袋都非常超值。只有这样，他才会毫不犹豫参与。比如花 88 元购买的惊喜福袋，每个福袋里装的都是正价 150 元以上的产品，这样增加了趣味性，让顾客有了更多的期待感。

3. 限时限量

只有感受到活动马上结束的紧迫感，顾客才会毫不犹豫地付款下单。所以，一定要给出具体的福袋数量和截止时间，塑造活动的稀缺性。

这个模板适用于目标人群都会需要的产品，比如女包、面膜、零食、水果、女装、洗发水、打底衫等。除此之外，还可以灵活运用，把福袋作为赠品。下面我们来看一个女包的促销文案：

仙女们，感恩一年以来大家的支持，我这几天绞尽脑汁想给各位小可爱送个惊喜。希望在跨年那一天你们能够收到我为你们准备的小礼物。这次我真的拼了，给你们准备了 199 个仙女福袋，全部 88 元包邮（福袋信息）！

我敢保证你们收到以后一定会感动哭！一定会说"这也太超值了吧"。每个福袋里都有一款价值 150 元以上，且是三个月之内在售的包。绝对没有小钱包、库存包！目的就是为了让你们惊喜（塑造价值）。

因为实在亏太多，每个小可爱只能抢购一个福袋，限时两天，抢购完随时截止（限时限量）。

3.11 一个团购模板，一条文案顶一个月销量

这一节介绍一个威力更强的促销方法——团购。团购就是团体式购物，指认识或不认识的顾客联合起来，并以最优价格购买到产品的一种购物方式。根据薄利多销的原理，虽然单个产品利润少了，但卖家也能获得更高的总收益。而朋友圈团购就是在朋友圈发布一条团购文案，吸引足够多对产品感兴趣的人一起参与进来，最终实现批量式成交。

3.11.1 发起朋友圈团购的五个时机

1. 产品上新

产品上新时需要人气和曝光，所以，可以通过团购的形式让利，吸引更多

粉丝的关注，而且还能趁机收集第一波的顾客好评。

2．节日促销

根据产品属性、使用场合和节日特点，可以选择合适的节日发起朋友圈团购，比如春节团购年货、中秋节团购月饼、端午节团购粽子、情人节团购礼品等。

3．品牌折扣

很多大品牌为了短期内完成既定的销售任务，会不定期开展品牌折扣活动。所以，如果你代理的是品牌产品，可以在品牌折扣期间发起朋友圈团购，从而完成销量指标。

4．季节热点

有些产品受季节因素影响会出现自然的销量增长高峰。如果你的产品受季节因素的影响，可以选择季节热点时发起朋友圈团购，更好地促进销量增长。

5．尾货清仓

为了及时清理库存，可以发起朋友圈团购，实现产品动销、清库存的目的。

当然，朋友圈人设打造越到位，团购效果越好。所以，如果你的朋友圈粉丝黏性很强，就无须受以上因素影响，可以根据自己的销售节奏，不定期发起朋友圈团购，以实现朋友圈销量的短期性增长。那么，如何写朋友圈团购文案才能吸引更多粉丝主动参与呢？下面详细解读。

3.11.2　让好友抢着买的团购文案模板

朋友圈团购文案模板 = 激发欲望 + 塑造价值 + 团购信息 + 引导进群 + 限时限量

模板要点解读：

1．激发欲望

给顾客一个理由，锁定目标人群，并激发其购买产品的需求和欲望。比如"秋季需要补水"就能锁定皮肤需要补水的女生，类似的还有"情人节必须送礼""拯救你的熬夜脸""女人瘦3斤颜值长10分"等。

2. 塑造价值

如果不了解产品的价值，顾客就会想"降价的产品会不会不好呀"，所以，文案一定要突出产品给顾客带来的获得感，并塑造产品的高价值。常用的方法有借势权威、制造畅销、价值类比等。

3. 团购信息

明确给出团购的具体信息，一般主要包含团购产品的规格、价格、参与形式与规则等。

4. 引导进群

朋友圈团购是朋友圈和微信群协同配合完成的促销方式，通过微信群可以实现一对多的批量式成交。而团购文案的目的是吸引目标人群进群，所以，文案中需要明确引导潜在顾客进群，并且还要主动引导或用利益刺激顾客带自己的朋友进群。

5. 限时限量

设定团购活动的具体时间，塑造团购活动的稀缺性，调动顾客的紧迫感。

下面我们来看一个团购面膜的文案：

女人的脸嫩不嫩全看补水是否到位，秋季天干物燥，更要补水（激发欲望）！

今日福利：团购××、××等明星日常补水保湿用的×××燕窝胶原蛋白面膜，ins、小红书百万博主也在"安利"。补水、锁水双管齐下，1片顶其他品牌10片（塑造价值，用到了借势权威、制造畅销、价值类比的方法）。

原价138元/盒（5片），团购价90元/盒，群里拼团，3人即可成团（团购信息）。

请带上你们的小伙伴进群。另外，邀请3人进群的小可爱可免费获赠同款面膜2片（引导进群）！

福利活动仅此一天（限时限量）！

需要注意的是，文案配图时一定要有微信群的二维码。团购活动成功的关键在于能否吸引足够多的目标顾客进群，所以，朋友圈团购文案非常重要。

3.12 三个群发模板，制造爆销激活"僵尸"好友

在朋友圈卖货时，有一种非常高效的营销手段，那就是群发。通过群发你可以把营销内容精准地、一对一地发送到每个好友的微信客户端。

然而，正是因为群发的触达率很高，而且又没有任何金钱成本，所以，很多人的做法是想发就发，并不仔细研究群发的转化率，不仔细斟酌群发的文案。

微信群发是一把双刃剑，用得好能吸引更多粉丝的关注和购买。用得不恰当，则有可能被好友屏蔽、拉黑。常见的群发误区主要有以下五种：

（1）不分人群。很多人以为群发就是全部好友都发，且全部发一样的内容，却忽略了一个非常重要的问题——不同人的需求不同。如果你把女性产品的广告信息群发给男生，效果肯定不好，甚至还会被拉黑。所以，正确的方法是群发之前给微信好友打标签，锁定目标人群。

（2）过于频繁。合适的群发频率是一个月不超过两次，所以，一定要把有限的群发次数用在刀刃上。

（3）不分时间。群发时一定要避开别人休息、工作的时间段。

（4）用错语气。微信是用来社交聊天的，但有些人群发时采用的却是广告语气，比如火爆招商、钜惠来袭等，让别人根本不想细看。所以，正确的群发应模拟和好友聊天的语气，多用"我"和"你"。比如，"我刚讲了一个'微信低成本引流'课程，里面有18个简单有效的引流方法，相信一定能帮你提升引流效率。特意免费送给我的朋友，回复'引流'直接送给你。"

（5）文案生硬。有些人避开了以上几个误区，但群发文案写得非常生硬，而且长长一大段，排版没有层次，让人一眼看不到重点，甚至直接群发付款二维码，让人非常反感。当然，也不会获得好的效果。

那么，在什么情况下我们可以用群发助力朋友圈卖货呢？如何写群发文案才能提升顾客的回复率，促进朋友圈的业绩增长呢？下面我来分别进行解读。

3.12.1 适合群发的五种应用场景

上面提到要把群发用到刀刃上，所谓刀刃就是能直接或间接帮你提升朋友圈业绩的场景。直接提升朋友圈业绩的场景有活动促销、新品上市等，间接提

升朋友圈业绩的场景有寻找客户、邀请进群、引导关注朋友圈等。

1. 活动促销

比如单品促销、团购促销、节庆日促销等，可以通过群发获取更多粉丝的关注和参与，更好地完成活动业绩。

2. 新品上市

在一款产品上市时，可以通过群发获取更多粉丝的关注，营造产品的高人气，为新品造势。

3. 寻找客户

在有些时候，你不确定哪些好友是自己的精准顾客，这种情况可以设计一个"诱饵"，比如免费送电子书，以此筛选出精准客户，并通过后续的一系列营销活动实现最终成交。

4. 邀请进群

为了集中发售某个产品，你策划了一场社群发售活动，这时候可以通过给好友群发"进群"信息，筛选目标人群统一进群。

5. 引导关注朋友圈

产品信息比较多，这种情况就可以把产品信息逐条发布在朋友圈，并给好友群发消息，引导好友关注你的朋友圈。

3.12.2 简单有效的三种群发文案模板

1. 产品促销式

产品促销式 = 勾人标题 + 塑造价值 + 促销信息 + 连接理由

模板要点解读：

（1）勾人标题

好友是否会认真阅读你群发的内容，第一句起着关键作用，尤其是群发内容比较长时，所以，群发信息时一定要起一个勾人标题。你可以用【】把标题框起来，凸显重点。比如【今日优惠 | 30 万宝妈都爱吃的××蛋糕，半价30元】，再如【今晚免费 | 1000 名营销文案达人的精品社群，回复 1 免费拉你进

群】。群发文案标题有三个技巧，分别是：①优惠或免费内容前置，并且要写具体。②多用权威或畅销赢得信任。③巧用提问或反问制造"钩子"。

（2）塑造价值

明确指出促销产品的特色和亮点，并描述给顾客带来的价值利益和获得感。同时，突出产品质量好、货源正规、销量大以及给顾客带来的实实在在的改变，塑造产品的高价值。

（3）促销信息

给出产品的促销信息，引导顾客马上做出购买决策。

（4）连接理由

给顾客一个连接你的理由，即便他对这次产品促销不感兴趣，也会忍不住连接你。比如群发儿童辅食的促销文案，在促销信息后就可以加上一句"如果你的孩子处于 0～3 岁辅食营养关键期，回复'辅食'免费送你我总结的 100 种辅食指南"。

这个模板适用于单品促销、节庆促销时给精准顾客群发的情况，选择的产品最好是当前的热销爆款。下面我们来看一款女包的群发文案：

【今日优惠｜小 CK 最热销款女包，××、×× 都在用，直降 200 元】（勾人标题）

嗨，亲爱的朋友，今天给你们开团的是小 CK 热销爆款风琴包，造型简洁颇有北欧风格，不管配裙子，还是配风衣都好看。而且看着不大，"肚囊"却不小，四个独立兜袋，手机、口红、气垫、纸巾、车钥匙等都能放进去，很方便。百分百正品（塑造价值）！

市场价要 439 元，今天一起拼团只需 168 元包邮到家。仅限今天限时拼团，晚上 10:00 截止（促销信息）！

另外，我花了 1980 元专门请教资深形象设计师，并总结了今年秋天 30 种职场流行穿搭方法，如果你也经常为穿搭苦恼，回复"穿搭"免费送你（链接理由）！

2. 筛选顾客式

筛选顾客式 = 勾人标题 + 突出专属 + 塑造价值 + 明确指令

模板要点解读：

(1) 勾人标题

同上一个模板。

(2) 突出专属

抬高顾客身份，比如"你是我的重要顾客"，给顾客一种专属感，让他感觉"只有我才能享受到这次福利"，进而对群发内容更关注。

(3) 塑造价值

塑造筛选顾客所用"鱼饵"的价值，让顾客觉得占到了便宜。

(4) 明确指令

给顾客明确的指令，告诉他应该如何做。比如回复"学习"免费获取干货包，回复1马上进群等。

这个模板能间接提升朋友圈的销售业绩，通过"诱饵"获取顾客的主动参与，以达到筛选目标顾客的目的。常见的用法有免费进群、免费获取电子书、免费领取礼物、免费体验产品等。下面我们来看两个案例，第一个案例是邀请目标用户免费进群，文案是这样写的：

【手把手免费教你从0到1打造自动赚钱社群】（勾人标题）

嗨，你好，我是×××，知道你平时比较关注社群运营方面的内容，而且又是我的星标好友。有好的学习机会，我也会第一时间通知星标好友。

下周二晚上8:00，针对提升社群用户黏性和销售转化的话题，我做了一期专题解读，为期三天时间，我的星标好友可以免费获得价值99元的学习群门票一张（突出专属）！

三天时间，给你讲透社群运营的四大要点，并拆解我亲自操盘的两个社群运营案例，给你一套打造高转化社群的可复制方法。另外，我还会邀请两名神秘大咖分享：如何从0到1打造自动赚钱的社群（塑造价值）。

如果你想深入学习社群运营，靠社群开启副业变现，回复"听课"，我邀请你免费进群（明确指令）。

第二个案例是邀请目标用户免费体验产品，从而获取精准的顾客信息，文案是这样写的：

【年末福利|5000名小朋友从倒数到班级前10的秘密，限时免费，只有10个名额】（勾人标题）

最近许多人问我，要过年了，给孩子送什么礼物最好？我的回答是：×××。之所以推荐它，不是因为它和我们有合作，而是因为5000名小朋友学习后都获得了神奇改变。而且现在有10个免费体验资格，你是我的重要好友，所以，听到消息第一时间就告诉你了（顾客专属）。

这套产品是××老师亲手为中国学生量身定制的成功学习产品，包含右脑开发、思维风暴、思维导图、快速阅读、快速记忆五大板块，帮助孩子高效学习，快乐学习。其中，×××小朋友学完后从倒数第二名蹿升到整个年级第一名，英语还拿到了满分（塑造价值）。

所以我们和×××老师特意申请了这次体验机会，如果你正在为孩子学习发愁，请立即回复"改变"申请！仅限前10位，先到先得。备注好姓名、电话和地址，申请成功后我第一时间通知你（明确指令）！

3. 新品上市式

新品上市式 = 勾人标题 + 塑造价值 + 信任背书 + 引导行动

模板要点解读：

（1）勾人标题

同上一个模板。

（2）塑造价值

明确指出新产品的特色和亮点，并描述给顾客带来的价值利益和获得感。同时，突出产品质量好、货源正规、销量大以及给顾客带来的实实在在的改变，塑造产品的高价值。

（3）信任背书

罗列新产品的信任背书，比如内测阶段顾客好评、顾客案例、借势权威等，让顾客相信新产品值得信赖，从而打消疑虑。

（4）引导行动

给顾客明确的行动指令，告诉他下一步如何做，并通过限时限量的专属福利吸引顾客马上行动。比如回复"我要购买"即可享受6折提前购福利等。

这个模板适用于产品上市的限时促销或产品即将上市时的预热发售，通过群发可以获取更多的曝光机会和产品订单。下面我们来看一下我的第一本新书《爆款文案卖货指南》上市时的群发文案：

兔妈揭秘：提升卖货转化率 50%~1200% 的秘密（勾人标题）

我是千万级卖货操盘手兔妈的助理，兔妈老师总结了半年帮商家靠文案卖货 7000 多万元以及她个人靠文案实现收入 18 倍增长的方法，写成一本 35 万字的新书，书名是《爆款文案卖货指南》。

这本书揭秘了兔妈老师帮商家提升 50%~1200% 转化率的方法论，内容包括护肤、生活用品、母婴、知识付费、功效养生等 150 多个案例的深度解读。还包含朋友圈卖货、社群卖货、文案接单变现、个人品牌影响力打造的全部方法（塑造价值）。

此书被 1000 名内测学员和商家称为"文案界新华字典"。

由知名文案成交专家关健明作序推荐，《影响力变现》作者阿佳、《学习力》作者 Angie、《轻创业》作者施有朋、有赞商盟秘书长西子英以及数十位有赞头部商家大咖联合推荐（信任背书）。

新书将于下周上线，如果您想预定新书，烦请回复【我要预定新书】，进群即可享受比官方价格优惠 50% 的购买权限，还有机会抽奖哦（引导行动）！

微信群发以高触达的特点成为促进朋友圈卖货成交的必备操作方法之一，但一定要正确使用，从群发时间、群发频率、群发目的、群发文案等多个细节着手，提升群发的效果，避免给好友造成不好的印象。

第 4 章

私聊成交掘金术，轻松开口成交

🐼 **学习提示**

除了打造人设、撰写文案，朋友圈卖货还离不开有效的私聊引导话术。在处理顾客咨询的过程中，如何快、准、狠地撬动顾客欲望？如何巧妙建立信任？如何让顾客从怀疑到爽快下单？

这一章将为你总结朋友圈卖货必须掌握的私聊成交掘金术，让你轻松开口成交，愉快收钱，涵盖聊天破冰、激发欲望、产品介绍、巧妙报价、破除犹豫、成交收款以及如何让老顾客主动转介绍和如何开口谈代理等内容，熟练掌握本章内容，你也能成为微信成交高手。

4.1　黄金五步法，轻松搞定从破冰到成交

微信私聊是朋友圈卖货的收尾环节，如果这一步没有做好，没有摸清顾客的真实需求和顾虑，就算顾客看完你的朋友圈非常心动，并主动找你咨询产品信息，结果往往也是咨询完就没了下文。这让很多人非常头疼，甚至越来越"迷茫"。常见的情况主要有以下几种：

（1）和新好友聊天不知道聊些什么，越聊越尴尬。
（2）隔着屏幕不知道顾客在想什么，抓不住重点。
（3）和顾客聊得挺好的，但不知道如何切入产品。
（4）顾客明明对产品很感兴趣，但就是不提下单。
（5）不懂何时报价、怎样报价，怕报完吓跑顾客。
（6）顾客总说先考虑考虑，就是不做出肯定答复。

其实，可能并不是顾客没诚意，也不是顾客难缠，而是你没有用对策略，没有讲对话术。在微信私聊时，普通微商大多都是凭感觉，所以，往往被顾客牵着鼻子走。而卖货高手讲策略，通过巧妙的引导来掌控成交流程，一步步激发顾客兴趣，撬动顾客欲望，最终让顾客爽快掏钱。

这一节帮你总结出了微信私聊成交的五个黄金步骤，分别是快速破冰、激发欲望、加深吸引、破除犹豫、报价收款。做好这五个步骤，可以大幅提高成交的概率。下面为你详细进行解读。

4.1.1　两招快速破冰，精准洞察顾客需求

所谓破冰，顾名思义是破除顾客内心的坚冰。我们与陌生顾客沟通的起始阶段属于破冰环节，如果没有让顾客放下防备之心，就没有了后面的付款购买，因此这也是最为关键的环节。

在遇到顾客咨询时，大多数人常见的错误破冰方式有以下两种：

（1）顾客问啥就答啥。在不了解顾客需求的前提下，不管你回答顾客什么问题，都处于被动状态，丧失了主动营销的机会。

（2）闲聊抓不住重点。有些人喜欢用闲聊的方法消除顾客的戒备心，聊家常、聊故事、聊价值观等，聊得很畅快，却聊不到点上，一番聊天结束还不确定顾客的需求是什么。

作为卖货高手，必须能够快、准、狠地破冰切入话题，变被动为主动，通过聊天精准洞察顾客的需求和痛点，为成功销售做好准备。具体应该如何做呢？给你两个操作技巧。

1. 从朋友圈着手，锁定切入话题

在顾客咨询时，不要急于回答他提出的任何问题，最好先到对方朋友圈查看最近1~3个月的信息。

根据对方的朋友圈信息，寻找顾客购买产品的原因，然后再开始与顾客交流。举个例子，如果你卖减肥产品，翻看对方朋友圈看到她吐槽自己又胖了或者不敢放开吃美食的信息就可以大致判断出她的痛点和需求，进而锁定切入的话题。

当你看完顾客的朋友圈后，可以对顾客说：××你好，你了解我们的×××（产品名称）是想帮你解决××问题吗（产品最主要解决的问题）？

这句话可以引出你和顾客的聊天话题，只要对方是诚心诚意想了解产品，回复你的答案基本上有两个：是或不是。

如果顾客说"不是"，你可以继续问：那么你主要是想咨询什么问题呢？如果顾客说"是"，你可以继续向顾客提问：你现在的情况是怎样的呢？这种情况持续多久了？

2. 巧用问答赞，探明顾客需求

"问"是一个技术活，问题问对了，成交量提升一倍。问题问错了，交易必失败。站在顾客的角度问，才会得到你想要的答案。

但需要注意的是，问题是为了服务买家，而非卖家。然而，连续问太多问题会让对方有压力，甚至直接把顾客吓跑，怎么办呢？

有两个提问原则：①提问不能太干巴、太生硬，而要提炼想了解内容的关键词，并根据关键词有目的地进行引导性提问。②巧用"问答赞"的提问方

式，在顾客回答完上一个问题之后，先赞美、认可对方，再问下一个问题。

我们来举个例子，如果你是卖减肥产品的，当顾客回答"自己想解决身材问题"时，你就可以先赞一下，比如"看你照片很美呢，也没有太胖啦。看来你是对自己身材要求非常严格的一个人"，然后就可以接着问"你现在的情况具体是怎样的呢"？

顾客的需求都是因问题而起的。通过和顾客的破冰沟通找准顾客需求，为下一步铺垫产品做准备。

4.1.2 巧妙铺垫产品，撩出顾客购买欲望

当与顾客有了话题，并通过几轮"问答赞"式的聊天找准了顾客的需求和痛点，就进入了激发欲望的环节。为什么不可以直接介绍产品呢？因为此时顾客只是抱着了解产品的心理，解决问题的欲望还没有非常强烈，所以直接介绍产品并报价就会吓跑顾客。因此，你需要通过话术，将顾客内心的需求和欲望彻底激发出来。如何彻底激发顾客购买产品的欲望呢？给你两个操作技巧。

1. 放大痛点，刺激欲望

需要注意的是如果仅指出顾客的痛点，并不能促使他马上做出解决问题的决策，因为这些问题持续了很久，他的确很想解决，但此刻他可能会想"现在不解决，好像对生活也没有太大的影响"，所以，想彻底激发顾客购买产品的需求，还要指出痛点不解决的严重后果。

当顾客想到这个问题会对自己的生活带来如此大的影响，甚至可能要付出非常大的代价时，就会下决心购买产品。

2. 铺垫产品，勾起欲望

所谓铺垫产品，就是不直接介绍产品的卖点和特色，而是通过和顾客有一样痛点的其他人的案例来铺垫产品的效果，给顾客一种"产品对别人有效果，对我肯定也有效"的积极印象。

通过放大痛点和其他顾客使用产品后的效果暗示，让顾客对现在的状态更不满意，对解决问题的欲望也更强烈，进而彻底激发购买产品的需求。同时，将产品的使用步骤和注意要点告诉顾客，而且又将成功案例之所以成功的其他重要因素传递给对方，还会让他觉得你和其他人不一样，更专业、更负责，也

更相信你能帮他解决问题。此时顾客的心理状态已经发生了改变，从原来的"随便了解一下"到现在的"我必须马上解决"。

4.1.3　产品价值说明法，加深吸引赢得信任

在顾客的需求被彻底激发出来后，就要给他新的解决方案，也就是你卖的产品。所以，这一步需要介绍产品。但需要注意的是介绍产品不能直接生硬，否则顾客很容易下线离开，成交率会直线下降，甚至是零成交。

所以，为了提升成交率，还需要在介绍产品的时候，反复强调产品给顾客带来的价值利益，进一步加深吸引，并且通过话术赢得顾客信任。

很多人在介绍产品的时候往往大谈特谈产品有什么卖点，却很少谈及产品给顾客带来的价值利益，所以顾客听完没有感觉，也很难产生购买欲望。正确的方法是采用 FABE 产品价值说明法。

1. F——特点（Feature）

指产品的特质、特性等基本功能，比如产品产地、原料、成分、工艺、配方等。

2. A——优势（Advantage）

指产品具备的优点，即产品的特点究竟发挥了什么功能，有什么优势，比如更管用、更高档、更温馨、更保险、美白效果更好等。

3. B——好处（Benefit）

指出产品优势能带给顾客的利益和好处。好处是从顾客利益角度出发的，通过强调顾客得到的利益、好处激发顾客的购买欲望。

4. E——证据（Evidence）

讲完特点、优势和好处之后，要马上提供相应的证据，这样才会加深顾客对产品好处的信任度。证据可以是技术报告、顾客好评、顾客案例、产品演示等。所有作为"证据"的材料都应该具有足够的客观性、权威性、可靠性和可见证性。

下面我们用一个例子把 FABE 产品价值说明法串起来说明一下是如何整体运用的。

假如你在朋友圈卖牙膏，可以对顾客说：这个牙膏里面含有少量的火山珍珠岩（特点），可以达到去渍美白的效果（优势），刷完牙就能感觉牙齿表面光溜溜的，越用牙越白，涂口红颜色都显得更好看了，并且可以保持健康的牙齿状态（好处）。有一个顾客平时喜欢喝咖啡、奶茶，牙齿有色素渍，看起来非常不美观。坚持使用一个多月后色素渍基本没有了，他专门做了色卡检测，白了两个色号（证据）。

在介绍产品时，着重介绍的特点一定要能解决顾客的核心需求。比如顾客的痛点和需求是希望解决牙龈出血的问题，你就不能反复强调美白牙齿，而应该用 FABE 产品价值说明法把缓解牙龈出血的卖点讲透彻。

另外，最好还要给顾客提供一整套解决方案。比如卖护肤品时，除了介绍产品之外，还要告诉顾客产品该怎么用，饮食作息如何调整等。你的方案越具体、越专业，顾客越信任你，越容易下单。

4.1.4 看穿顾客心思，破除下单前的犹豫

当顾客对产品产生信任之后，很多人会觉得已经很到位了，顾客肯定会放心购买。其实，顾客可能还会存在其他的纠结、怀疑，甚至直接关掉聊天页面。

通常情况下，顾客主要担心以下几类问题：

1. 品质问题

产品不是正品，怎么办？没有你说的那么好，怎么办？用一段时间坏了，怎么办？

2. 效果问题

产品看起来不错，但我已经尝试过 10 多种方法，效果都不是很理想，这种产品会不会也不适合我呢？用起来不适合怎么办？

3. 安全问题

产品看起来不错，价格也不贵，但会不会对身体造成伤害呢？使用这种产品会不会产生依赖呢？

4. 价格问题

价格会不会太贵了，性价比是不是不高？以后会不会降价呢？

5. 服务问题

邮费、安装费谁来承担？购买的易碎产品，如果收到货破碎了怎么办？

6. 隐私问题

购买一些隐私物品，送货时是否会被别人发现？

这些问题像一根刺一样扎在顾客的心里，不拔掉不舒服。真正的卖货高手懂得主动提出这些问题，把顾客心中的刺彻底拔掉，让顾客感觉自己毫无风险，特别放心，同时为下一步报价收款做好准备。

那么，如何破除顾客的犹豫呢？有两个步骤：

1. 第一步：核实

你可以对顾客说"我再来和你确认一下，你是希望通过产品来解决自己的××问题吗？现在你对这款产品能够给你带来的帮助和改变还有其他异议吗？"如果顾客给出了肯定答复，就可以直接进入报价收款环节。如果顾客继续询问产品相关信息，说明他还存在一些犹豫和疑虑，就要启动破除犹豫的第二步操作。

2. 第二步：试探

罗列出顾客可能存在的疑虑，并一一试探。你可以对顾客说"你是在担心价格吗？你是在担心安全问题吗？"引导顾客说出自己的顾虑。根据他的顾虑，再通过FABE产品价值说明法给出专业解答，促使其坚定购买产品的决心。

另外，需要注意的是，无论顾客提出什么观点，我们一概要先认同。比如你可以说"你有这个顾虑是非常正常的，说明你是一个做事严谨认真的人"，然后讲理由、摆证据化解顾客的疑虑，并引导顾客认同。最后转移话题，把问题聚焦在顾客身上。

举个例子，如果顾客说"你的面膜太贵了"，你可以对顾客说"是的，我们的面膜价格确实比其他同类产品要贵（认同顾客），因为我们的产品是××品牌，它含有复活草提取物等深层保湿和修复成分，而且采用的是独一无二的水晶凝胶，贴在脸上凉凉的，特别舒服！连大明星×××都强力推荐呢。所以，这个牌子的面膜绝对是物超所值的（讲理由、摆证据），你说对不对（引导认同）？对了，你买面膜是想要自己用的吧（转移话题）？"

4.1.5 三明治报价法，促使顾客快速掏钱

报价时要遵循两个原则，第一，价值不到位坚决不报价。第二，不报"裸价"。因为直接报价，没有任何价值包装，顾客总会觉得贵。给你推荐一个报价技巧，即"三明治"报价法，把报价分为三个步骤：

1. 第一步：总结产品优势

用 FABE 产品价值说明法介绍完产品后，还需要总结产品优势，罗列出两三条顾客最关心的价值点。

2. 第二步：报价

常用的报价技巧有六个，分别是：①价格锚点。比如：天猫官方价 299 元，粉丝限时特惠价 199 元。②正当理由。比如：为了健康、为了家人、为了事业等。③偷换顾客心理账户。比如：只需要一顿麦当劳的钱，就能帮你解决痘痘肌问题。④限时限量。比如：最后 1 天，还有 30 个名额。⑤算账。比如：平均每天也就 1 块钱。⑥超值买赠。比如：12:00 之前下单的顾客还可以免费领取一个价值 39 元的礼品。

3. 第三步：再次强调产品价值或详细阐述产品给顾客带来的附加价值

报价后可以再次强调产品价值或者附加价值（驱蚊灯的核心功能是驱蚊，但关掉驱蚊功能可以充当小夜灯，小夜灯就是附加价值），并配合实例和数据说明。通过价值与价格的对比凸显产品的性价比非常高，让顾客觉得与产品带来的价值相比，价格一点也不贵。

举个例子，如果卖按摩仪，可以这样报价：这款按摩仪是仿真人手的按摩方式，两组按摩头模拟专业按摩师揉捏的动作，且有三种力度。经常坐在电脑前脖子酸痛，用它可以缓解颈肩不适，工作效率都能提高不少，平时出差途中、追剧的时候用着也很舒服（总结产品优势）。平时的官方价格 299 元，这周品牌折扣日只要 239 元。使用三四年没有问题，每天也就几毛钱（报价）。它的款式能很好地贴合人的生理结构，除了能按肩颈以外，还可以用于背部、腿部、手臂，所以，它是这个品牌中卖得最好的一款产品（附加价值和畅销说明）。

总之，不管顾客问什么问题、提什么要求，只要需求没有找准、产品价值没有塑造到位就要想办法转移话题，回到破冰找需求、放大痛点刺激欲望、介绍产品加深吸引等步骤，只有这样你才能占据主动权，掌控成交流程。

4.2 掌握这个模板，连同行都主动加盟

先来做一个小互动：在收到微商的群发广告时，你是把群发广告的人屏蔽拉黑，还是继续保留呢？

大多数人收到群发广告都会觉得很烦，甚至把对方直接拉黑，但这样做可能让你错失一次获取精准顾客的机会。

我们平时收到的群发信息一般分为以下两种：

（1）营销机构工作人员群发的营销课程或活动。

（2）微商小白或卖货新手群发的产品促销广告。

如果是第一种群发广告，可以根据你的需求决定是否要删除对方。但如果是第二种群发广告，建议你继续保留。为什么？

一般选择群发产品广告或者促销广告，并且群发文案写得不太好的人，基本上都是微商小白或卖货新手，销售业绩肯定不会太好。这时候你就可以抓住机会，通过话术将其转化为你的客户或代理。

如何把群发广告的同行转化成你的客户呢？在告诉你正确答案之前，先给你介绍一下我的朋友慧慧的故事：

慧慧做全职太太在家带孩子，但她是个女强人，不想无所事事。在我的提议下她决定尝试朋友圈卖货，比对了很多产品，最后选择了一款女性调养品。但面临一个新问题，朋友圈粉丝太少。用她的话说除了亲戚朋友，就是做微商卖产品的同行。

我告诉她可以换个思维方式，把做微商的人转化成代理。因为有很多新手微商在朋友圈卖货过程中存在许多问题，不知道如何营销、不知道如何和顾客聊天，结果产品卖不出去。而做得相对好的微商，可能存在团队气氛不活跃、代理补货慢、代理升级难等问题，这些都是微商在经营过程中普遍存在的痛点。只要找准痛点，就能找到把他们转化成客户和代理的突破点。

当时，我让她做了一件事，如果收到微商同行的群发广告，给对方回复一条文案，文案的重点是戳中对方痛点，并给对方新的解决方案。她当时写的文案内容是这样的：

××你好，每次群发广告是不是收到的回复都在个位数？每天辛辛苦苦发朋友圈，除了亲戚朋友会支持你的生意，咨询下单的人很少？我曾经也是这样的情况，没人回复，没人咨询，也没人下单，身边的家人、朋友购买后，就没有单子了，甚至想过放弃！我买了六七本微商的书，花三个月啃完，并总结了一套让客户主动找你咨询的方法论，不刷屏、不群发就能让客户主动咨询你，这个方法已经帮助××名微商小白每个月多赚2000多元。我把这个操作方法整理成了电子书，感兴趣的话，回复1免费发给你！

通过这样的操作，真的有一些微商小白做了她的代理。

在大多数人的认知里，微商只会一味推销自己的产品，不可能找你购买产品，更不可能成为你的代理。但其实很多微商新手都很迷茫、卖不出去货、赚不到钱，只要找准对方痛点，再给出新的解决方案，让他觉得你很专业，很靠谱，就有可能主动加盟。

退而求其次，如果没能把对方转化成你的客户，通过这个操作也能吸引他主动关注你的朋友圈。如果你的朋友圈打造得还不错，让他感觉你做的事业非常有前景，你非常有实力等，就可以潜移默化地影响他，后续也有更大的可能吸引他主动加盟。

那么，在平时遇到群发广告的同行时，到底如何做才能更容易成交呢？这一节总结了三个步骤和对应的私聊话术，下面详细进行解读。

4.2.1 第一步：戳中痛点，扭转对方认知

戳中痛点，扭转对方认知的目的是让对方能够与你交流。如果不与你交流，就没有了后续的成交机会。如何挖掘顾客的痛点呢？有两个获取方式：第一，看对方的朋友圈，了解他是卖什么产品的，朋友圈打造有什么问题和不足之处。同时，通过朋友圈也能初步判断他的产品卖得好不好。第二，看对方的群发文案。从群发文案出发找问题，并延伸出问题不解决可能会引起的一系列痛点和后果。通过刺激痛点，把他从原有的认知模式代入到你的新认知模式。

这一步需要注意的是，戳痛点的本质是指出对方的不足和缺点，如果太直接难免会引起对方的反感。所以，在戳痛点之前，一定要先给出认同或夸赞对方。

话术参考：

××你好，我发现你是非常勤奋的人，非常值得我们团队小伙伴学习呢（认同，并暗示你有自己的团队）。不过这条群发文案存在两个问题，如果不解决的话，不仅会做很多的无用功，甚至还会损失很多精准客户。你可以通过三个简单的小改变，增加两倍以上的顾客回复率。因为特别喜欢你的勤奋劲，所以，如果你想知道的话，回复1我可以专门告诉你。

4.2.2 第二步：分析原因，塑造专业人设

通过第一步和对方打开话题，此时90%以上的人都会回复1。因为没有一个人会拒绝认可自己，而且还愿意主动帮助自己的人。

在这一步就要帮对方分析存在的问题，塑造你的形象，让他觉得你人很好，又非常专业，而且一对一指导非常有耐心，激发他想进一步和你沟通的欲望。

如果对方回复1，你可以帮他分析出3~5条原因，需要注意的是最好不要低于三条，否则就难以凸显你的专家形象。

话术参考：

根据我三年多的一线实战和培训代理的经验总结，这样发广告，成交与回复率都是越来越差的，是什么原因呢？

（1）你发的内容让粉丝没有专属感，别人一看就知道是群发的，是不会理会的。你可以多用和朋友聊天的语气，多用"我"和"你"。比如"看你平时特别关注××方面的内容，而且你是我的重要顾客，所以，第一时间告诉你××。"

（2）在群发文案中对产品价值塑造不到位，顾客看完并没有非常心动。

（3）通讯录里的好友对你还不够信任，一上来就要成交付款，给人的感觉非常不好。你发信息之前，需要提前建立一套成交流程，效果会比现在这样做好很多。

（4）你群发的配图不够醒目，一眼看不到重点。

上面的内容是一个简单的参考，在具体的实践运用中，你可以根据对方群发的广告内容和朋友圈中存在的实际问题选择不同的话术。

4.2.3 第三步：释放"诱饵"，制订跟踪计划

经过了第一步的戳中痛点和第二步的塑造专家人设，此时对方的反应肯定是"正确的方法是什么呢""我应该怎样做呢"，所以，在这一步就要给出解决方案。需要注意两个要点：第一，塑造解决方案的价值。如果对方感受不到新方法的价值和有效性，就不会感兴趣，也不会觉得你很专业，更没有后续的沟通。第二，在解决方案中要释放"诱饵"。举个例子，你要给对方发一份群发秘籍，在群发秘籍里可以穿插一些团队代理的故事以及代理使用这个方法后的结果对比。

话术参考：

上周我专门给团队做了一次培训，专门讲怎么做微营销，如何巧妙群发才能提升顾客响应率？在 7 月份，这个方法一次性帮我们团队贡献业绩 108298 元，还帮一个新手代理在半个小时内轻松成交了 16 个客户。如果你确定想要学习这招，我可以免费发给你。但有个条件不知道你能不能做到？

当对方听到可以免费学习这个方法，而且知道了其他新手代理用这个方法获得了很好的效果时，大多数人都会同意这个条件。

此时，你就可以告诉对方：学了这个方法一定要执行。不执行，再好的方法也没有用。团队的新手代理××就是学完立马执行，所以才有了半小时成交 16 个客户的好成绩。你可以做到吗？如果可以的话，我需要你执行后给我一个反馈。

之所以让对方给你反馈，目的是让他后续主动联系你，而且可以让你锁定精准的意向人群。成交代理不是一朝一夕的事，而需要一个过程。但只要对方主动和你沟通，说明他对你是信任的，加盟的概率也会更大，你后续可以重点关注。而且如果他的执行效果不理想，你还可以继续帮他分析问题，找出原因，让他感知到你的团队培训体系很完善。

想象一下，当有一个人指出了你的不足与痛点，然后免费给你送上最有效的解药，并且监督你执行，帮你完善执行效果，你对这个人会有怎样的感觉？是感激、佩服，还是信任呢？只要对方对你产生了信任，主动加盟就是水到渠成的事了。

4.3 五个追单策略，让顾客长期找你复购

一家水果店是如何让我多次主动复购的呢？答案是一张折扣券。

不久前，我到楼下一家水果店买水果，结账时服务员赠送了一张折扣券，并告诉我在两个月内购买水果就能享受9折福利。尽管楼下有大大小小十多家水果店，但在以后每次购买水果时，我都会想到这张9折券，并毫不犹豫走进这家店。我大致算了一下，两个月的时间在这家店购买水果的次数是7次，只有两次是在别的店购买的。

为什么？因为有水果店赠送的折扣券，大多数人会想反正要买水果，不用就浪费了。而且折扣券有一个时间限制，无形中将顾客的消费周期锁定在了两个月内，只要购买水果，就会想到这家店。打折券利用的是人性中损失厌恶的心理，刺激顾客主动、多次进店消费。

现在不管什么行业，顾客的引流成本都很高，找新顾客非常困难，在这种情况下促进老顾客复购更重要。朋友圈卖货也一样，如果留存了老顾客，即便你只有500个顾客也能保证稳定的销售业绩。

在一次购买过程中，如果产品质量没有问题，顾客也没有不愉快的消费体验，理论上他就会第二次购买。但是为什么大多数人没有复购呢？

4.3.1 顾客不复购的四大原因

1. 首次购买让步太多

有些人为了促成顾客首次购买做出非常大的让步，结果导致三种负面影响：第一，顾客认为你的产品不值钱，不放心再次购买。第二，让出太多利润让你没有资金和耐心做服务。第三，顾客因为价格低购买，反而容易忽略产品的价值，所以，一旦遇到价格更低的同行商家，就会选择在别家购买。

2. 顾客没有占到便宜

与第一种情况相反，有些人强调产品是全国统一价，没有折扣和福利，顾客购买产品时没有占到便宜，让他找不到再次购买的理由。然而，不管你卖的

是什么产品，都能找到同类替代品。所以，当顾客找到购买体验更愉悦的替代品时，就会把你抛弃。而且"一手交钱一手交货"的购买体验很难给顾客留下深刻印象，后续再需要产品时也很难想到你。

3. 售后服务没做到位

复购是建立在完善的售后服务基础上的，如果顾客购买完产品，你没有做好详细的顾客档案，也没有提供完善的售后服务，甚至顾客在什么时候用完产品都不清楚，那么复购肯定做不好，甚至部分顾客可能已经记不清楚上次是找谁购买的产品。

4. 缺少复购的强力钩子

所谓强力钩子就像上文讲到的水果店发放的折扣券，在我首次消费完成之后，这个钩子就开始起作用了，吸引着我不断到店消费。然而，在朋友圈卖货的大多数人都没有设置类似的强力钩子。所以，很多时候都是一次性买卖，顾客想不起来复购，也找不到理由复购。

那么，如何做才能提升顾客的复购率呢？下面归纳总结了增加复购的三个黄金时机和五个追单策略，并分别进行解读。

4.3.2 增加复购的三个黄金时机

想让顾客重复购买必须选择一个好时机，没有把握黄金时机，复购率就会降低一半，甚至是零复购。

1. 顾客转款后

很多人会在顾客砍价时承诺送给顾客某个礼物或赠品，但顾客会将你计划赠送的"惊喜礼物"当作讨价还价的理由，还会让他觉得你的产品可能原本并不值这个价钱。正确的方法是在顾客做出购买决策并转账后，告诉他还有一个惊喜送给他，此时惊喜礼物就变成了增值服务，对方会感到很意外，也很高兴。此时峰终定律效应起作用，顾客会感觉整个购买体验非常愉悦，对这次购物体验也更深刻。

话术参考：

你是我今天的第××位顾客，我想送你一个价值××的礼物，发快递的时候我会把礼物和产品一起寄给你，请注意查收。祝你和家人天天开心，生活幸福。

2. 使用产品期间的节庆日和重要节点

在顾客购买产品之后，要在节庆日和产品使用的重要节点及时对顾客进行回访和问候。比如你是卖护肤品的，在入春、入秋等换季时，皮肤比较容易出现不稳定的状况，甚至还会让顾客产生产品效果不好的感觉，顾客用完产品当然不会复购。但如果你主动回访并做一定的引导，顾客会觉得是外界因素影响，和产品无关，而且还会觉得你很专业、很负责，而这也为复购做好了铺垫。

话术参考：

××你好，最近刚入秋，气温、湿度变化都比较大，皮肤状态也会出现一个不稳定的过渡期，如果你这边出现皮肤干燥、起痘的问题，在使用产品时可以配合×××方法。另外，再告诉你一个美白皮肤的小窍门，我和很多顾客使用之后效果都不错。这个方法是……

3. 产品使用完的前一周

很多人以为顾客购买完产品销售就结束了，事实上，在这一刻销售才刚开始。所以，一定要在顾客购买完产品后做好顾客档案备注和售后跟踪。你可以在顾客的微信账号上备注购买日期、购买套餐以及产品预计使用完的时间，并在产品使用完的前一周主动回访，把握黄金时机促使顾客进行复购。否则，顾客用完可能会换一款其他产品，从而极大影响复购率。

话术参考：

××你好，从开始使用产品也有××时间了，按照大多数的顾客体验和使用效果，你原来最顾虑的×××问题是否也有所改善呢？调理××是一个漫长的过程，但只要用对产品，一定可以越来越好。我们这周正好有品牌折扣日，你是我的重要顾客，所以，听到这个消息第一时间就给你申请一张价值××元的抵用券，我先把抵用券存在你的电子账户名下，下次购买时可以当作现金直接抵用哦。

4.3.3 提升顾客复购的五个策略

1. 惊喜策略

解决如何让顾客重复购买的问题，最大的营销心法是为顾客创造惊喜。当顾客在你这里得到惊喜后，他便会记住你，才会有第二次、第三次、第四次消费。

如何创造惊喜呢？先来给大家分享一个案例，我曾在一家服装店买衣服，并在导购员的引导下办了会员卡，原本以为会员卡只能在后续购买产品时享受折扣，但让我惊喜的是每年生日的月份他们都会电话通知我到店领一份生日礼物，要么是雨伞，要么是钱包等。虽然礼物并不贵重，却让我非常惊喜。因为单独领礼物有点不好意思，所以每次领礼物时我也会顺便买一件衣服。

这个方法用到朋友圈卖货中也同样有效，可以用在顾客首次购买付款后、节庆日、顾客生日等重要节点。话术参考：

××你好，你是我的重要顾客，××节日马上到了，我想送你一份家乡的特产×××，虽然不贵重，但也代表了我的一份心意。这种特产的特点是×××，比较符合你的喜好。最近有点忙，不过我会在这两天安排给你寄出去，请注意查收哦。

2. 关心策略

朋友圈卖货玩的是情感，所以，想让顾客长期复购，你还要给他足够多的关心。如何恰到好处地关心对方呢？我的一个学员的方法就非常有借鉴作用。

她在朋友圈卖女性护理产品，平时有一个习惯是定期刷顾客的朋友圈。看到顾客在朋友圈晒幸福的瞬间就会点赞祝福，看到顾客在朋友圈晒成长记录就会评论鼓励，看到顾客在朋友圈发布伤心、痛苦的事情，就会马上私信询问并给予安慰，所以，她的顾客回购率非常高。

点赞＋评论＝关心。当你多关注对方，让对方感觉到你时刻都在关心他，自然而然他对你更有好感。

话术参考：

××你好，看你朋友圈提到发生了××事情。如果不开心，可以和我聊聊。你不仅是我的顾客，更是我的朋友，而且我在××方面也有两年的经验，也许能给你一点有效的建议。

3. 赠品策略

用好这个方法，不管卖什么产品都能提升顾客的复购率，而且顾客质量也会越来越高。我们看一个案例，你会立刻领悟。

我的一个学员在朋友圈卖茶叶，茶叶品质不同价格也不同。他采用的策略是如果顾客买的是 200 元/斤的茶，他会额外送半两 500 元/斤的茶；如果买的是 500 元/斤的茶，会额外送半两 1000 元/斤的茶。

结果顾客喝了 500 元/斤的茶，就不愿意再喝 200 元/斤的茶了。而且大多数人也不好意思一直蹭好茶喝，所以，在第二次购买时，70% 的人会购买他赠送的那款茶。不仅顾客回购率提升了，而且高端产品的销量也得到了大幅增长，顾客质量也越来越高。

在使用这个方法时，一定要把赠品的价值描述到位，否则顾客感受不到产品的价值，不但不会珍惜，甚至还会以为赠品是不值钱的库存产品。

话术参考：

××你好，你是我今天的第×××位顾客，我想送你一份价值×××元的 VIP 顾客专属×××尝鲜装。一般情况下，这个赠品只对年消费金额达到×××元的 VIP 顾客提供，但是你今天帮我完成了团队定下的挑战目标，对我非常重要。所以，我特别为你申请了一份。这款产品是我们的高端产品，它最大的特点是×××（产品亮点），所以，在使用后你会发现×××（给顾客带来的价值利益）。相信一定会给你带来新的体验。今天有点忙，明天会给你把产品一起寄出，请注意查收。另外，收到产品后记得告知我，我会告诉你如何使用才能达到最好的效果。

4. 磁铁策略

所谓磁铁策略是提供一种方式或工具，它们就像磁铁一样吸引着顾客主动复购。

我曾经在朋友圈购买某品牌的护肤品，收到产品时发现里面有两种卡券，一种是集卡式的，集齐春夏秋冬四张护肤指南卡片即可兑换价值 129 元的面膜一盒；另一种是闺蜜券，把该券赠送给闺蜜，闺蜜即可享受首次购买 VIP 尝鲜 8.8 折福利。

其中，集卡的方法有三个要点：第一，门槛不能太高。比如春夏秋冬四张护肤指南卡片这个门槛就刚好，只需要再复购 3 次即可免费获赠价值 129 元的面膜，顾客会觉得很容易实现。第二，赠送的福利要有足够大的吸引力，不能是试用装、库存货等。第三，一定要有使用期限。因为紧迫感会更容易驱使顾客采取复购的行动。

这个方法适用于在顾客首次购买或者后续复购时，只需把制定好的"磁铁"道具和产品一起寄送给顾客。只要产品品质没有问题，售后服务让顾客满意，再通过恰到好处的"磁铁"道具就能大大提升顾客回购率。话术参考：

××你好，你是我今天的第×××位顾客，对我来说很重要，我特别给你申请了一张价值××元的抵用券，下次可以当作现金抵用哦，相当于直接省掉了××元，半年内使用都有效。另外，还赠送你一张闺蜜特权卡，直接分享给闺蜜，她就可以享受8.8折VIP尝鲜购特权。

5. 极致策略

所谓极致策略是让顾客拥有最极致的购买体验，让他觉得找其他销售人员可能会存在一些风险，进而让他离不开你，这也是实现顾客长期复购的撒手锏。

世界上几乎没有独一无二的产品，但你可以拥有独一无二的服务，把你的服务、经验、知识等融汇成你的核心竞争力，让顾客对比后认为你是他遇到的最好的、最专业的、最让人放心的销售人员。

给你分享一件小事，你会立刻领悟。在五年前，通过房产顾问我买了第一套房，但随着孩子年龄增大，房子有点小了，所以2020年我打算再买一套大点的房子。尽管五年时间过去了，但我还是毫不犹豫选择了首次买房的房产顾问。为什么？因为他在服务上做到了极致。他不像其他房产中介一样催促顾客快速签单，而是反复强调买房子是大事，要谨慎选择。而且所有细节他都会帮顾客考虑到位，并进行利弊分析，然后给出自己的专业建议，让我觉得非常专业，也非常放心。

对于朋友圈卖货来说，因为无法和顾客面对面沟通，更需要充分的信任，所以，更有必要把专业、服务做到极致，不仅卖给顾客产品，更要给顾客提供整套的问题解决方案，让顾客认定你。

这种方法适合于专业性比较强的产品，比如护肤品、服装、养生品、理财产品、房产、汽车、保险等。话术参考：

××你好，我们的产品有高中低三个档，但并不是最贵的就是最好的。选××产品时要遵循一个标准是……。而你现在的情况是……，所以综合你现在的情况，我建议你选择中档的产品就可以了，完全能够满足现在的需求。同时，再配合××方法，效果并不比高端产品差，没有必要花冤枉钱，还不如把钱省下来带孩子出去旅游呢。

对于朋友圈卖家而言，取得老顾客的信任和关注远比新顾客要简单得多。

根据二八原则，处于消费金字塔顶端最忠实的顾客，也许只有20%，但其消费贡献一定远远高于剩下的80%。而且老顾客的质量更高，还会主动为你宣传，帮助你实现业绩增长的良性循环。所以，不管卖什么，都要做好老顾客的复购工作。

4.4 简单三步，老顾客转介绍率提升五倍

美国著名销售员乔·吉拉德说：每一位顾客身后大约有250名亲朋好友，这些人都可以成为你的潜在顾客。所以，如果想提升朋友圈卖货业绩，就要用好转介绍这个撒手锏，把顾客当作一座油田去挖掘，而非是一桶石油去消耗。

在朋友圈卖货的人都有体会，如果一个陌生顾客找你咨询，他对你并非是100%信任，甚至问了很多问题还非常犹豫，也不下单。但如果是老顾客转介绍过来的人，因为他对老顾客是比较信任的，这份信任会转嫁到你身上，一般简单聊两句就付款了，成交也更容易。所以，毫不夸张地说，转介绍是世界上最容易的销售方式。

可能有人会说：我也给老顾客提过转介绍的请求，但大多数人都是口头上答应却不帮你转介绍，甚至有人会觉得让老顾客转介绍很不好意思，不知道如何开口。

事实上，转介绍看似简单，却也需要高超的技巧和对细节的把控才能使其真正发挥商业价值。

首先，想让顾客为你转介绍新顾客需要满足两个条件：顾客认同你的产品，顾客相信你的人品。只有他使用产品见到了效果，觉得你的产品不错，并且喜欢你这个人时，才会愿意帮你转介绍。

这一节给你总结了让老顾客转介绍的三个步骤，并给你一套话术模板，你可以直接照着做。

4.4.1 第一步：做好服务，筛选超级顾客

好服务是顾客转介绍的基础，只有顾客认同和满意我们的服务，转介绍才会成为可能。通过给顾客提供好服务把顾客关系变成朋友关系，这时候再让他

帮忙转介绍就非常自然了，转介绍成功的概率也会更高。

怎样才能把顾客关系变成朋友关系呢？有以下四种方法。

1. 定期回访

在上一节提到，当你把产品卖给顾客之后销售才刚刚开始，所以，顾客购买产品后我们要主动回访，并提供售后服务。如果你是卖护肤产品的，可以主动回访：产品开始使用了吗？使用完最大的感受是什么？并在回访后给顾客一些建议，比如"你T区比较油，可以在早晚配合××方法，这样一个月后就会得到明显改善。"

通过你的专业经验和用心服务更容易打动顾客，而且指导顾客正确使用产品也能更快帮他达到好的效果，他会很感谢你，就算产品效果不是太明显，他也会觉得你这个人挺不错、挺用心，你们的关系也会越来越近。

同时，在回访的时候还可以筛选出超级顾客，他们是乐意给你转介绍的铁杆顾客。

可能有人会问：为什么要筛选顾客呢？不是越多顾客给我们转介绍越好吗？并不是。有些人不管你怎么做都不会帮你转介绍或者没有能力帮你转介绍，所以，你要筛选出有热情、有能力、有时间、有人脉，且对你忠诚的顾客，比如那些消费金额比较大、每次和你聊天都非常热情、积极的顾客。

2. 点赞评论

点赞+评论=关心。把核心顾客进行重点标记，平时抽出固定时间去刷他们的朋友圈，然后多多点赞评论。如果顾客过生日，可以发一个祝福红包或送一个小礼物，让对方感觉你时刻在关心他。一来一往互动多了，关系也就熟了，也很快从顾客关系变成朋友关系。

3. 主动聊天

通过前面两种方法的铺垫，你和顾客的关系已经越来越近了，这时候可以主动和顾客聊天，聊孩子、聊工作、聊事业、聊家乡等。在聊天时一定要引导顾客多说，而你多倾听、多赞美。

4. 提供支持

如果对方也在朋友圈卖产品、卖服务，你可以主动购买他的产品和服务，支持他的生意，彼此扶持，互帮互助，你们的关系也会越来越近。

4.4.2 第二步：巧妙开口，让顾客无法拒绝

做好了服务，筛选出顾客，在这一步就要主动出击提出请求。向老顾客主动提出帮你转介绍的请求时有两种常见的情况：第一种，觉得不好意思，不敢开口。第二种，直接生硬，让别人不愿意帮你转介绍。比如有些人会直接跟老顾客说"你给我介绍新顾客，我给你优惠，给你送礼品"，你们的关系刚升级为朋友关系，上来直接谈钱会让人感觉很不好，甚至会非常尴尬。正确的方法是什么呢？

1. 讲故事，塑造推广产品的价值和意义

讲述自己的改变经历，让顾客了解你创业或推广这款产品的初衷。同时，告诉他这款产品成功帮助了很多人。因为顾客自身是产品的受益者，所以当你告诉他这些内容时，他会非常有共鸣。然后，告诉他还有很多人需要帮助。这时候他会觉得帮你转介绍新顾客是一件有价值、有意义的事，也会更容易接受、更有成就感。而且通过沟通，还能让他明确产品的目标人群是哪些，让他在脑海里提前锁定身边的目标人群。

2. 给顾客提供有效的道具，降低转介绍门槛

让顾客转介绍的最好方式是给他准备好有效的道具，比如产品试用装，让他作为福利送给自己的朋友，还可以是配套的引流产品，并且准备好相关的文案、海报、话术，他只需要复制、粘贴就可以做到转介绍。

举个例子，如果卖护肤产品，可以给顾客提供科学护肤课程或产品试用装，并让老顾客告诉他的朋友：最近我听了一个非常不错的护肤指导课程，听完我才明白护肤品并不是越贵越好，而是适合自己的最好。他们讲的如何判断自己的肤质并选择适合自己护肤品的方法，对我帮助非常大。我有三个免费的名额，你要不要听一下？

4.4.3 第三步：利益驱动，让顾客持续转介绍

通过上面两个步骤，让铁杆顾客帮我们转介绍新顾客并不难，难的是如何让老顾客帮我们持续不断地转介绍新顾客。

在这一步有两种常见的认知误区：①老顾客不可能永远帮我们转介绍，帮

我们转介绍一次就不错了。②已经和老顾客沟通过转介绍的事了，不用再重复讲了，有合适的人他自然会推荐给我。

只要掌握正确的方法，就能让老顾客持续不断地帮我们介绍新顾客，你需要系统地经营这件事，而不能靠老顾客自愿自发去做。那么，如何经营才能让老顾客持续不断地给我们转介绍新顾客呢？

1. 及时给对方汇报进展，让他有成就感

老顾客给你转介绍之后，一定要记得及时反馈，一方面感谢他对你的照顾和支持，另一方面让对方知道具体的进展情况，让他感觉你非常重视他转介绍的朋友，并且自己的朋友获得了很好的产品体验，他会非常开心，也很有成就感，转介绍这件事才能更好地持续下去。

2. 给予对方个性化的好处，让他有利可图

如果对方帮你转介绍一次、两次没有从中获得任何好处，后续就很难为你转介绍了。为什么？因为老顾客帮你转介绍是需要付出成本的，比如时间成本、信誉成本等，如果一直付出却没有任何回报，几乎没有人能坚持下去。

所以，想让老顾客持续不断帮你转介绍新顾客，还要给他提供个性化的好处，让他在转介绍过程中能收获自己想要的东西。为什么是个性化的好处呢？因为不同的顾客有不同的需求，你需要投其所好。常见的好处有以下四种形式：

（1）金钱。人的天性是趋利的，所以直接给钱是刺激老顾客帮你转介绍的最好方式。你可以和老顾客制定一个标准，转介绍一个新顾客能获得多少佣金，具体可以参考产品利润和行业标准，一般返利比例在产品售价的3%～50%不等。

（2）礼品。有些老顾客的经济条件非常好，而且你的产品利润又非常低，这种情况可以根据顾客的喜好定期赠送专属礼品，并在节庆日、生日发送祝福红包。

（3）服务。根据老顾客的需求给他提供专属服务。比如我的一个好朋友做知识付费产品，他把长期帮他分销训练营的老顾客邀请进自己的VIP群，并为他们提供顾问服务，帮他们规划副业变现模式。

（4）资源。调查顾客需要什么资源，而且正好你能帮他提供或对接这项资源。比如很多学员转介绍自己的朋友或粉丝购买我的课程，我会在自己的朋友圈帮他们宣传，而且还会提及对方的业务范围，在图片中放上对方的照片、微

信二维码等，帮他们打造个人品牌影响力，引流涨粉。同时，我有好资源、好机会也会优先给帮我转介绍的人。

你可以根据自己的产品属性和顾客喜好选择不同的奖励方式，也可以采用以上奖励方式的组合。

总之，老顾客转介绍是一种省力、有效、快速建立顾客信任的好方法，也是"一生二、二变四"的连锁开发顾客的方法之一。掌握以上三个步骤及其对应的要点，你会发现让顾客持续帮你转介绍新顾客并不难，更重要的是每个月能维持稳定的订单和业绩收入，你的生意也会越做越轻松。

4.5 牢记六大聊天话术，快准狠招募代理

不管卖什么产品，想实现销量的倍增，最有效的方法是招募一批分销商或代理商。朋友圈卖货也一样，如果没有代理的帮助，你的产品再好，最终的业绩还是有限。

想招募更多代理，话术非常关键。如何沟通才能打动对方，让他愿意加盟，成为你的代理，帮你卖产品呢？其实，招募代理的底层逻辑和本章第一节讲到的成交顾客黄金五步法是一样的，但代理和零售顾客的需求不同，具体话术也不同。这一节总结了招募代理时必须牢记的六类话术。其中，商机类话术和愿景类话术的目的是激发对方的欲望，产品类话术和案例类话术的目的是赢得对方的信任，而扶持类话术和制度类话术的目的是破除对方的犹豫。

4.5.1 商机类话术：分析市场，撬动欲望

客户之所以愿意代理你的产品，核心原因是你的项目存在商机。商机可以从以下八个方面进行分析：①市场大；②需求强；③频率高；④利润高；⑤竞争少；⑥门槛低；⑦政策趋势；⑧社会热点。

在分析市场存在的商机时，需要注意两个要点：第一，在讲述商机时尽量使用图表展示各种权威数据，并借用权威机构统计的行业报告，而不是个人的主观论断，这样代理能直观地看到商机所在，对你的分析更信任，也更容易心动。第二，把商机和自己的项目品类相结合。比如国家政策趋势是大力推广某

项目，而你做的项目正好属于该范畴，就可以把这个点放大。

4.5.2 愿景类话术：描绘愿景，加深吸引

长久以来，在人们的内心深处有一个理想的图像。如果这个图像与现实产生偏差就会出现认知不和谐，人们会有一种不安的感觉，会产生一种压力，进而产生改变的动力。

所以，心中的理想图像是人们的动力源泉，而谈代理就是一个为客户建立心中理想图像的过程，在此过程中，一定要"把好处说够，把痛苦说透"，这样成交就实现了一半。

那么，在实际谈代理的过程中，如何利用"理想图像"成功让对方加盟你的团队呢？

1. 帮对方算账

大多数人加入微商的目的是赚钱，而通过算账可以让对方对现在的状态感到不满意，进而才能激发对方的战斗力，马上加入你的团队。你可以从两个角度算账：①算现实。通过算现实的生活账单让他认识到现在的收入不理想。②算未来。通过算理想生活的账单，让他对未来的收入状态产生更大的期待。

2. 用梦想唤醒

谈论梦想的魅力在于能够激发对方内心的痛处。每个人都有梦想，却因为现实生活中的种种原因无法实现，进而产生痛苦。

在这个环节你只需要记住三句话：

第一句："你的梦想是什么？"通过不停地引导，让对方说出自己的梦想生活。比如梦想的收入、梦想的地位、梦想的工作状态、梦想的生活状态等。

第二句："现在的工作能帮你实现这些梦想吗？"让对方认清现在的工作根本实现不了这个梦想，只能改变。

第三句："现在你的面前摆着实现梦想的机会，你不想试一试吗？"主动向对方抛出橄榄枝，让他想要一试。

4.5.3 产品类话术：阐明优势，塑造信任

通过前面两类话术，最大限度激发潜在代理改变的欲望，但市面上的项目

有很多，为什么要选择加入你的项目呢？产品是微商项目的灵魂，选对了产品才能事半功倍。所以，你需要向潜在代理详细介绍你的项目。如何介绍项目和产品，才能让对方信服呢？以下是介绍产品的四个维度。

1. 产品优势

这个产品有什么特点？相比于其他同类产品最大的优势是什么？它的优势能解决哪类目标人群的哪个核心诉求？是否拥有让消费者尖叫的品质？是否拥有超高的性价比？是否有引领潮流和行业趋势的特点？是否有让人眼前一亮的颜值？是否属于不易被替代的产品？

2. 品牌背书

这个产品的品牌优势是什么？企业的文化和价值观是什么？品牌获得了哪些权威机构的认证？品牌是否有权威明星、名人代言？品牌是否获得某知名投资机构的融资？品牌是否有商场、机场、电视媒体等宣传广告造势？讲清楚这些让他觉得跟着这个品牌干有前途，有自豪感。

3. 口碑背书

这个产品的顾客口碑如何？顾客对产品的效果反馈如何？人气高不高？是否受顾客欢迎？产品回购率高不高？产品转介绍率高不高？是否获得某权威人士的点赞和好评等，让对方觉得代理这样的产品肯定不愁卖。

4. 创始人优势

创始人是一个品牌独一无二的优势，更是一个品牌的灵魂。通过讲述创始人的传奇故事、做事原则、成绩、态度、信仰和价值观等帮潜在代理树立信心，让他觉得跟着这样的创始人肯定能干好，增加他的忠诚度、归属感和黏性。

4.5.4 案例类话术：宣传典型，加强信任

了解了产品的优势，但此时顾客可能会想项目真如你说的一样能赚到钱吗？所以，你需要通过成功案例让他相信加入后真能赚到钱。在讲述成功案例时，一定要突出案例主角加入项目前的糟糕状态和加入项目后的美好状态。案例类语术有两个维度。

1. 你自己的成功故事

你自己是最好的代言人，如果你自己做了这个项目都没有赚到钱，别人也不会相信跟着你能赚到钱。谈代理的本质是你必须被认可，甚至让别人想成为你，这是第一步。所以，你需要梳理一下自己的创业故事，讲述曾经的痛苦，以及加入项目后的圆满结局，让对方产生共鸣，并产生积极的心理暗示。

2. 其他代理的成功故事

讲述自己的成功故事能让对方觉得你很厉害，但他可能还会怀疑"你自己成功了，能帮我成功吗？"所以，你还需要给他一颗定心丸，通过讲述你帮助其他代理成功的故事，让他相信你也能帮他实现梦想、获得成功。

讲述其他代理的成功故事时，可以讲"她原来的情况和你差不多，为了改变走过很多弯路，接触项目时犹豫怀疑，做了项目之后获得圆满结局……"

4.5.5 扶持类话术：教授方法，破除犹豫

通过以上四类话术的铺垫，潜在客户已经非常想加盟你的项目，对你的项目也非常信任，但此刻他可能还会想"我从来没有做过微商，货卖不出去怎么办""我从来没写过文案，不知道朋友圈发什么怎么办""我微信上好友很少，没人脉怎么办"等，这些犹豫会阻碍他做决策。如何才能破除他心中的犹豫呢？

其实，之所以存在这些犹豫是因为他不懂朋友圈卖货的方法，而人的天性是面对未知的事物会产生恐惧和不安，所以，你需要给他讲述项目的扶持政策，让他觉得你对新手的培训和帮扶非常系统、专业，完全不需要担心，进而成功化解他心中的顾虑。

在讲述扶持类话术时，需要注意两个要点：第一，不仅要阐述项目扶持的客观事实，还需要给对方信心，并且通过案例强化信心、加深信任。第二，通过介绍扶持政策，向潜在代理传递做微商必须具备的"坚持"品格，否则，对方听你讲完后，一冲动加入了代理，但一遇到困难就想放弃，反而会增加很多售后麻烦。

举个例子，当潜在客户说"很想加入你们，但又怕自己做不好"时，你可以说：××你好，非常理解你的这种心理，很多代理刚开始也有和你一样的顾虑。之所以做不好是因为没有方法和技巧，找不到方向感，心里不踏实。事实

上，这正是你需要加入代理的原因，因为我有足够的能力和方法把你带出来，这套方法是经过成百上千个代理验证有效的。而且我们有一个很强的团队能给你支撑和帮助，当你掌握这些方法后自然会很自信。另外，我们的团队针对不同级别的代理还有相应的训练营，比如……，确保你真正掌握会用。我曾经有一个代理，她的情况比你还差一点，刚开始也非常不自信，但培训不到一个月，已经用学到的方法完成了过万元的销售业绩。当然，她执行力非常强，遇到困难不解决绝不罢休。所以，我需要你向我保证一定像她一样坚持、自律。只有这样，你才能更快做出成绩。

4.5.6 制度类话术：理清制度，化解顾虑

所谓制度类话术是向对方梳理项目的代理制度、审核制度、管理制度、保价制度、升级制度以及退货制度等。比如成为你的代理，可以享受怎样的福利，需要承担多少责任，业绩突出可以获得什么奖励，破坏品牌形象、代理规范需要受到什么样的惩罚等。

通过制度类话术可以实现五个目的：第一，让对方觉得公司管理非常严格、正规、专业，跟着这样的团队更放心。第二，让对方了解完善的晋级体系和福利特权，让他觉得利润空间非常大，跟着你有很大的提升空间。第三，让他知道成为代理需要审核，而且获得代理权非常不容易，这样他会加倍珍惜。同时，还会觉得团队都是精英人士，和精英团队一起做事，会更有信心。第四，给他灌输一种团队思维，让他清楚知道专业团队的重要性。第五，让他知道售后体系非常完善，在什么情况下可以调换货，化解怕压货的顾虑。

短文案卖货

第2篇
社群卖货篇

第 5 章

巧借他人社群，找到第一批种子用户

> 🔖 **学习提示**
>
> 　　不管是卖产品、卖服务，还是打造个人品牌，成功的关键是找到第一批种子用户。这些人不仅是你的首批顾客，更是你产品的活广告牌，免费为你传播和推广产品。当你找到了第一批认可你的产品和服务的用户，你就成功迈出了万里长征的第一步。
>
> 　　获取第一批种子用户的方法有很多，本章将为你解读成本最低的一种方法——巧借他人社群，找到第一批种子用户。

5.1 四个步骤做好自我介绍，客户主动求合作

先思考一个问题：当我们进入别人的社群后，第一步要做什么？看似很简单的问题，但很多人都做错了，常见的错误形式有以下三种：

（1）直接发广告。有些人加入别人社群后就发产品广告，让群友非常反感，甚至还会被群主踢出群。

（2）挨个加好友。有些人加入别人社群后先把群里的好友挨个加一遍，收到群友举报，被群主警告。

（3）潜水不说话。有些人觉得自己非常普通，没有优秀的履历，也没有什么成绩，所以默默潜水。

事实上，按照我们的传统礼仪，当你进入一个新社群时，第一步需要做的是自我介绍。自我介绍不仅是进群礼仪，更是让大家认识你的好机会。你做一次自我介绍，相当于在别人的社群免费给自己打了一次广告。所以，忽略这一步，你的损失是难以计算的。

但很多人在做自我介绍时不讲究技巧和方法，自我介绍的文案写得不走心、没亮点，让别人看完没有任何印象，更不会产生主动联系你的想法。

那么，在进入别人的社群时，我们应该如何做自我介绍才能让别人记住你，并主动联系你呢？这一节总结了正确做自我介绍的四个步骤和三种自我介绍模板，下面进行详细解读。

5.1.1 四个步骤做好自我介绍，轻松涨粉

1. 第一步：寒暄感谢

俗话说：礼多人不怪。在别人的社群发自我介绍，本质上是借群主的地盘给自己打广告，所以，一定要把礼仪做到位，让群主觉得你不是来恶意涨粉的。

你可以表达对群主的崇拜，对群主搭建平台的感谢，也可以表达对群友的喜欢等。而且通过寒暄感谢还会让群友觉得你和群主很熟。

这一步需要注意的是感谢群主的内容一定要具体，不能让别人感觉你在溜须拍马。比如"喜欢某老师很长时间了，每天都会看老师在××发布的文章，尤其是××文章，对我帮助非常大。"

2. 第二步：红包霸屏

很多人在加入一个新社群时会通过发红包来吸引群友的注意力，但大多数人都是发一个红包，这样很难产生好的效果。

正确的方法是红包霸屏。所谓红包霸屏是连续发几个红包形成霸屏效果，一般是4~5个，让别人一眼就能看到整个屏幕的红包，非常显眼，从而成功吸引群友的注意力，并且让别人觉得你这个人很大方，值得结交，对你也更有好感。

这一步需要注意的是每个红包的封面文案非常重要，一般包含三类内容：第一，感谢群主。第二，凸显自己的身份标签和亮点。第三，引导大家主动联系你。你可以把红包的封面文案串成一句话，比如"大家好，我是文案畅销书作者兔妈，感谢群主搭建的平台，很高兴认识你们，希望多联系。"

3. 第三步：自我介绍

通过红包霸屏已经成功吸引群友的注意，在这一步就要发出自我介绍，获得更多曝光，让更多人认识你、记住你。如何写自我介绍文案才能让群友看完忍不住联系你，甚至追着你求合作呢？我会在5.1.2小节详细讲解。

4. 第四步：抛出钩子

通过红包霸屏吸引了群友的注意力，通过自我介绍获得了群友的好感，此时很多群友会主动联系你了，然而，还有部分人可能会想"你很优秀，但和我有什么关系呢""我为什么要加你呢"，所以，在这一步需要给群友一个主动联系你的理由，这个理由像一个强力钩子一样勾着他主动加你。常用的方法有干货资料包、免费咨询名额、免费听课名额、电子书、课程笔记、大咖培训PPT、某行业工具等。

在这一步需要注意的是不管送什么都需要塑造赠品的价值，可以用金钱、时间、字数、页数、稀缺性或者花费了多长时间等量化赠品的价值，让群友觉得非常有吸引力，并且一定要用上限时限量。比如为了感谢群主，群里的小伙伴可以找我免费领取价值399元的学习资料，领取时间截至今天晚上10：00等。只有这样，群友才会觉得机会难得，马上加你。

5.1.2 三个自我介绍模板，让别人牢牢记住你

1. 身份标签式自我介绍

身份标签式自我介绍包含四个要素，分别是：

（1）身份。所谓身份就是你的定位标签，比如朋友圈创业导师、美妆顾问、资深卖货文案、90后社群运营老手、副业变现教练等。

（2）权威。很多人觉得自己不够权威，也没有可以借势的权威。其实，挖掘权威背书并不难，下面是八个挖掘权威背书的角度：

①就职企业，比如曾就职于某上市公司，广东100强公司的资深内容创作者，年销售额过亿元企业的销售总监等。

②从业时间，时间可以体现你在某个领域的专业度，让别人觉得你有丰富的经验，比如13年营销人、20年心理学导师、8年护肤专家、深耕社群增长3年等。

③工作职位，比如酒品企业销售总监、电商公司首席文案等。

④服务客户，比如500强企业董事长穿搭顾问、××高端人士俱乐部受邀讲师、20万粉丝公众号签约作者、今日头条签约作者、××知名品牌文案顾问，服务客户遍及日本、澳大利亚等。

⑤名人推荐，比如××畅销书作者推荐设计师、××大咖点赞的健康顾问等。

⑥荣获奖项，比如曾荣获省级创业大赛一等奖、××大赛冠军、某社群营销之星、××学院金牌讲师、××训练营冠军学员等。

⑦新闻报道，比如央视财经邀采访嘉宾、××媒体专题报道等。

⑧顾客评价，比如被顾客评为最用心的减肥教练，被客户评为最专业的爆文操盘手等。

（3）成绩。可能有人会说：我是新手，还没有什么成绩呀！其实，并不需要你做出多么大的成绩，普通人也可以有光环。比如：写出10万+爆文；帮客户提升50%转化率；一个月服务过××位商家；25岁成为公司高管；一篇文案

销售5万件产品；通过文案月入2万元；文章被《人民日报》转载等。

（4）你能提供的价值。你擅长什么，服务的业务范围有哪些，能够给其他群友提供什么帮助等。比如可以帮群友撰写卖货文案、包装产品卖点、设计个人形象、创业指导、健康管理等。

最后，给大家看个案例，这是我加入其他社群后的自我介绍文案：

我是兔妈，畅销书《爆款文案卖货指南》作者，百万知识付费讲师，文案赚钱教练（身份），有赞学院高级讲师，多家有赞头部商家文案顾问（权威）。

半年时间，连续帮商家打造5个全网爆款，推文累计卖货7000多万元。单篇推文一夜卖破3万单，销售额200多万元。一个单品4个月突破21万单，创造3000多万元业绩。文案线上课学员累计50000多人（成绩）。

我可以帮你（你能提供的价值）：

1. 打造产品超级卖点，定制爆款卖货文案。
2. 诊断推文，挖掘爆点，让目标顾客爽快掏钱。
3. 教你打造爆款文案，找到靠文案月赚2000~10000元的方法。

可能很多人觉得自己的自我介绍不够出彩，不好意思发出来，需要给大家强调的是自我介绍是不断迭代的，你需要勇敢迈出第一步。当然，如果按照以上方法依然挖掘不出来可以借势的权威和亮眼的成绩，你也可以采用以下两种方式做自我介绍。

2. 个人故事型自我介绍

通过讲述个人故事突出自己努力、认真、坚持的人设，从而获取群友的好感，并且通过展示个人的改变，让群友了解你在这个领域做得还不错。个人故事型自我介绍包含四个要素，分别是：

（1）目标。明确指出你的职业目标，一方面可以向群友传达你的业务范围，另一方面让群友觉得你是一个非常坚定的人。

（2）阻碍。在追求目标的路上，你遇到了什么阻碍。

（3）努力。为了达成目标，你做出了哪些努力，突出坚持不放弃的个性。同时，也让别人觉得你一直在这个领域深入钻研，肯定有不错的经验。

（4）结果。通过努力取得了什么结果和成绩，成绩不需要很大，但通过故事把成绩传递出去，让别人把目光聚焦在你努力、坚持、深入钻研某个领域的人设上。

我们举个例子，如果你是一名文案写手，但还没有太出色的成绩，可以这样自我介绍：

我是××，我的目标是成为一名优秀的卖货文案写手（目标）。

很多人以为我天生文案写得好，所以才喜欢文案。相反，我的资质并不好，小学时连800字的作文都凑不够字数（阻碍）。

所以，连续1年时间我拆解了100多篇优秀案例，拆解后再模仿着写，然后和原文对比，看自己哪里写得对，哪里写得不对（努力）。

用这样的笨方法，我也取得了一点小进步，上周帮一个朋友写了一条朋友圈文案，一个晚上卖出60多箱樱桃，销售额8000多元。当然，这个成绩和大咖比起来连零头都不到，但我相信只要坚持下去，一定越来越好（结果）。

通过这个故事，不但可以弱化成绩不亮眼的事实，最重要的是让人们看到你性格中不达目标决不罢休的拼劲。你已经把自己"最认真""最用心""最死磕"的品质成功推销出去了，而不管做什么行业，这些品质都会让潜在客户更愿意与你合作。

3. 人格魅力化自我介绍

人格魅力化的自我介绍可以获取群友的共鸣和好感。在使用这个方法时，可以从两个角度来突出你的人格魅力：

（1）能帮目标用户解决什么痛点，让别人知道在什么情况下可以求助于你，同时突出你利他、助人为乐的人格魅力。

（2）突出地域和生活身份的标签。比如，东北人在深圳、来自南京的85后正能量宝妈等，有些群友看到这样的标签会觉得很亲切，从而可以快速拉近距离。

5.2 好友申请的四种文案写法，100%被通过

很多人主动加人的方式是进群之后直接加，好友验证申请的文案也不用心写，要么什么都不写就点击了添加好友的按钮。事实证明，这种加人方式的通过率非常低，甚至还会带来反效果。如果很多群友都收到了你的添加申请，可

能会找群主投诉你恶意爆粉，群主会把你踢出群或给予警告，不管是哪种结果，影响都很不好。

其实，别人是否会通过你的好友申请，文案起着决定作用。尤其在遇到以下两种情况时，主动加人的文案写得不好，可能直接会让你错过一个拓展人脉、加速事业晋升的机会。

（1）遇到潜在客户。在社群看到有人咨询与你的业务相关的问题时，这说明他是你的精准客户，此时一定要主动出击把握机会。

（2）遇到行业大咖。当你在社群看到某行业大咖时，也要主动出击联系大咖，也许就能让你的事业发展更顺畅。

那么，好友验证申请文案应该如何写呢？这一节总结了四个文案方法，提升好友申请的通过率。

5.2.1 专属赞美式

每个人都喜欢听赞美的话，把这个方法用到好友申请文案上也一样有效。在使用赞美式文案主动加人时，一定要写上对方的名字，这样对方会觉得你很重视他，你是单独想认识他，而不是群发的。好友申请的验证文案可以写："××好，经常听朋友说起你，认识一下""××好，很欣赏你的观点，认识一下"。

5.2.2 提供价值式

在好友申请的验证文案中明确指出你能为对方提供什么样的价值。曾经我用这个方法在一个社群主动加好友，添加了10个人全部被通过。我的好友验证文案是这样写的：××好，我是8年文案人兔妈，擅长卖货文案，如果你在营销上有什么困惑，我愿意帮你理一理。

在这个文案中，"8年文案人"告诉对方我在文案方面经验很丰富。"擅长卖货文案"告诉对方我是卖货文案方面的专家。"如果你在营销上有什么困惑，我愿意帮你理一理"指出能为对方提供的价值利益。对方收到这样的验证申请时会觉得"通过好友申请后，身边就多了一个免费的营销专家"，当然更愿意通过好友申请。而且当时40%的人还主动和我打招呼，甚至有人说"我是在网上卖大闸蟹的，卖得不是太好，你能不能帮我分析一下"。因为他已经知道了我的业务范围，并且我们有了第一次沟通，所以，后续成交的可能性非常大。

提供价值式的好友申请文案公式：领域标签 + 你的擅长 + 联系你的理由。

你需要思考清楚对方的需求是什么，你擅长哪些领域，以及你能给对方提供哪些资源和价值。让他觉得你很专业，而且还愿意免费帮助他，从而提升被通过的概率。

比如，你卖婴幼儿辅食，受众群体是 0~5 岁宝妈，宝妈都有养儿育儿的需求，你的好友申请文案可以写：我是 10 年育儿专家××，擅长营养搭配，免费送你我花 6 个月总结的 32 种辅食方法。其他育儿问题也能咨询我。

5.2.3 熟人转嫁式

借对方认识的熟人来消除他的心理戒备，从而让他更愿意通过你的好友申请。熟人可以是群主或社群明星。比如我在关老师的社群中，对方的好友申请是"老关推荐"时，我一般都会通过。

在使用这个方法时，需要具备三个条件：

（1）群主有一定的影响力，如果别人不熟悉群主，效果肯定不好。

（2）社群粉丝活跃度高。如果是很长时间没人说话的社群，可能别人已经忘记这个群了，对群主也没有太深的印象，效果当然不好。

（3）精准垂直群。比如兴趣群、技能群效果比较好，因为通过群主的标签能让对方初步判断你对这个领域有爱好或者想在这个领域深耕。但如果是购物群，效果就不会太好，因为目标用户不精准，对方不能判断群主推荐的人的目的是什么。

5.2.4 认同利他式

这种方式适合联系行业大咖时使用。在你打造个人品牌影响力时，主动联系大咖，让大咖为你赋能，是非常有意义也非常有必要的。但添加大咖的人很多，大咖平时又很忙，所以，如果你的好友验证申请不出彩，他们看完大概率不会通过。而所谓认同利他式是先认同大咖的优秀，并根据对方的需求主动为其提供力所能及的帮助，从而获得对方的好感，让他更愿意通过你的好友申请。

如何表达认同呢？你可以写：××老师好，读了您的书我受益很大，希望近距离向您学习。在使用这种方法时，需要注意的是具体的书名、课程名、具体是哪篇文章一定要写清楚，让对方觉得你是真的认真看过，你是他的铁粉，而每个大咖都不会拒绝自己的铁粉。

如何做到利他呢？首先，你要先研究清楚大咖经营的业务范围是什么，有哪些内容你可以提供帮助。比如我的社群管理助手娜娜，曾经主动添加我的微信并留言"可以帮我管理微信群"。当时我恰好苦于没有时间管理微信群，而她正好愿意帮我解决这个问题，所以，我会在第一时间通过。

同样，很多大咖会不定期开公开课，这时候需要有人帮忙设计海报，写朋友圈文案、社群文案，做课件，甚至平时还会有公众号排版的需求等，你可以根据自己的能力主动为其提供帮助。比如你可以写"某老师，喜欢你很久了，你的某篇文案让我受益很大。如果需要，我可以免费帮你……"，从而让大咖第一时间通过你的好友申请。

在主动加人时，除了需要掌握正确的文案写法，还需要注意三个要点：第一，不管是哪个社群，进入社群后千万不能直接加人，而是先在社群里活跃一下，让群友对你有印象。第二，在主动加人之前，一定要打造好你的门面。个人门面主要包含头像、昵称、个性签名和朋友圈缩略图等，这些内容会影响别人对你的第一印象。如果让别人看到太明显的营销内容或生硬的产品广告，可能会被别人直接拒绝。第三，在对方通过你的好友申请后，一定要进行正式的自我介绍。自我介绍不仅是礼貌，更是获取和对方第一次沟通的机会，否则，时间久了对方对你没有印象，可能会直接把你删除。

5.3 两个互动妙计，轻松打造社群明星体质

想借势他人社群实现持续引流涨粉，除了前面两节讲到的自我介绍和主动加人两种方式，还离不开日常的有效互动，这也是我们常说的"混群"。搞定一个微信群，就可以获得一批精准粉丝。

然而，大多数人在混群时，往往是花了时间，却没有达到理想的效果。常见的混群方式主要存在以下四个误区：

（1）有时间，没热情。有些人在社群里非常活跃，但大多是讨论一些八卦，甚至还会因为某个话题和别人发生争执，给群友留下的印象非常不好。

（2）有热情，没价值。有些人的嘴巴非常甜，夸完群主夸群友，看见谁说

话都赞美一番，很热情，却让人感觉全是客套话，不够真诚，更重要的是没有给群友提供有价值的内容，不能让群友认识到你的价值所在。

（3）有价值，没方法。有些人会不定期输出一些文章或学习心得，但不懂方法，写完直接发布到群里，原本是对群友有价值的内容，却让人感觉在打广告、刷阅读量，给人的感觉非常不好。

（4）有方法，没策略。有些人听了一些课程，了解了一些混群的方法，却不懂策略，不知道如何引发群友对话题的讨论，获取更大的曝光，也不知道如何引导群友主动加自己等。正确的操作方法是在互动前制定好策略，观察谁是群内的 KOL，了解群友的普遍问题，并思考自己可以提供什么价值以及如何引导群友等。

那么，在混群时，如何和群友互动才能省时、高效地获取最大的引流效果，让群友喜欢你、认可你，并忍不住联系你呢？这一节总结了两个社群互动妙计，从而轻松打造社群明星，在社群内源源不断地引流涨粉。

5.3.1 释放价值涨粉法

所谓释放价值涨粉法是通过给群友提供有价值的资讯或帮群友解答专业疑难问题，让群友觉得你很热心，而且在某个领域非常专业。

不管是什么领域的微信群，经常会遇到有人提问题的情况，如果群主或管理员没有及时回答，提问人会非常尴尬。而此时正是展现你的好机会，通过回答对方的问题不仅帮你刷存在感、混脸熟，还可以展示你的专业能力，给对方提供价值。

比如在微商交流群，你可以分享怎样加粉、怎样招代理、怎样发朋友圈、怎样管理代理、怎样卖货、怎样和顾客互动等话题。需要注意的是你不能把这些有价值的内容干巴巴地直接发进群里，否则效果不会太好，还可能让别人觉得你在故意引流，正确的操作方式需要遵循四个步骤。

1. 第一步：阐述观点

针对群友提出的某个疑难问题或大家正在讨论的某个话题，阐述你的观点。在这一步需要遵循"先认同，再不同"的原则，先认同其他人的观点和建议，获取大家对你的好感，再展示你的不同观点，塑造你的专家形象。比如你可以说：仔细看了大家针对××群友提出的某个问题的回答，受益良多，不过我还有几点不同的建议……

2. 第二步：具体建议

承接上一步的内容，给出详细的操作建议和方法。需要注意的是给出的建议和方法最好是可落地的，而不是笼统的，你可以罗列出第一、第二、第三等几条内容，对方看后一目了然，就会觉得你对这个领域真的非常有研究。

如果你以前针对这个话题写过专门的文章，也可以找到这篇文章直接发到群里，并@提问问题的群友，顺便正好可以推广你的个人公众号。

3. 第三步：抛出钩子

告诉对方你不止对这个问题有研究，还对这个领域的其他一系列问题都有研究，并且总结了一套系统的方法。因为对方是专攻这个领域的，那么，这套系统方法对他肯定非常有吸引力，像一个钩子一样吸引着他主动加你。比如你是做朋友圈营销的，可以说：因为这两年意识到打造朋友圈越来越重要了，所以，专门针对朋友圈文案写作总结了一套完整的"朋友圈文案写作指南"，感兴趣的小伙伴可以找我领取。

4. 第四步：引导加你

除了通过钩子吸引对方加你，还需要明确告诉对方你可以持续给他提供价值和帮助。不过这一步引流目的比较明显，所以，一定要先捧群主，并感谢群主给你带来的帮助，以免被群主视为恶意涨粉，把你踢出群。比如你可以说：如果以后有其他问题，也欢迎和我交流探讨。尽管在这个领域没有××群主专业，但通过学习群主的课程和方法，也有很多新的灵感和启发，加上自己不断实践和思考也总结了一些非常有效的方法，在群主没时间帮你解答问题时，相信还是能给你带来一点灵感的。

5.3.2 学习笔记涨粉法

顾名思义，学习笔记是学完群主的课程或书籍后总结成的电子版的学习笔记。因为有些群友可能比较忙还没有来得及听课，而你的学习笔记把课程中的知识点非常清晰地提炼出来，一目了然，可以节省他的学习时间，帮他提高学习效率，对他有非常大的价值。所以，为了获取学习笔记，他就会主动加你。

你可以把学习笔记做成思维导图或知识卡片的形式，比如在我的第一本书

《爆款文案卖货指南》的领读社群，私教学员团子麻麻跟着每天的领读节奏，把每个章节的知识点提炼总结并设计成精美的图片发在群里，大家夸她做得很好，然后，她趁机主动引导"如果想要全套知识卡片的小伙伴，可以找我免费领取"，这样就获得了不错的引流涨粉效果。

因为你分享的是学习群主的课程或学习笔记，所以，群主一般都不会阻止。另外，你还可以分享其他学习笔记，但因为其他学习笔记与群主无关，所以在分享时需要遵循四个步骤。

1. 第一步：感谢群主

在这一步需要注意的是感谢的内容一定要具体。比如你可以说：感谢××群主！学完了你的课程，特别有启发，尤其是你在某个章节讲到的某个知识点上，对我帮助非常大。

2. 第二步：引出笔记

承接上一步，引申出其他课程或书籍，以及相关的学习笔记，吸引群友主动加你。比如你可以说：××这本书在这个知识点的讲解上，也有几个方法很好用，包括××个要点，而且和群主讲到的某个理论完全吻合。我花了××时间，做了32页的精华笔记和思维导图，感兴趣的小伙伴可以找我领取。

3. 第三步：量化价值

明确指出这个学习笔记给大家带来的价值利益，让群友觉得学习笔记有很多干货，可以学到很多东西。学习笔记的价值塑造越到位，群友越想要，涨粉效果也越好。

4. 第四步：引导行动

明确告诉群友感兴趣可以找你领取。

5.4 零成本让群主为你赋能

在混群时如果能获得群主的赋能，相当于收获了整个社群的粉丝。如何获得群主的喜欢和赋能呢？这一节总结了获得群主喜欢的四个小心机和让群主动帮你赋能的三个小锦囊，下面来详细解读。

5.4.1 四个小心机，让群主记住你、喜欢你

1. 多"贿赂"群主

"贿赂"不是给钱，而是拥护群主、支持群主，抓住一切机会表达对群主的喜欢和认可。比如群主发布了群规，你要主动出来拥护。群主分享了某个观点，你要及时回应并讲出你的收获。逢年过节在群里主动发红包感谢群主。有人说了诋毁群主的话，主动站出来为群主说好话，让群主觉得你对他特别忠诚，当然也会特别喜欢你，愿意关照你。

2. 主动问群规

所谓主动问群规是当你进入一个新社群时主动私信群主，了解社群的群规以及日常活动安排。因为大多数人是不会这样做的，而你主动这样做了，就能给群主留下深刻的印象，还会让群主觉得你懂得站在别人的角度考虑问题，懂得尊重别人。

3. 多推荐群主

顾名思义，多向你的粉丝、顾客、朋友推荐群主，需要注意的是推荐群主时一定要让群主知道。所以，最好的方式是直接给别人推荐群主的名片。这样别人在添加群主时，群主就能看到对方是通过谁推荐的名片添加他的。另外，为了让群主对你产生深刻印象，最好连续推荐10个人以上。

4. 连续点赞朋友圈

所谓连续点赞朋友圈是定期抽出时间刷群主的朋友圈，并对群主以前发布的朋友圈进行连续点赞、评论，一次可以点赞5~8条，这样当群主打开微信时可以收到一连串的提醒，对你也会产生深刻印象。点赞时最好配合1~2条走心评论，让群主觉得你很用心，而不是敷衍。

5.4.2 三个搭讪锦囊，让群主主动帮你赋能

1. 多帮群主做事

主动帮助群主做些力所能及的小事，比如管理社群、调查统计、组织活动、

整理群精华、设计海报等。

比如兔妈社群的娜娜主动提出帮我管理文案社群，所以，我把她设置成群主，群昵称改成"兔妈小助手—娜娜"，这个职位和昵称自带光环，让群友觉得她是兔妈身边的人。平时她也会代我发布一些社群通知，做一些用户调研，总之，群友有什么事都会主动加她。

除此之外，你还可以对表现优秀的人发放一些小奖励，那么，中奖小伙伴兑奖时就需要主动加你。可见，通过帮助群主做事，可以成功获取一批精准粉丝。

2. 多给群主报喜

所谓给群主报喜是学习群主的课程或听群主的某个建议取得了某项成绩时，要及时把好成绩告诉群主。你的好成绩也是群主的教学成果，所以，群主会把你当成典型案例主动帮你宣传，让更多人知道你，帮你提升影响力。

比如在关老师社群中，每次做出新成绩时我都会主动给关老师报喜，比如帮客户写出转化率高的文案，受邀其他平台分享文案心得等，关老师也会把我当作社群优秀案例分享出去，让更多人知道我，也就有越来越多的客户主动来找我。

在报喜时，可以采用两种形式：①私信报喜。直接私聊群主，把你的好成绩告诉他。②公开报喜。在群主的社群报喜，并@群主，不仅让群主看到你的成绩，也让更多群友知道你在这个领域做出的成绩。

为了获得更好的效果，在公开报喜时，需要遵循以下四个步骤：

（1）第一步：概述成绩。感谢群主课程给你带来的帮助，并用一句话概述成绩。比如你可以说：感谢××群主或××老师！听完了你的分享，特别有启发，尤其是你讲到的某个知识点对我帮助非常大。我把这个方法用到日常的朋友圈卖货中，一条朋友圈文案4个小时卖出了××个产品，实现××元销售额。

（2）第二步：详述过程。讲述你听完分享的感受和收获，学习结束后你是如何做的，采取了什么行动，行动后获得了什么样的结果。讲述时越详细越好，详细的过程更容易唤起他人的欲望，也让别人觉得更真实可信。举个例子，如果你是做朋友圈营销的，可以说：这节分享我反复听了三遍，最大的收获是对卖货逻辑理解更深刻了。然后，用这套方法复盘自己原来写的朋友圈文案，发现以前的文案忽略了顾客的感受。这次花了3个小时打磨了一条朋友圈文案，最后选择黄金发圈时间发布，10 分钟卖出了 8 单，1 个小时 21 单，截至早上 9:00 卖出去了 67 单。

（3）第三步：抛出钩子。承接上一步的成绩，告诉群友你写了一份详细的总结，因为具体的成绩已经唤起了大家的欲望，获取了大家的信任，所以，这份总结就像钩子一样吸引着群友主动加你。比如你可以说：我对这次成绩做了更详细的总结，并写了一份 3000 字的复盘文件，每一步操作要点都很详细，还附上了自己的三个改进思路，就算新手也可以直接复制，有需要的同学可以找我免费领取。

（4）第四步：加强吸引力。所谓加强吸引力是在复盘文件的基础上，再给予群友其他诱人的福利，比如价值多少元的免费咨询名额、产品试用名额等，从而吸引群友主动加你。

3. 主动争取分享

当你和群主已经建立了良好关系，并且你在某个方面做出了一点小成绩，此时可以主动向群主争取社群分享的机会。

社群分享是一次聚焦群友注意力的机会，一次分享是 15~60 分钟，在这段时间里，你能持续对一群人产生影响，更容易被记住。如果你分享的内容很有干货，也能吸引群友主动加你。

比如在 2019 年 11 月，我加入畅销书《轻创业》作者施有朋老师的 VIP 社群，并主动向施有朋老师争取了一次社群大咖分享的机会，50 分钟的分享结束后，涨了 40 多个粉丝，而且还有粉丝陆续购买了我的书籍、课程、社群等产品。

但你不能直接对群主说"××群主，我能在你的社群做一次分享吗？"这样大概率会被拒绝。为了提升成功率，在向群主争取分享机会时，需要遵循以下四个步骤：

（1）第一步：自报家门，并红包感谢。先做自我介绍，包括你的职业、职位、头衔、作品和成绩等，然后给群主发个红包。发红包时一定要表达对群主的赞美和感谢，否则对方可能不会收，并且感谢的内容一定要具体，拉近你和群主的距离。比如你可以说：××老师好，终于联系上你了，我是××，这几年一直在某个领域深耕，关注你有两年时间了，特别喜欢你分享的文章，干货很多，内容非常实用。看了两遍你写的书《××》，受益良多，尤其是某个章节讲到的某个知识点，彻底帮我理清了思路，让我对××的认识更深刻了。

（2）第二步：阐述成绩。在这一步，阐述你运用群主讲到的某个方法获得了什么样的成绩。比如你可以说：我把你的某个方法用到日常的工作中，实体店客人到店率提升了三倍以上，你的方法太好用了。（3）第三步：提出请求。在提出请求时分两种情况：第一种，群主社群已经在开展嘉宾分享活动，你可以直接提出请求。比如我在施有朋老师的社群争取分享时就属于这种情况，所以，当你进入一个新社群时，要多观察、多了解，看是否存在这样的机会。第二种，群主社群没有开展过类似的分享或者你不确定是否开展过，那么你可以暗示提出请求。比如你可以说：不仅喜欢群主分享的干货方法，群主的处事风格也让我受益良多。其中，让我体会最深刻的一点是多给别人提供价值。所以，我特意把这次成绩做了个小复盘，如果有机会，我也非常乐意把这次的成功经验分享给社群的小伙伴。

（4）第四步：确认主题。通过以上三步的铺垫，一般群主都不会拒绝你提出的社群分享的请求。所以，在这一步不仅要感谢群主给你机会，还要和群主确认分享主题、大纲和课件，这样可以让群主对你的分享内容放心，不会担心你讲了不该讲的内容或穿插了大量广告信息，还会让群主觉得你非常认真地筹备这次分享，非常重视他给你的机会。比如你可以说：太感谢××群主了！我一定会好好准备这次分享内容，不辜负您的信任。另外，我会在明天下午6:00把这次分享的主题和大纲提前发给你，你核实后没有问题，我再按照大纲准备详细的分享内容。

5.5 四步设计文案诱饵，实现无痕式社群引流

先给大家分享一则小故事：小兔子去钓鱼，看到鱼塘里有好多鱼在扑腾，但钓了一整天，小兔子连一条鱼都没钓到；第二天接着钓，依然一无所获；第三天小兔子依然没有放弃，它记得妈妈说过"做事要坚持"。就这样，小兔子钓了十天，一条鱼也没钓到。第十一天，当小兔子像往常一样把鱼钩放进水里的时候，一条鱼浮出水面，生气地对小兔子说道："小兔子，你要是再拿胡萝卜来钓我，我就跟你没完！"

原来，小兔子竟然用胡萝卜钓鱼。它自己喜欢吃胡萝卜，便认为鱼也喜欢吃胡萝卜。小兔子选错了鱼饵，自然钓不到鱼。

在借势别人的社群引流时，社群相当于鱼塘，群友相当于鱼儿，而所谓"鱼饵"是用来把"鱼儿"从"鱼塘"引流到你的个人微信账号的东西。社群引流的关键不是勤奋，而是提供"鱼儿"喜欢的鱼饵，让他对你感兴趣。

引流效果好不好，关键在于能否设计出对的鱼饵。一个好的鱼饵需要从用户的角度出发，并针对用户的行为驱动因素进行设计。我研究了20多个不同领域的社群用户心理状态，发现了效果最好、操作方法也最简单的四大行为驱动因素：好奇心理、求实心理、与我相关、从众心理。我们来看两个文案：

第一个文案："哇，这一招也太好用了，今天竟然有80多个好友主动加我"，当你在社群和其他群友聊天时，趁机说出这样的话，就能实现不错的引流效果。其中，"这一招太好用了"却没有说明是哪一招，利用的是人们天生的好奇心理。"80多个好友主动加我"让群友觉得这么多人加你，你肯定非常厉害，利用的是人们的从众心理。

第二个文案："昨天晚上用新学的方法发了一条朋友圈，不到3小时卖货5200多元，比原来翻了5倍，看来只要掌握正确的方法，朋友圈卖货的威力还是非常强的啊。"在这个文案诱饵中，首先明确讨论的是朋友圈文案的话题，吸引对朋友圈文案感兴趣的群友。其次，"用上新学的方法"却没有说明是什么方法，依然是好奇的行为驱动因素。"不到3小时卖货5200多元，比原来翻了5倍"通过展示效果唤醒群友的欲望，利用了人们的求实心理，即关注某件事能给自己带来什么样的价值利益和效果。

如何才能设计出吸引群友主动加你的"文案鱼饵"呢？这一节总结了设计文案鱼饵的四个步骤，非常简单有效，只需要直接照着做，就能在别人的社群实现无痕引流，自动吸粉。

5.5.1 第一步：分析目标人群的核心需求

与钓鱼的道理相同，在借势他人社群引流时，只有先了解社群的群友，分析他们的核心诉求是什么，他们喜欢什么，想要什么，你才能吸引他们对你感兴趣，并主动加你。

举个例子，如果你想在新媒体营销社群引流，群友大多是对营销感兴趣的人，他们的核心需求集中在文案、社群、朋友圈营销、微商卖货等，所以，最好的鱼饵是跟引流、成交、营销等相关的内容。

5.5.2 第二步：根据需求挖掘群友兴奋点

所谓兴奋点是指群友感兴趣的事，很容易让他们兴奋起来。找到了目标人群的兴奋点就好比找到了他们的"命门"，更容易吸引他们的关注和参与。

一定要能帮顾客解决某个具体的需求、问题或痛点，让他们产生自我代入和美好联想，只有这样才能打动人心，让他们兴奋起来。

例如，如果你想在新媒体营销社群引流，根据目标人群的需求，可以挖掘的兴奋点有：不花钱引流100多个精准顾客的方法、一篇文案卖货100万元的方法、标题打开率提升三倍的方法、三句话成交顾客的话术、副业月入1万元的方法等。

5.5.3 第三步：利用兴奋点设计文案鱼饵

找到目标群体的兴奋点后，如何把这个兴奋点准确地表达出来呢？在这一步，需要根据兴奋点巧妙设计文案鱼饵。为什么必须强调巧妙呢？想象一下，如果你在某个社群直接发"不节食不运动10天瘦掉8斤，感兴趣可以加我"，的确能让目标人群兴奋起来，也非常有吸引力，但引流目的非常明显，所以有可能被群主视为恶意涨粉行为，把你踢出群。

那么，如何表达既能让目标人群兴奋，又能做到无痕引流呢？答案就是聊天式文案鱼饵。所谓聊天式文案鱼饵是模仿和群友聊天的语气设计你的鱼饵，把兴奋点埋藏在聊天内容中。你可以想象你面前有个熟人，你忍不住把好消息分享给对方的感觉。

举个例子，利用兴奋点"实体店引流提升了三倍"设计聊天式文案鱼饵，可以说：看这人山人海真是太火爆了，人流量比往常足足翻了三倍。从大早上累到现在，中午饭还没顾上吃。

5.5.4 第四步：聊天中找准机会释放鱼饵

设计好聊天鱼饵后，选择发布的时机非常重要。如果你直接发布，群友看到后会觉得非常突兀，很难引发群友的讨论。

选择什么样的时机发布才能实现最好的效果呢？需要满足三个要点：第一，群友对你眼熟。加入社群后，你已经在社群里互动了一段时间，群友对你比较熟悉。第二，社群活跃时刻。如果你发布的时候没有任何群友说话，发出去很难引起群友关注。第三，属于同类话题。如果群友正在讨论减肥的话题，你突然抛出一个引流涨粉的话题，此刻大家的兴奋点还在减肥上面，所以很难引发关注和讨论。不过你可以根据鱼饵的特点，借用同类话题进行巧妙过渡。

举个例子，如果群友中午正在讨论吃什么饭的话题，而你想抛出引流的鱼饵，可以说：累死了！从大早上忙到现在中午饭还没顾上吃一口。真是太火爆了，人流量比往常翻了差不多三倍。没人来发愁，来人多太累，真羡慕此刻你们可以安安静静吃个午饭呀。

另外，还有一个小技巧，当群友没有讨论与你的鱼饵相关的话题时，你自己可以主动引导话题。比如你想抛出引流的鱼饵，可以预先引导说："最近为了提升店内的人流量简直忙疯了，不知道大家对实体店引流有什么好的方法吗？"当大家参与到对引流话题的讨论中时，你可以找准机会说"上周听一位营销大咖分享了一个方法，我特意试了一下，效果还不错，人流量比往常翻了三倍，推荐大家也可以试一下，好经验大家共享。如果你们有好的引流方法，也希望共享出来啊！"

此时，很多群友会问"是什么方法呀"，你可以先透露一点，然后，卖个关子说"现在太忙了没空给大家细讲，如果大家想了解，今天忙完我把详细操作流程梳理出来送给大家，你们私信我时先备注一下。"

针对参与了该话题的讨论，却没有主动加你的群友，你可以趁热打铁主动添加对方，好友申请信息备注"忙完把这次引流的详细操作流程发给你"，对方一般都不会拒绝。而且你没有直接引流，还把社群气氛带动起来了，群主也会默认同意，从而实现无痕式社群引流。

5.6 用好这招必杀拳，轻松找到第一批精准客户

在本章第三节的"释放价值涨粉法"中，给大家提到可以配合干货文章进行社群引流。事实上，用干货文章引流是打造个人品牌影响力效果很好的方法，

也是我自己一直坚持在用并且强烈推荐学员用的社群引流"必杀拳"。

尽管写干货文章比较花时间，但它能向目标群体传达更丰富的内容，更利于塑造你的专家形象。而且如果你的文章写得不错，别人还会关注你的公众号，翻出你往期的一系列文章，对你的专业标签和业务范围了解得更彻底，从而帮你获取第一批精准用户。

那么，如何通过干货文章实现社群的精准、有效引流呢？这一节总结了用干货文章实现社群引流的详细方法，主要包括如何写好一篇优质的干货文章和如何借用他人的社群让你的文章获得更大曝光，下面我来分别解读。

5.6.1 三个要点、五个步骤，轻松写出 80 分的引流文章

很多人觉得写好干货文章很难。其实，只要你会说话，就能写好干货文章。之所以无从下笔，原因不是没有东西，而是没有理清思路，没有掌握正确的方法。想要写好一篇干货文章，需要牢记三个要点和五个步骤。

1. 要点一：多写价值感更高的干货文章

市面上常见的干货文章主要有以下三种类型：

（1）科普一个新概念，即告诉读者"是什么"。举个例子，如果你做的是护肤品，可以给读者科普最新流行的护肤成分；如果你做的是营销，可以给读者科普营销中的某个心理学现象。

（2）科普某件事情的重要性，即告诉读者"为什么这样做"。举个例子，如果你做的是护肤品，可以给读者科普"为什么要做好面部的清洁工作"等。

（3）帮助读者达到某个目标，并给出具体的操作步骤和方法，即告诉读者怎么做，怎么实现。举个例子，如果你做的是护肤品，目标顾客主要是敏感肌人群，可以通过干货文章告诉读者"如何改善敏感肌，改善敏感肌的方法和步骤是什么"。

其中，第三种类型的干货文章给读者带来的价值感最高，其次是第二种、第一种。为什么？因为读者花了几十分钟读完一篇文章，他更希望自己得到一个确切的方法，简单照着做就能变美、变好、变健康，而不是仅了解一个概念。所以，为了让读者收获更大的价值感，要多写第三种类型的文章。当然，价值感越强的文章写起来越有难度，不过也更利于打造你的个人品牌，塑造你的专家形象。

2. 要点二：五步结构写作法让读者阅读更流畅

很多人写的文章内容很有价值，但读者却不喜欢读。为什么？因为结构混乱，没有主次，让人读起来非常累，而且读完什么也记不住。

所以，写干货引流文章的关键是"他思维"，不仅关注你讲了什么，讲了多少，更要关注读者的阅读体验好不好，读完吸收了多少。在这一步，我根据自己平时写干货引流文章的步骤和方法，总结出了一套万能的结构模板，90%以上的领域都能直接套用。

（1）**第一步：场景导入**。场景导入是一篇干货文章的开场，你选择的场景需要贴近目标读者，即发生在读者身边的事，这样更容易让他产生代入感和共鸣感。

比如个人成长提升类的干货引流文章，可以写："人到中年，房贷车贷孩子就像三座大山，生活的压力把人压得透不过气。职场上前仆后继的小年轻，不仅能熬夜，薪资要求还低。而你在公司安逸惯了，适应能力却在退化。"销售类的干货引流文章，可以写："明明你的产品已经很便宜了，但客户就是嫌贵不肯买。明明有些客户对产品很感兴趣，但真正面对成交时却犹豫了"。护肤类的干货引流文章，可以写："最近脸干得厉害，出门一吹风还有点刺痒，最郁闷的是每次敷面膜都蛰疼"。

（2）**第二步：打破认知**。当读者对你讲的场景产生共鸣后，此时会想"对，我就是这样。那么应该怎样才能改变呢？"这时候不要急着告诉他正确的方法是什么，否则文章会显得很平淡。

这时应该告诉他：这样做不对，那样做也不对。总之，传统的方法都不对，打破他的固有认知。只有这样才能调动他的好奇心"到底怎样做才对呢？"为了寻找正确答案，他会继续阅读你的文章。

（3）**第三步：结构逻辑**。为什么其他方法都不对，你给出的方法就是对的呢？在这一步需要给读者讲清楚"新方法为什么对"，这样他才会按照你说的方法采取行动。

此时，很多人容易犯一个错误是喜欢讲大道理，但读者并不喜欢听你讲道理，他会觉得"你凭什么教育我"，所以，你需要牢记写好干货引流文章的"他思维"，通过恰到好处的引导，让顾客自己得出某个观点和结论，这个观点和结论正是你想让他知道的。

具体怎么做呢？给你两个好用的方法：

①用事实佐证你的逻辑观点。例如，你想告诉读者蓝莓能改善睡眠质量，可以先讲述一个事实：二战时，英国皇家空军会让疲惫的飞行员服食蓝莓，让他们拥有更好的睡眠状态，同时增强眼部功能，提升视力，以便更好地执行任务。通过讲述这个事实，让读者自己得出"蓝莓能改善睡眠质量"的结论。

②用比喻和类比方便读者理解。例如，你想告诉读者皮肤抗氧化非常重要，可以写"我们切开的苹果，放置在空气中很容易氧化变色，皮肤也一样"，这样比枯燥地解释抗氧化的重要性更容易让人理解和接受。

在阐述你的逻辑时，一定要牢记"他思维"，做到寓教于乐，让读者的阅读更顺畅、理解更容易，这样他会更喜欢阅读你的文章。

（4）**第四步：执行步骤**。前三步讲完了是什么和为什么的内容，在这一步就需要告诉读者具体如何做，这部分也是最有价值的内容。我们以护肤类的干货文章举例，当你告诉读者抗氧化的重要性以后，还需要告诉读者如何做才能抗氧化，你可以给出第一步、第二步、第三步等具体的方法或步骤。另外，在这一步还可以适当穿插软广告，比如在讲述抗氧化如何选择护肤品时，给出的选择标准可以是你的产品符合的标准。

（5）**第五步：号召行动**。在平时写卖货文案时，号召行动是最后的引导成交环节。而在干货引流文章中，号召行动是总结结论，帮读者回顾总结一下要点，让他便于做笔记。你也可以提炼出金句，把自己的观点深深地印刻在读者的大脑中。同时，在文章末尾署上你的自我介绍，引导顾客主动联系你。

当你掌握了创作干货引流文章的五步结构法，不仅写起来会更轻松，读者的阅读体验和价值感也会更好，也更容易记住你、喜欢你。

3. 要点三：培养用户思维，拉近和读者的距离

读者阅读文章时是隔着手机屏幕的，少了面对面的现场感，体验也会打折。所以，为了提升读者的体验感，你需要培养"看见目标顾客"的能力，又称之为对象感，也是我们常说的用户思维。

在写文章时，你需要想象自己不是对着电脑，而是与每一个具体的人面对面交谈。有一个简单的方法：在写文章时改变称呼。比如"你有没有遇到过这样的问题""我们来思考一个问题""我想请问你"等，通过多用"你""我""我们"这样的称呼营造对象感，让读者觉得你和他在面对面聊天。

除此之外，用词还需要口语化，多用你的目标顾客喜欢的语言风格和表达方法。比如"好了，今天我们就先聊到这里""简直太好用了"等。

当你掌握了以上三个要点和五步结构写作法，可以轻松写出一篇80分的干货引流文章。此时，可能有人会问：我的公众号粉丝很少，怎么办呢？下面我们进入本节的第二个知识点：借势他人的社群实现干货引流文章的最大化曝光，并高效获取第一批精准用户。

5.6.2 四个步骤，借势他人社群实现高转化引流

很多人写完引流文章后，为了实现文章的最大化曝光，会直接把文章链接发在别人的社群里，这种方法不但效果不好，反而会引起群主和群友的反感，甚至还有被踢出群的风险。为了获得更好的引流效果，在借势他人社群宣传时，你需要遵循四个步骤。

1. 第一步：感谢群主

同前文所述。

2. 第二步：阐述目标

感谢完群主对你的正面影响后，阐述你自己的下一步目标和行动计划。这样不仅可以向别人传递出你的专业领域和业务范围，还会让别人觉得你的执行力和行动力很强，给别人留下一个好印象。比如你可以说：受群主的影响，也为了不辜负群主这么用心的指导和示范，我给自己定了一个目标，每个月输出六篇专业文章。

3. 第三步：发布主题，并征求建议

告诉群友你这次写的文章主题是什么，并征求群友对此话题的观点以及对文章的建议。其实，征求建议只是一个互动理由，目的是吸引更多人参与进来，让你的文章获得更多的曝光。需要注意的是，在公布主题时一定要提炼出文章的核心亮点，列出给读者带来的价值利益。如果主题吸引力不够，群友可能不会点击链接。

另外，在征求建议时，你需要发一个红包表达对大家的感谢，凸显你的真诚，而且红包还能吸引更多人关注并参与进来。比如你可以说：今天写的文章主题是×××，我根据自己的实操经验总结了三个观点，分别是……不知道总

结得是否完善，希望小伙伴们可以帮我提一些建议。我发个小红包，先谢谢大家的宝贵建议啦。

4. 第四步：引导加你，并号召行动

当群友看了你的文章之后，有些人会给你提建议，肯定也会有些人夸你的文章写得不错，此时需要趁热打铁引导群友主动加你。另外，还可以呼吁群友和你一起写干货文章，这样吸引来的都是同频好友，而且在这件事情上你是发起者，占主导地位，相当于是这个小群体的 KOL。如果在平时写作中你还能给他们一些建议和鼓励，他们会对你更加信赖，后续你就可以把他们发展成自己的第一批种子用户。比如你可以说：谢谢大家的宝贵建议和认可，你们的鼓励和建议对我非常重要。我决心死磕××领域，如果你们在××方面遇到困惑，也欢迎和我探讨交流。另外，如果你想开始写文章却迟迟没有行动，可以和我一起，我们互相监督，向优秀的群主看齐。

以上三个要点和四个步骤就是用干货文章实现社群引流涨粉的方法。这种方法的优势是你每写一篇文章，群友每看一次你的文章，都会产生复利效应。只要你坚持按照上面的方法认真执行，一定会收获属于你的第一批种子用户。

5.7 四招种草心法，借别人的社群卖自己的产品

在本章前面的几节中，我们讲的方法都是把别人社群的粉丝吸引到自己的私域流量池内，并通过后续一系列的营销运营方法，在自己的私域流量池内实现成交。这些方法统称为"借别人的社群间接卖自己的产品"。这一节我们讲借助别人的社群直接宣传、曝光自己产品，甚至在别人的社群直接成交的方法。

很多人经常采用的方法是直接在他人的社群发布硬广告，这种方法不但效果不好，还会被群主或管理员视为违规行为。那么，如何在别人的社群宣传自己的产品，又不会让别人感觉你在打广告，更不会被群主踢出群呢？我总结了四招种草心法，分别是福利赞助式、合作分红式、广告建议式、互帮互助式。

5.7.1 福利赞助式

顾名思义，福利赞助就是当群主开展一些社群活动时或在日常的社群运营

中，你以赞助的形式免费给群主提供不同数量的产品，相当于给群主的粉丝提供了福利，而作为赞助者的你也能获得在别人社群宣传曝光产品的机会。

比如很多群主为了活跃社群，会不定期组织一些活动或比赛，并对活动的参与者给予奖励。因为活动奖励能吸引更多群友的关注和参与，提升社群人气和黏性，所以，群主会把赞助者赞助的产品作为宣传噱头，这样赞助者就获得了宣传曝光自己产品的机会。而且在一次活动中，群友的目光是非常聚焦的，这样就可以实现非常好的宣传效果。

在赞助产品时，需要注意三个要点：第一，赞助的产品最好有特点，这样更容易获得群友的关注。第二，根据个人经济情况核算好成本。第三，提前梳理清楚兑奖流程和后续宣传、成交流程。

5.7.2 合作分红式

所谓合作分红式是借用群主的社群卖自己的产品，把销售产品所产生的销售额按照一定比例给群主进行分红。因为可以从中获得一定的收益，所以，很多群主是不会拒绝的。

这种方法听起来非常简单，但如果你直接私信群主说"我在你的社群卖产品，销售额给你按照比例进行分成，可以吗？"大多数群主会拒绝你。为什么？

因为很多群主都是某个领域的 KOL，已经在自己的粉丝群体中建立起了威望，所以，相比于金钱利益的诱惑，他们更关注会不会伤害粉丝，会不会破坏在粉丝群体中塑造起来的人设形象，这些是金钱换不来的。比如你的产品品质很差，粉丝使用之后效果不好等，都会给群主带来不好的影响。

所以，为了让群主更大概率同意你的请求，在使用这个方法时，需要遵循六个步骤。

1. 第一步：分析人群是否匹配

在向群主提出合作请求之前，你需要先分析群主社群的粉丝是否与自己的产品匹配，可以从性别、年龄、行业、兴趣、消费水准等不同维度进行分析。举个例子，如果你卖的是中低端护肤产品，却选择职场精英的理财社群进行合作，目标人群的匹配度比较低，效果肯定不好，群主拒绝你的概率也会更高。

2. 第二步：提前和群主混熟

锁定了与你的产品目标群体匹配的社群之后，并不适宜直接向群主提出合作请求，因为群主对你的人品并不了解，为了避免合作风险，他可能会直接拒绝你的请求。所以，需要你和群主搞好关系，多在社群互动，多拥护群主，多响应群主的号召等，让群主认识你、熟悉你，并对你产生一个好印象。

3. 第三步：给群主寄样品

当你与群主建立了初步的信任关系之后，在平时聊天时，可以时不时地向群主透露你的行业和业务范围，并找准机会主动提出给他赠送产品的请求。在向群主赠送产品时，需要给出一个正当理由，并凸显产品给对方带来的价值利益，这样更容易让群主接受你的产品。举个例子，如果你是卖面膜的，可以说：感谢群主搭建的平台，让我结识了这么多优秀的小伙伴。你分享的方法也让我非常受用，我把这个方法用在自己的工作中，还被领导夸了，非常感恩！知道你平时工作忙，还经常熬夜，所以，熬夜急救面膜肯定是少不了的。这款面膜我和朋友用后效果都很好，我想送给您两盒，也算表达自己的一点心意。等你忙完，记得把地址给我发来哦。

因为你给出了正当理由，群主一般不会拒绝。在对方收到产品并使用一段时间后，可以主动询问对方的使用感受，并引导对方认可产品的价值，比如你可以说：××群主，给您寄的面膜用起来感觉如何呀？是不是敷完皮肤不干了，熬夜后皮肤没那么暗沉了？

当群主回应你的信息时，你可以趁热打铁描述产品的核心亮点和价值利益，并向群主提出销售合作的请求。在提出合作请求时，需要结合粉丝需求和产品属性凸显匹配度。比如你可以说：是的，这款产品是我卖的产品中顾客回购率最高的，大家的评价都非常不错。对了，群主，我突然有个想法，是否可以把这个产品推荐给咱们社群的小伙伴呢？社群小伙伴大多都是宝妈，基本上每个人都需要面膜，这款面膜又是口碑款，相信她们一定会很喜欢。

4. 第四步：巧妙算账促决心

当你提出销售合作请求时，群主可能会犹豫，你可以从两个方面算账，促使他下定决心：

第一，给粉丝足够大的优惠。告诉群主你可以为粉丝争取足够大的优惠，这样对粉丝来说相当于一项福利政策，群主会更容易做决策。算账时可以用价格锚点让群主觉得你给的福利非常大。比如你可以说：这款产品市场统一价是129元，我的拿货价是89元，我可以不赚钱，只需要拿货价加上快递费和包装费即可,就算给你的粉丝发放福利了,谁让我喜欢你呢。

第二,给群主足够多的利益。告诉群主每卖出一单可以给他多少利益分成,让群主觉得你非常有诚意。比如你可以说:尽管没有什么利润,但在你的社群每卖出一单我都会给到你多少分成,毕竟在其他渠道打广告也需要花钱,还不如把广告费省下来给大家发福利呢。

5. 第五步:借势权威塑信任

通过前面的铺垫,大多数群主可能对销售合作感兴趣了,但他可能会想"与你合作会不会影响我的人设形象呢"?所以,在这一步,你需要摆出其他群主和 KOL 与你合作或曾替产品背书的证据,从而获得对方的信任。比如你可以说:××老师不知道你认识吗?他是某领域的大咖,有三个粉丝群,粉丝群体和我们社群的粉丝非常像,上周我们合作了一次,群友反响很好,参与度也非常高。

6. 第六步:售后条款破顾虑

当对方对销售合作有了兴趣和信任,可能还会存在一些顾虑,比如自己的粉丝买了产品坏了怎么办,如果售后问题得不到妥善的处理,会影响群主的声誉。所以,在最后一步,你需要明确相关的售后条款,让他觉得与你合作没有任何风险,从而成功破除他的犹豫和顾虑。

5.7.3 广告建议式

所谓广告建议式是借着让群友给产品广告提建议的理由,实现在社群中曝光产品的机会。其实,征求广告建议只是一个噱头,目的是在社群里曝光自己的产品。因为你是求助群友,并且又给予了感谢福利,所以,群主一般不会拒绝。比如你是卖面膜的,可以提前给面膜写一段文案,然后把文案发布在社群里,让群友帮你提供文案的改进建议。

为了达成更好的宣传效果,在使用这个方法时,需要遵循三个步骤。

1. 第一步:抛需求,发红包

明确阐述你的需求,并发送红包表示感谢,红包还能吸引更多潜水的群友参与进来。在抛出需求的时候,需要注意三个要点:第一,先表达对群友的赞美和感谢。第二,需求不能太复杂,降低群友参与的门槛。第三,把产品的核心亮点藏在需求中。比如你可以说：小伙伴们好，每次和你们聊天都能获得很多灵感。今天在给产品写文案时，改来改去总觉得没把产品的××亮点凸显出来，产品很好，却让我写得很普通。所以，我写了两个版本的文案，想麻烦大家给我提点建议，帮我选一下哪一个更好。发个小红包，先谢谢大家了。

2．第二步：表感谢，给福利

当群友给你提供改进建议后，需要表达感谢。同时，趁机再次强调产品的亮点，并以感谢大家为由，给群友发放免费试用体验产品的福利。在公布福利时，需要塑造产品的价值。通过产品的试用体验，搜集顾客证言，并为下一步在社群种草做好准备。比如你可以说：大家太给力了！你们的建议对我帮助很大，非常感谢！为了感谢你们给我提供这么好的建议，我要给你们发放新品免费试用福利，这是VIP会员专享的，产品市场价是××元，不需要支付任何费用，我从提建议的伙伴中选择三位最用心的朋友。

3．第三步：兑福利，提要求

给被选中的群友兑换福利，同时提出一个要求，让对方配合你完成产品的宣传和种草工作。你可以要求对方收到产品后或使用产品后拍个照片发在群里并@你。需要注意的是在提请求时一定要给出正当理由，只有这样别人才会配合你。比如你可以说：感谢你的宝贵建议，我会在下午把产品给你寄出去，请注意查收。另外，我还有一个小请求，在收到产品后或在使用产品期间，可以拍个照片在群里@我一下吗？帮我证明一下我没有骗人，承诺的福利给到你们了。

在对方使用产品期间可以不定期进行跟踪和售后服务，如果对方使用产品的效果好，还可以让他配合你在社群里进行种草。

5.7.4 互帮互助式

所谓互帮互助式是在社群里找一个搭档，让他配合你完成产品种草的工作。

这种方法非常简单，效果也很好，具体有两个步骤：第一步，让搭档抛出和产品相关的问题。问题要能戳中群友的普遍痛点，这样才能吸引更多群友的注意和讨论。第二步，站在专业的角度对问题进行分析，并给出解决方案。解决方案即是你售卖的产品。在引出产品的时候一定要客观分析，让大家觉得你推荐的产品非常合适。

借助别人社群宣传自己的产品，不仅成本非常低，而且还能在社群中实现聚焦式曝光，获取第一批种子用户。尤其在你的事业发展初期，这是非常不错的宣传推广方式。想象一下，如果你有10个社群，每个社群400人，可以让4000个潜在顾客了解你的产品。掌握以上四个方法，能帮你更好地完成产品的低成本宣传和第一批用户的积累。

第 6 章

自己搭建社群,让卖货收款更高效

🔖 学习提示

现在商业正从"物以类聚"转变为"人以群分",传统的商业核心在于"商品",而未来的商业核心在于"人群"。只有拥有某个"人群",才会拥有持久的商业。所以,这也是社群卖货的优势所在。

著名财经作家吴晓波说:"社群是互联网送来的最好礼物。"不管是个人还是企业,通过搭建和运营社群可以实现从一对一的零售模式到一对多的批发成交模式的转变,大大提升卖货效率。然而,很多人建了微信群,结果却是粉丝不活跃、销售转化困难。这一章将为你详细解读如何写社群文案才能提升粉丝参与度和销售转化率,教你用社群提升业绩增长。

6.1 三个步骤，吸引顾客抢着进群

第 5 章我们讲了如何借势他人社群获取自己的第一批用户。当你有了第一批用户，并且通过朋友圈养熟后，此时就可以自建社群实现粉丝的批量式成交。相比于借势他人社群，自建社群的优势显而易见，你自己可以掌控流量和成交节奏，提高卖货效率。尤其是最近两年，很多人把社群经济视为流量变现的救命稻草，人人都希望把潜在顾客圈进自己的社群并产生转化。人人都希望把已有顾客放进社群，增加客户黏性，促进重复消费与转介绍。

社群的门槛看似很低，似乎有个微信号，把微信通讯录里的好友拉进共同的群里就算建好了社群。事实上，门槛越低的模式，想做好就越难。秋叶在《社群营销实战手册》中说："很多人只是建了个群，并没有建立社群。"在建群时，主要存在以下三种常见的误区：

（1）不做规划，先建再说。很多人听说社群经济很火，盲目跟风建立了自己的社群，没有规划建群的目的、运营周期以及成交流程，结果微信群建好不到一个月就变成了广告群、灌水群或者没有任何人说话的死群。

（2）不打招呼，直接拉人。我曾被一个陌生的微信好友拉进群里，进群后他发了个红包就开始介绍自己的产品，我觉得自己被打扰了，心里很不舒服，所以，还没等他介绍完产品就退群了，而且退群后直接把他拉黑了。所以，不打招呼直接拉人，不但没有效果，反而可能会让你失去一个潜在顾客。

（3）靠红包和礼品诱惑。有些人为了吸引更多人进群，会承诺进群后可以领取价值多少元的小礼物或在群里发多少元的红包，这种方法确实会见到效果，但吸引来的大多是贪图小利的人，甚至很多人领完礼品就直接退群了。

那么，如何建群才能吸引潜在顾客主动进群，更好地实现卖货的目的呢？这一节归纳总结了正确建群的两种模式、三个步骤和六种方法，也是开展社群卖货的基础。

6.1.1 卖货社群的两种模式

在卖货领域，常见的社群主要有以下两种运营模式：

1. 快闪模式

所谓快闪模式是为了卖货临时搭建的社群，发售完产品后社群直接解散，一般周期只有 3~5 天。快闪模式的优点是上手快、效果好，而且时间短，省去了后期运营的成本，也更容易被复制。

这种模式适合于发售单一产品或在某个时间段内集中发售某款主打产品。比如你代理了一款防晒霜，为了利用夏季的销售旺季实现短时间内销量的提升，就可以采用快闪模式。

2. 阶段模式

与快闪模式不同，阶段模式是社群建好之后会持续一段时间，并在此期间定期发售不同的产品，比如品牌特卖群、会员福利群、新品团购群等。需要注意的是由于社群运营成本比较高，而且时间长了顾客容易产生审美疲劳，所以阶段模式一般建议不要超过 6 个月。

这种模式适合于产品线丰富、有一定会员基础的企业或企业为了提升会员黏性、激活老顾客开展的阶段性福利活动。

不管是企业还是个人，在建群卖货之前，一定要先根据自己的情况和希望达成的目标，选择合适的社群模式。

6.1.2 吸引目标用户的三个步骤

1. 第一步：做好定位，起好群名

根据卖货社群的模式以及自己的目标，进行社群的定位，并起一个好的群名。群名包括三个要素：第一，个人名字或品牌名字，发挥小型的品牌效应，让群友更容易记住。第二，产品名字或产品品类名。第三，在最后加上社群的说明标签，比如特惠群、省钱群、福利群、秒杀群、团购群、特卖群、免单群等。

2. 第二步：给目标顾客画像

顾客画像对社群卖货至关重要。如果这一步没做好，即使吸引再多的人进

群,也往往收效甚微。

在建群之前,先思考清楚目标人群是谁以及想吸引谁进群。顾客画像主要包含两类信息,第一类是顾客的基本信息,主要包括:年龄、性别、婚姻、子女、身高、体重、工作、职位、角色、收入、民族、健康、城市、学历、国籍等。第二类是顾客的行为信息,主要包括:习惯、喜好、消费、口味、阅读、社交等。

举个例子,如果卖纸尿裤、婴幼儿辅食等母婴产品,那么吸引没有孩子的女士进群显然是无效的。同样的道理,如果在成都开美容店,想通过社群售卖美容项目,那么吸引男士或不在成都的女士显然也是无效的。顾客画像越精准,吸引的目标人群越有效,社群卖货转化也就越高。如何准确进行顾客画像呢?可以参考我的第一本书《爆款文案卖货指南》,也可以参考本书第7章7.2中的内容。

3. 第三步:主动推广,吸引进群

做好了顾客画像,如何吸引更多符合标准的潜在顾客加入社群呢?答案是主动推广,具体有以下六种方法:

(1) 朋友圈宣传。建群前,提前3~4天在朋友圈进行预热宣传,每天发布3条朋友圈文案。朋友圈文案如何写才能吸引潜在目标顾客入群呢?给你七种创作文案的思路:

①用心准备。为了准备这款产品花费的精力和时间,付出了什么样的心血和代价,让大家觉得产品是辛苦研发出来的,是值得信赖的。在2019年发售我的"爆款文案掘金术"课程时就用到了这个方法,文案是这样写的:

很多人问我:这次公开训练营和以前的课有啥区别?我想说:这次课程我花了23天准备,周末都在迭代课件,反复打磨了九遍,并且做了两次内测。课程内容从底层逻辑、爆文本质、方法模板,再到案例拆解和变现途径,把文案变现做成一个闭环,三天给你讲透。

评论区:因为档期太紧,所以,这也将是我最后一次做公开训练营,更新了70%的干货。想参加的伙伴在评论区回复"我报名",手慢无!

②凸显差异。与同类产品相比,产品最大的差异化特色是什么,需要注意的是差异化特色一定要能解决目标顾客的核心痛点,只有这样才能成功吸引目

标人群进群。在发售我的"爆款文案掘金术"课程时也用到了这个方法。当时市面上文案课程很多，很多内容都是偏理论的，学员最大的痛点是学完还是不会用，而我凸显出"一线实战出来的经验"，很好地解决了顾客的这个痛点，文案是这样写的：

很多朋友骂我"太实诚"，每次讲课都和盘托出，说你下次讲啥？拿书上的理论或者拿别人的案例讲得头头是道的"文案讲师"，也许你听过很多，但与大多数讲师不同的是我是泡在一线的，每天都在见客户、做案例，所以，每次课程我都能更新70%~80%的内容，都是来自一线的全新经验。这些内容你听完可以拿去直接用，用了就能见到效果。

③痛点和梦想。描述没有产品时，顾客的生活有多么痛苦。有了产品后，顾客的生活有多么美好。通过痛点刺激和美好联想，吸引潜在顾客进群。在发售我的"爆款文案掘金术"课程时，也用到了这个方法。当时学员普遍的一个痛点是学完文案不知道如何变现，接单时稿酬也很低，结果是赚不到钱还非常累。而我用自己单篇稿酬数万元与其他学员的痛苦现状进行对比，刺激目标人群寻求转变。同时，让他们产生一种美好期待，只要进群学习课程，就有机会实现接单到手软、稿酬过万元的目标，文案是这样写的：

很多人问我：同样是写文案，为什么你单篇稿酬数万元，而我收500元还被客户讨价还价？其实，文案赚钱要两条腿走路，而92%的人只有"一条腿"。最后一次公开训练营，我用三天给你讲透爆款文案卖货与文案变现的秘籍，新手也能接单到手软。

④凸显改变。通过使用产品或某套方法，你获得了怎样的改变。通过实实在在的改变让目标顾客产生信任，让他相信产品是非常有效的，同时，也让他产生一种代入感和期待感。在发售我的"爆款文案掘金术"课程时，就讲述了我自己的改变，文案是这样写的：

记得刚开始入行时，我被领导说"不适合做文案"。我熬了一个通宵，改了20多遍的稿子，最终他还是没用，非常伤自尊，后来还被人事约谈换岗。现在我靠文案帮商家卖爆货、赚到钱，还帮5200多名学员每个月靠文案多赚2000~10000元。很多人说我是个传奇，其实并不是，是传奇还是有秘密方法？这次我给你讲透。

⑤利益吸引。通过某项确切的利益吸引目标顾客进群，需要注意的是给出

的利益一定是目标顾客最渴望、最急需的，只有这样吸引力才足够强，效果才会更好。利益可以是虚拟的利益，比如绝密方法、收入提升、稿酬翻倍等。也可以是实实在在的利益，比如进群可以抢红包、领礼品、抢苹果手机、免单等。在发售"爆款文案掘金术"课程时，我就用"最新解封的案例"作为虚拟的利益，文案是这样写的：

上个月接受采访时被问道："那么多人写文案，为什么你能做到头部，5个月稿酬翻50倍？"我说了三点。这次用三天给你讲透如何从小白到半年卖货7000多万元，并首次带你复盘最新解封的全网大爆款，教你每个月靠文案多赚2000~10000元。

⑥专属特惠。很多品牌特卖群、团购群会通过超低价吸引目标人群进群，群外人无法享受，只有进群才能享受。但需要注意的是在强调低价时一定要给出一个正当理由，否则，顾客可能会想产品价格比连锁店便宜这么多，会不会是假货，会不会质量有问题。所以，在创作朋友圈文案时一定要讲明便宜的理由，让目标顾客觉得花小钱买到了真正的大牌产品，占到了便宜。比如××之家特卖群的朋友圈文案：

××之家1折特卖，限时两天

××之家因受疫情的影响，导致大量库存积压，现在全部剪标1折清仓特卖，平时卖300~500元的服装，特卖群专享价28~150元不等，100%保证正品，材质、做工完全与专卖店一样。平时买1件衣服的钱现在可以买6~10件，假一赔十，支持7天无理由退货。人满封群，仅限两天，××月××日12:00—××日12:00。

⑦粉丝调研。在朋友圈告诉粉丝耗时多久的新产品要上线了，现在需要大家帮忙做个小调研。通过调研的形式不仅可以筛选出对产品感兴趣的目标顾客，还能让粉丝觉得你对产品的态度非常用心、负责。比如我发售"爆款文案掘金术"课程的时候，做了一个短视频，视频内容是：经过半年时间，我终于把课程推出来了，但为了把课程做得更好，需要大家帮助我做一个小调研，点赞即可参与，参与调研的伙伴可以领取一份文案变现干货包。在获取好友点赞的过程中，我就完成了精准顾客的筛选。当时这条朋友圈文案吸引了350多人参与，之后我把参与点赞的人统一拉进群，并进行产品的发售宣讲。

(2)私发进群邀请。针对以往咨询过却没有购买产品的意向顾客一对一私发进群邀请。私发进群邀请时要注意两个要点：第一，化解顾虑，主动提出顾客可能存在的顾虑并主动化解；第二，凸显优惠，讲明社群内可以享受的独家优惠特权。

(3)请朋友推荐。尤其是要请大咖朋友或群主式朋友帮忙宣传。如果已经是成立了多期的社群，可以发动前几期的社群学员帮忙宣传，以产生裂变的效果。请朋友推荐时需要注意两个要点：第一，通过关系背书赢得粉丝的信任。第二，塑造社群价值，让潜在顾客觉得进群后可以获得更大的好处。2019年1月，我在朋友圈帮助好友涛哥宣传他的卖货研究所发售会，一条朋友圈文案吸引了106个精准顾客进群，文案是这样写的：

很多人请涛哥出来开课、开训练营，他都拒绝了！他的原话是：必须先练好卖货基本功。苦练一年，卖货两个亿，坐稳有赞爆款第一的交椅。现在他和安九联合创办了"卖货研究所"，手把手教你爆款操盘手的卖货秘籍。我有幸被邀请担任嘉宾，全程参与，也亲身见证，实实在在都是真金白银实操出来的干货精华！如果你对卖货感兴趣，评论区打1。

(4)地推。这个方式是很多人忽略的，大家误以为线上社群只能通过线上渠道进行推广，其实线下也是可以的，尤其是线下实体店。在目标人群聚集的地方介绍自己的社群也可以吸引潜在顾客的加入。举个例子，如果经营的是水果店，目标客户主要是周边3公里内的住户，可以在人流量集中的小区门口、广场等进行地推宣传，告知大家进群后每天都有特价水果福利，比市场价便宜1~2元/斤，大多数人会同意进群。

(5)绑定。将自己的社群和某类有价商品或服务绑定，以达到为社群引流的目的。例如水果店卖火龙果，正常价格是10元4个，如果同意入群可以享受10元5个的特惠，90%的顾客都选择了进群，而且顾客已经与你产生了一次交易，还见过面，质量非常高。

(6)自媒体渠道。如果已经搭建了自媒体宣传渠道，可以在这些渠道内进行宣传引流，比如公众号、知乎、粉丝群、老顾客群等。

另外需要注意的是，在建群之前，一定要找老顾客做好产品内测，确保产品质量，搜集顾客好评，打好群众基础，为下一步成交做好准备。

6.2 社群通知的五个要点，提升三倍粉丝参与度

当你成功把潜在顾客拉进群里之后，已经完成了社群发售的第一步。此时，需要做的工作是持续锁定顾客的注意力，否则，他可能被身边的其他事情吸引，甚至忘记这个社群是做什么的。那么，即便他在群里，也"看不到"发售活动的任何信息，这样不管社群发售活动多么成功，也无法对他产生效果。

如何持续锁定群友的注意力，让他一句不落地看完整个社群发售过程呢？关键在于预告通知的文案是否能吊足他的胃口，调动他的欲望。这一节总结了写好社群通知的要点和方法，让群友对发售活动念念不忘，将其深深刻在脑子里。

6.2.1 社群通知的两大核心价值

1. 规范行为

如果进群之后没有统一的行为规范，每个人都是想干什么就干什么，闲聊、求点赞、发广告等，社群肯定会一片混乱，社群发售也将无从开展。统一规范可以维持好的社群秩序，为社群发售做好准备。社群通知一般应明确三个行为，分别是鼓励行为、不提倡行为和禁止行为。

（1）鼓励行为：给分享老师鼓掌、送花、发红包、认真听分享、做笔记等。

（2）不提倡的行为：私自加好友等。

（3）禁止行为：发广告、拉投票、言语不净、无休止争论、分享期间插话等。

2. 激发欲望

很多人写的社群通知只是简单提醒群友社群发售的流程安排，结果群友看完通知没有任何深刻的印象，导致错过社群发售的时间。所以，社群通知除了要预告发售活动的流程安排，更重要的是激发群友的欲望，吊足他的胃口，让他看完就忘不了，甚至主动设定闹钟提醒自己。

6.2.2 五个要点，教你写出更抓人的社群通知

1. 塑造分享的价值

在写社群通知时，要从不同的角度塑造这次分享的价值，让顾客觉得这是一次重磅的发布会，与以往听过的其他分享都不相同，如果错过了可能会造成很大的损失。

如何塑造发售活动的价值呢？①费时费力。为了准备这次分享，花费了多少时间和精力，经过了多少次的迭代和优化。②独家首发。在这次发售会上，独家首发新研发的某个产品、某项理论、某个全新案例的经验复盘等。③内测口碑。告诉群友在正式发售之前做了几轮内测，参与内测的人员一致评价"这是听过最牛的发布会"，通过内测人员的好评和口碑让群友觉得这次活动很有看点。④新鲜玩法。在流程安排上增加群友互动、抽奖等新鲜玩法，塑造社群发售的吸引力。

2019年11月，在发售我的"爆款文案掘金术"专栏课程时，就用到了费时费力和独家首发的方法，文案如下：

费时费力：为了给你最好的学习体验和效果，不管是兔妈自己还是嘉宾们，都特别用心在准备课件，短短几十分钟的分享，他们却花了两周，甚至三周的时间，每一个干货都是他们的实操总结，不含一点水分。

独家首发：在这次分享中，我会首次公开全新的千万级爆款案例：客户全公司都不看好的产品，我是如何靠一篇文案四个月卖到3000多万元？写了一周的复盘文，总计1万多字，内容包含如何讲人话，如何找素材、找切入点等，手把手教你找爆点、写爆文。

2. 明确带来的收获

不管做什么事，人们都会在心中核算成本和收益，当收益大于成本时，行动动机会更强。同样的道理，在写社群通知文案时，一定要把这次活动能给他带来的收获和利益明确写出来。如果错过发售活动，就不能获得这些利益，他会觉得这是一种损失，其参与概率会大大提高。

在描述发售活动能给他带来的利益时，需要注意两个要点：第一，收获的利益一定要具体。利益越具体，顾客越渴望。第二，收获的利益一定要能满足顾客的核心诉求。

在发售我的"爆款文案掘金术"专栏课程时,描述顾客收获的文案是这样写的:

学完三天的课程,我相信你可以收获:

(1) 三大案例,破解文案小白赚不到钱的秘密。

(2) 从零开始打造千万级爆文的两个真相、四个步骤、15个模板,小白照做就能上手。

(3) 快速链接金主,升级加薪的四个成长路径,靠文案每个月多赚2000~10000元。

3. 巧设钩子吊胃口

先抛出顾客感兴趣的话题,却不把答案告诉他或只告诉他一半的答案。为了寻找答案,他不得不关注发售活动的分享内容,就像鱼钩一样,一步一步抓住他的注意力,让他欲罢不能。

如何设置钩子呢?有以下五个技巧:

(1) 独特的故事。我们可以讲述分享者或产品试用者前后改变的故事,比如"六个月从朋友圈小白到卖货女王,让她订单翻三倍的实操秘诀"。

(2) 强烈的对比。比如"客户全公司都不看好的产品,我如何靠一篇文案卖货3000多万元?"

(3) 独特的卖点。比如"开启磁力引流模式,不花一分钱,让客户像被吸铁石吸住一样主动找你合作"。

(4) 独特的证言。很多证言中也隐含着优秀的钩子。比如在发售我的第一本书时,用到内测学员的证言"文案界的新华词典"。当人们看到"文案界的新华词典"这几个字时,就会好奇这到底是什么样的一本书,好奇心会促使他继续关注。

(5) 隐藏的秘密。先提出顾客想了解的某个问题,然后卖个关子把答案隐藏起来。比如我在发售专栏课程时,文案的钩子部分是这样写的:

为什么同样是文案小白,兔妈半年靠文案成功逆袭,单篇文案稿酬5万元起,而我们还拿着几千元的死工资呢?问题出在哪里?相信小伙伴们和我一样想知道答案。我们一起锁定今晚20:00兔妈的重磅专场,给你详细揭秘小白赚不到钱的三大问题和破解秘诀!

4. 给出明确的指令

在写社群通知文案时，一定要给出一个明确指令，以降低顾客的行动阻碍。比如提醒顾客把本群置顶。

另外，在给出明确的指令时，一定要写明不这样做可能会造成的损失。比如在兔妈的第一本书发售时，社群通知的文案是这样写的：

温馨提醒一下，兔妈的咨询费是3000元/小时，错过了相当于损失了几千元。所以，为了不错过大咖分享和精彩答疑的机会，请提前定好闹钟，另外，记得把本群设置置顶哦。

5. 禁止行为要温柔

如何做才能让群友心甘情愿遵守群规呢？答案是温柔对待。不能简单粗暴地讲"禁止什么"，而要提出一个建议，并给出这个建议对群友的价值以及不遵守建议可能给自己带来的影响。当群友意识到群规背后的逻辑和自己的利益相关时，就会更自觉遵守。

当然，社群发售的目的是卖货，所以，原则性的问题还是需要禁止，而且态度要强硬，一旦有人扰乱正常秩序需要马上踢出群，以免对发售活动造成负面影响。

比如下面这个案例：

××社群的朋友晚上好！有人问我，你这群不让发心灵鸡汤+人生感悟式的广告+硬广告+投票+募捐等，大家为什么要待在该群？我相信大家也不希望咱们这个格调超高的社群，最终变成一个广告满天飞的垃圾群，对吧？

想发广告的伙伴，你可以大大方方地把产品的各种优势或我们不知道的认知拿出来跟大家分享，或者是把你在生产经营中的困惑和迷茫，通过群内分享的方式坦诚地告诉大家。这样，我们可以共同参与讨论，说不定会有意想不到的效果和收获哟！

同学们，这样的方式，说不定会起到比纯广告更好的效果，你说呢？

有想做广告或分享认知的朋友，您可以加我为好友，可以预约想要分享的时间和主题！

另外，对于重要的社群通知，还需要引导群友进行阅读，常用的技巧有两个：①利用"@全体成员"功能，强行通知大家观看。②群里轮播通知，安排运营人员早、中、晚多次群发，确保更多人可以看到。

6.3 六个预热小妙招，引爆社群让粉丝嗨起来

一场成功的社群发售有个前提，社群必须是"活"的，即群友非常活跃、参与度很高，只有这样发售才能达到最佳效果。所以，为了提升群友的活跃度以及对活动信息的注意力，在产品发售之前必须进行预热。

预热不是随便发一下通知就行了，而是需要系统地设计。这一节总结了不同阶段的预热方法，轻松让粉丝嗨起来。

6.3.1 预热第一阶段：让用户融入社群

当用户进入一个新社群后，就像我们初到一个地方一样，还处于陌生状态，此时需要通过一系列手段让用户融入社群，对社群产生好感。以下是两个让用户快速融入社群的方法：

1. 红包互动

微信红包是社群活跃气氛的"秘密武器"。当然，在进行社群卖货时，如何发红包也是有技巧的。发好了能起到作用，发不好只能有去无回。发红包时，需要注意三个技巧：

（1）红包数量不能大于红包金额，否则，抢到的红包太小，难以调动群友的热情。

（2）提前在群里做红包预告，用红包锁定群友的注意力。

（3）巧用口令红包宣传产品。把要宣传的产品信息用口令体现出来，引导群友在群内回复指定口令，口令累积到一定数量就在群内发红包，刺激群友在群内不断发口令。如此便可借群友之手让我们想传达的信息持续霸屏。

如何写口令红包的文案，才能起到最大的效果呢？可以从三个角度进行创作：第一，阐明产品的核心宣传语，让顾客对产品有更深刻的印象；第二，说明活动时间、活动利益和参与方式；第三，引导群友的行为，比如"我想预定××产品""非常期待产品的首发名额，必须抢"等。

在某作文课程做社群发售时，其红包预热的文案是这样写的：

尊敬的家长们，上午好！今天是××作文课体验营打卡第 1 天，我们希望通过 5 天的学习，让孩子掌握写作文的正确方法和构思逻辑，每次不用咬笔头就能写出像自来水一样行文流畅的好作文。今天晚上 20:00 由我们的 A 级作文辅导老师××进行第一节课的专题分享：3 大写作误区，破解写好作文的秘诀。另外，晚上我会给大家发出 3 轮大红包，第一轮红包 19:50 发出，请大家准时召唤红包哦，召唤口令是：能说会写爱阅读，就在×××作文学校。召唤的人越多，红包越大。

2. 仪式感召

所谓仪式感召是通过某种方式，让群友觉得非常正式，进而引起他们对活动的关注和重视。最简单的方法是每隔两个小时进行一次活动预告，告诉群友晚上 20:00 会发布重要信息，请所有人注意关注，并在活动开始前 5 分钟让大家停止刷屏，保持禁言状态。当你反复预告，群友就会对这件事情有所期待。

如果是发售知识付费产品，还可以举行一个开营仪式，让群友正式了解公司品牌、课程产品，同时，正式认识老师，并对群内其他学员进行初步了解。一个节奏鲜明、设计良好的开营仪式，就像开业庆祝仪式一样让用户内心澎湃、欣喜期盼。

6.3.2　预热第二阶段：让用户熟悉产品

当用户融入社群之后，此时需要通过预热活动让他提前熟悉产品，常用的方法有两种：

1. 科普问答

根据产品的特点，提前设计几道和产品知识相关的问题，群主依次抛出设计好的问题让群友抢答，第一个答对的人可以获得某项奖励。用科普问答的形式，一方面可以调动群友的积极性，另一方面可以让群友对产品更了解。

在设计互动问题时，需要注意三个要点：第一，问题要包含产品的核心卖点；第二，问题不能太冷门；第三，参与门槛尽量要低。

2. 红包抢答

红包抢答是科普问答的升级版，在群主提出问题后，群友发任意金额的红包，并把问题答案写在红包的备注上，回答正确的前三名群友可以获得某项奖励。这种方式能使整个社群的气氛很活跃。

6.3.3 预热第三阶段：赢得初步的信任

完成了"吸引用户融入社群，让用户对产品熟悉"两个预热任务，此时社群预热的重点是通过恰当的方法赢得用户的初步信任，为发售产品做好准备。常用的方法有两种：

1. 嘉宾分享

所谓嘉宾分享，即邀请使用过产品且取得不错效果的老顾客进行分享，通过老顾客分享让群友对产品的使用体验和使用效果有所了解，并产生好感和信任。一般安排2~3位老顾客分享，每次分享5~10分钟。

在老顾客分享时，千万不能直接生硬地说产品多么好，老师多么厉害，这样群友会觉得不真实。所以，在使用这个方法预热时，需要注意两个要点：第一，描述老顾客使用产品之前的糟糕状态，刚接触产品时的怀疑和犹豫以及使用产品的体验和使用之后的变化，讲述越具体，让人觉得越真实；第二，多给群友提供价值，可以分享一些辅助达成目标的干货知识。

2. 问题答疑

提前搜集目标人群关于某类产品的普遍问题和困惑，并在产品正式发售之前进行解答，塑造你的专家形象，从而让群友对你产生好感和信任。

举个例子，如果在社群卖苹果，可以通过问题答疑的形式告诉顾客如何辨别打蜡苹果，什么样的苹果比较甜，如何挑选冰糖心苹果等。如果在社群卖护肤品，可以通过问题答疑的形式告诉顾客如何辨别自己的肤质，不同肤质的护肤妙招等。

通过以上三个阶段和六种方法的预热，可以让社群热起来，让群友嗨起来，只要社群氛围好了，发售产品的效果也会很好。

另外，对于持续时间较长的阶段型社群，比如企业的团购社群，在开展不同产品的团购之前，也需要进行预热，但与快闪群的预热方法不同的是社群群友已经通过前面开展的团购活动对产品品牌和活动流程很熟悉了。所以，这类预热比较简单，只需预告开团产品和开团时间即可，最好能设计一个固定的预告文案格式，让群友觉得非常有仪式感，进而对团购活动更加关注。

6.4 两套社群卖货剧本，人性化运营更易卖货

不管运营什么样的社群，底层逻辑都是一样的。最重要的是考虑用户的决策成本，主要有三个核心成本，它们也是设计社群剧本的核心要素，分别是：

（1）时间成本，用户愿意花多少时间在社群里。
（2）心理成本，用户如何看待产品的价值感。
（3）经济成本，用户愿意为这款产品付多少钱。

用户群体不同，三类要素的权重也会不一样。对于一群老板来说，他们首先考虑的是时间成本；对于宝妈或大学生而言，经济成本是他们优先考虑的；而对于一些想通过课程快速获取某项技能，实现个人能力提升的用户而言，心理成本最重要。

核心要素不同，社群剧本设计的方向也不一样。我们要做的是在综合考虑用户的时间成本、心理成本、经济成本的基础上，策划具体的运营动作，让用户切身感受到产品的价值，并为其打消一系列顾虑。

在本质上，社群卖货强调的是一种体验式转化，通过一对多的、有效的信息沟通，再通过3~5天的社群运营，以此来实现用户问题自诊、需求唤起、信任积累、付款下单等一系列动作。

这一节根据不同产品的属性，总结了两套社群卖货剧本，分别是实体产品和知识付费产品的社群卖货剧本，下面我来分别进行解读。

6.4.1 实体产品的社群卖货剧本

对于实体产品来说，顾客关注的是看得见的利益，主要体现在三个方面：第一，与市面上其他同类产品相比，产品的优势和特色是什么。第二，购买产品后，能获得哪些实实在在的利益。第三，产品品质如何保证。

另外，实体产品的用户人群范围比较广泛，只要你讲得有理有据，吸引了他，他就会毫不犹豫地下单。

所以，实体产品开展社群卖货的流程非常简单，一般只有一天时间，当天建群当天解散，而且进群基本没有门槛，只要对产品感兴趣就可以进群。

实体产品在开展社群发售时，主要有以下五个核心步骤：

1. 第一步：塑造产品价值

通过塑造产品价值、阐述研发心血让顾客觉得这款产品和其他产品不一样，给顾客传达出这样的信息：这是一款重磅产品。然而，在这一步大多数人会存在两个误区：

（1）王婆卖瓜式。强调产品如何好，功能如何强大，原料多么新鲜，但顾客会觉得这只是你的一面之词，所以，很难产生信任。

（2）促销优惠式。强调产品多么优惠，原价是多少，现在只卖多少钱，机会非常难得，但顾客会想买了产品对我有什么用呢，甚至还会担心产品质量是不是有问题。

塑造产品价值的正确方法是讲述客观事实，并配上图片或视频，让顾客自己得出结论：这款产品非常好，值得购买。以下是五个塑造产品价值的角度：

①选材艰辛。突出选择原材料的艰辛过程，比如花了多长时间、经过多少行程、走遍多少地区、做了多少尝试，最终才找到最好的原料等。比如在社群发售一款红糖时是这样说的：当时我的想法是要么不做，要做就做到最好。为了找到最好的原料，光是选择甘蔗的产地，就花了整整10个月的时间。那段日子里，我每天都要品尝不同种类的甘蔗。嚼多了不仅两腮疼，口腔也被刺伤，饭都没法好好吃。

②合作阻碍。阐述挑选合作厂家时的高标准，还需要突出选择合作商时遇到的种种阻碍。比如卖一款面膜时是这样说的：作为一个国产初创品牌，没有什么名气和背景，想要与一线厂家合作，是难之又难。我们拜访了10多家一线工厂都被拒绝了，但为了给大家效果最好的面膜，我和搭档在××厂门口蹲守了一个月，被保安劝走三次，也没能见到厂家负责人。就在我们要绝望的时候，通过朋友牵线，几经辗转认识了厂家负责人。厂家负责人听了我们的请求后，又是一口拒绝了！

③研发心血。讲述研发产品付出的心血，让顾客觉得付出这么大努力研发出来的产品肯定很好，值得信赖。

④工艺复杂。讲述生产产品的复杂工艺，让顾客觉得做一款产品竟如此复杂、讲究，品质肯定不会差。比如在社群发售一款花果茶时是这样说的：茶农们都是在每天凌晨2点到6点，茶叶养分最高时，头顶探照灯、挎上茶桶、手

工挑出沾带晨露、呈一心二叶的茶。期间还要经过三度严苛分拣，丑的不要，小的不要，虫蛀的不要，然后，清洗、切分。其中，最核心的一步是从花果中萃取花青素、抗氧化剂、精油等营养成分，再以蒸汽低温烘干24小时，并把萃取的营养回喷到烘干的花果茶上。这样既保持了高浓度的花青素、抗氧化剂等，又保留了花果原本的香郁。这也是为什么它不添加人工香精、色素，却能保持浓郁花果香的秘密。

⑤投入巨大。为了研发产品花费的巨大投入，比如卖房、贷款、借钱等，突出为了研发最好的产品，创始人付出的高昂代价，让顾客觉得这样的人研发的产品肯定不会差。

比如在社群发售一款红糖时是这样说的：想要天然又纯净的红糖，传统的设备和技术根本不行，但新技术、新设备需要投入大量资本。纠结再三，我和爱人做了一个很多人都不理解的决定——把唯一的一套房子卖了，收购这项技术。很多人说我们傻，但我们坚信，只要能做出最好的产品，一切的付出都是值得的。

2. 第二步：痛点和梦想

先指出目标顾客普遍的痛点，即没有这个产品，生活多么痛苦，再展示顾客渴望的美好场景，即有了这个产品之后，生活多么美好。比如在社群卖代餐产品，可以先指出顾客的痛点：平时吃的包子、油条很容易消化，不到中午肚子就咕噜噜非常饿，而且这些食物的热量很高，吃了很容易发胖，时间一长小肚子上的肉一抓一大把，好看的衣服都穿不了。再指出使用产品后的理想场景：早餐吃完代餐肚子到下午都不会饿，减少热量摄入，轻松拥有好身材。以前穿衣服都是最大码，现在S码也能穿，瘦下来后，五官都显得更精致了。

3. 第三步：与竞品对比，凸显差异化优势

通过前面的两个步骤，成功激发了顾客欲望，此时顾客可能很想买，但人们在购物时总习惯货比三家，这时候他可能会想"我去淘宝上看一下，说不定更便宜呢"，如果不阻止顾客这样的想法，前面做了那么多的铺垫就白费了。所以，在这一步需要主动给顾客对比竞品，指出竞品不好的地方以及可能给顾客带来的不好影响，并描述出产品的优势以及给顾客带来的价值利益。当你替顾客"货比三家"后，他会觉得自己没有必要再去比了，更容易做出购买决策。

比如在社群发售一款大米时是这样说的：今天给大家推荐的大米，也许与

平时在超市买的大米不太一样，它不会很"漂亮"。光泽度很好的大米，一般都会经过"抛光"处理，行家也辨别不出来米的好坏。这还算好的了，甚至有些不法商家用陈米抛光糊弄消费者。我们不会去除米粒表层的糠粉（米糠非常有营养价值），所以我们没有最漂亮的大米，只有五常农人放心给自家人吃的健康大米，而且保证是现吃现磨的"活米"。米饭出锅时，清淡略甜，绵软芳香，饭粒表面油光艳丽，剩饭不回生，弹牙不黏口，空口吃就很好吃。

4. 第四步：顾客证言，赢得信任

通过前面几步的铺垫，顾客感受到了产品的好，但此时他可能还会有点怀疑"产品真的像你说的一样好吗"。所以，光自己说好还不行，还需要给出第三方的评价，赢得顾客信任。需要注意的是，顾客证言一定要有证据，可以是聊天截图，也可以是铁杆顾客提前录制的 2~3 分钟的小视频。

5. 第五步：引导下单，收款成交

假如你的社群发售非常成功，有 80% 的人感兴趣，如果结尾轻描淡写地说"感兴趣的朋友快下单吧"，可能销量只有几单。但如果你设计一个让顾客觉得买到就是赚到的成交方案，可能会增加两到三倍的销量。

有三种引导下单的技巧，分别是：①价格锚定：比如市面上同标准的产品都是 99 元，我们只要 69 元，而且群内成员只要 39 元。②限时、限量、限身份：一定要给出限时、限量的理由，比如为了让大家熟悉这个品牌，我们是成本价出售的，所以只限 300 套，而且只限群内成员，群外的人是不能享受这个价格的。③超值赠品：赠品是促进购买的一个关键因素。在选择赠品时，需要注意两个标准：第一，赠品要能帮助顾客更好地达成目标。比如卖洗面奶，送资料包肯定没吸引力，而面膜、起泡网会更合适。第二，要塑造赠品价值。拍精美的照片，标出赠品价格和给顾客带来的好处。

6.4.2 知识付费产品的社群卖货剧本

相比于实体产品，知识付费产品是虚拟的，顾客看不到、摸不着，所以，他们关注的更多是一种心理感受，主要体现在三个方面：第一，讲课的老师有什么过人之处，哪里值得学习。第二，跟着老师学习能解决什么问题，帮我带来什么改变。第三，课程到底包含什么内容，是什么样的学习方式，按照这种学习方法学完课程能否达到理想的效果。

知识付费产品的用户人群相对更精准、垂直，比如都是对某个技能感兴趣的人。所以，常用的营销方法是通过讲述老师自己改变的故事，让目标顾客产生情感共鸣，让顾客觉得学好这个技能可以像老师一样实现人生逆袭。

知识付费类产品开展社群卖货的流程相对更复杂，一般进群都会设置门槛，比如付费5.9元、8.9元、9.9元等，相当于体验营的性质，时间一般是三天时间。常见的剧本流程如下：

1. 第一天：成功案例分享

挑选出2~4名优秀学员，让他们分享跟老师学习后的成功经验，分享内容包含三个关键要素：第一，跟老师学习之前的糟糕状态；第二，跟老师学习之后的美好结果；第三，成功改变的行动复盘和经验总结。

通过优秀学员的案例分享，可以达到三个目的：第一，让陌生人熟悉老师，并对老师产生好感；第二，优秀学员分享自己之前的经历，能够让潜在顾客对号入座、产生共鸣；第三，让潜在顾客相信老师的专业和实力。

2. 第二天：分享老师的逆袭故事和成功经验

讲述老师逆袭故事是卖知识付费产品惯用的方法，也非常有效，主要包含三个关键要素：

（1）阐述老师现在优秀的成绩和权威的头衔。通过描述成绩让潜在用户觉得老师很优秀，吸引他继续了解。需要注意的是在阐述成绩时，最好穿插一些实现成绩的过程和方法，这样用户听完后会觉得更真实可信，同时，干货也能让他有所收获，进而激发想进一步向老师学习的欲望。

（2）讲述老师糟糕的起点。前面的成绩会让顾客觉得老师高高在上，甚至产生距离感，所以，讲完成绩后需要讲述老师的糟糕起点，而这个糟糕的状况也是大多数目标用户现在所处的痛苦状态，让用户产生情感共鸣，拉近与老师的距离。

（3）讲述老师的努力过程和成长方法。比如经历了多少坎坷，看了多少专业书籍，熬了多少夜晚，走了多少弯路，花了多少学费等，努力过程越辛苦，老师的经验和课程就会越值钱。顾客会觉得"如果买了课程，我就不需要再遭受这些痛苦经历，可以直接拿到有效的方法"所以，更容易做出购买决策。同时，在这个环节，需要铺垫一些干货小知识，让顾客觉得非常有收获，并且在第二天分享结束后需要设置钩子，比如"明天继续揭秘更完整的干货方法"，从而吸引顾客明天继续收听。只有这样，我们才有机会向顾客销售课程。

3. 第三天：正式发售产品

在发售产品时，一般遵循六个核心步骤：

（1）**信任状巧过渡，坚定顾客的信心**。承接前面干货的讲解，告诉顾客"老师用这套方法取得了什么样的成绩"，并帮助多少名学员取得了什么样的成绩，用老师的改变和学员的改变这两个信任状让潜在顾客相信这套方法是有效的、可复制的，从而坚定向老师学习的信心。

（2）**指出误区和痛点，激发购买欲望**。当你准确指出顾客的误区和苦恼，他才会相信你能帮他解决这个问题。

（3）**产品再升级，提供完美解决方案**。告诉顾客为了帮助他更好地解决问题和痛点，你在原有方法的基础上做了哪些细节上的完善和升级迭代，并讲述产品升级的过程，让顾客觉得产品更系统、更有效，从而对课程产生更强烈的购买欲望。

（4）**竞品对比，凸显产品差异化优势**。在这一步需要通过竞品对比，指出产品和市面上其他同类竞品的区别，凸显产品给他带来的独特价值利益，强化顾客购买产品的欲望。

（5）**顾客证言和权威背书，赢得信任**。激发起潜在顾客的购买欲望后，在这一步还需要用顾客证言和权威背书赢得顾客的信任，只有这样他才会相信产品是真的好。在选择顾客证言时，需要注意两个要点：第一，选择的顾客证言要能凸显产品的核心卖点。第二，选择的顾客证言要配上好评截图或视频，让顾客觉得真实可信。

（6）**描绘理想的场景，刺激马上下单**。例如，你可以说："学完这套课程后，你也能体会文案一发出去，订单就暴涨的感觉。"

6.5 三大成交奇策，助推社群二次收款高潮

当发布购买链接后，对产品感兴趣的精准顾客会马上下单，我们也会迎来第一波订单高潮，但还有很多人会非常犹豫，他可能会想"先考虑一下吧"，

之后可能就把这件事忘在脑后了。所以，正确的方法是趁热打铁进行成交造势，给予观望和犹豫的群友积极的引导和暗示，让他马上付款。

这一节总结了三个成交造势的方法，分别是接龙抢报法、晒单送礼法、外化晒单法，下面分别进行解读。

6.5.1 接龙抢报法

所谓接龙抢报法是在群友付款后，由购买者或群主按照序号、名字和购买产品数量等格式填写后发到群里，其目的是通过高频率的曝光让观望用户主动付费购买。

接龙抢报法利用的是人们的从众心理，就像实体店排队一样，当群友看到前面已经有这么多人购买时，他也会忍不住加入其中。同时，由于特价名额有限，当越多人购买，未购买的人越会有紧迫感，促使其尽快下单。

在接龙抢报时需要注意一个小技巧——埋点，所谓埋点是在接龙抢报时，植入产品的购买链接。当购买者复制接龙内容并发到群里时，等于增加了一次购买链接的曝光，方便用户下单。事实证明，它能帮你提升一倍的下单率。

6.5.2 晒单送礼法

晒单送礼法本质上也是利用人们的从众心理，是一种非常有效的促单方式。

怎样才能让购买者主动在社群晒单呢？有两个关键要点：第一，福利刺激，即购买者晒单后可以获得某种额外的福利，为了获得福利他会主动晒单。

第二，限时限量。福利名额一定要限时限量，利用稀缺效应促使购买者晒单。

6.5.3 外化晒单法

所谓外化晒单法是将社群内火热抢购的盛况截图发到朋友圈、公众号、老顾客微信群等其他渠道进行外化宣传。

在外化渠道宣传时，文案需要包含六个核心要素：

第一，活动概述。让未参与发售的其他顾客了解这是一场什么活动，发售的是什么产品，产品有什么特色，这次活动有什么优惠等。

第二，凸显畅销。可以用单位时间卖出的产品数量、产品销售额来凸显产品的畅销，利用人们的从众心理，激发其他顾客的购买欲望。

第三，顾客好评。通过购买者和老顾客的好评证明产品很好，让潜在顾客觉得产品不错，现在不买可能就买不到了。

第四，截图证据。产品很畅销，顾客评价很好，但空口无凭，需要摆出证据才能赢得其他顾客的信任。

第五，限时、限量。通过限时、限量制造紧迫感，刺激潜在顾客马上下单。

第六，引导下单。给出明确的下单指令和便捷的下单通道。

2019年6月在社群发售我的电子书时，我就在朋友圈同步直播社群内火爆订购的情况，通过朋友圈吸引了大量新的订单。朋友圈文案是这样写的：

来自"兔妈电子书首发现场"的火爆消息（活动概述）

被客户和学员称为文案界的新华词典的电子书（顾客好评），4小时销售730多本，很多客户直接订购10本作为团队的文案培训教材。从晚上20:00到现在，订单一直"叮咚叮咚"响个不停。小助手开通了两个购买通道，还是一度拥挤到瘫痪（凸显畅销）。

很多学员说终于抢到了，可以睡个好觉了（顾客好评）。限时29.9元/本，明天中午12:00恢复原价39.9元/本，倒计时最后8小时（限时限量），戳下图二维码可以直接进入VIP购买通道（引导下单）。

社群卖货的核心是利用人们的从众心理实现批量式成交。所以，在抛出产品的购买链接后，还需要通过造势把成交氛围推向高潮。熟练运用以上三个方法，可以帮你引爆社群成交环境，让订单就像多米诺骨牌一样形成连锁效应。

6.6 掌握社群路演的黄金六步法，轻松引爆招商

相比于耗时耗力的线下招商，社群招商是一种很轻的模式，企业不需要租场地，参与者也不受时间和空间的限制，非常适合个人、初创企业以及因突发因素无法开展线下活动的情况。

不管是开实体店、做微商，还是进行社交电商、知识付费产品的推广，只要招募分销商、代理商、加盟商或推广员，都可以用社群路演的方式实现批量式成交。

那么，如何开展一场成功的社群招商会呢？这一节总结了社群招商的核心要点和流程，包含两大板块，分别是如何写文案才能吸引目标人群进群和社群招商的流程步骤，下面分别进行解读。

6.6.1 创作招商文案的八种方法

吸引目标人群进群的方法有很多，具体可以参考我们前面讲到的建群方法。这一节着重给大家介绍写招商文案的方法和技巧。

不管写什么文案，最重要的是从目标人群的需求出发。区别于零售类顾客，代理类客户关注的不仅有产品好不好，还有项目能否赚到钱，是否好运营，是否有红利等因素。根据目标人群的心理动机，本节总结了八种创作招商文案的方法，教你轻松吸引潜在代理进群。

1. 收益吸引型

不管代理什么项目，目标人群的目的是赚钱，所以，需要给出一个强有力的高收益承诺，让对方觉得项目非常有"钱景"。

2. 趋势利导型

展示行业趋势、未来发展趋势以及产品的市场状况，包括产品近几年的增长率、市场容量、行业的发展速度等，让目标群体觉得这个行业前景光明，市场巨大，值得投资。比如某K12在线教育项目招募推广合伙人的文案是：每个家庭60%的开支用于孩子教育，K12在线教育6000亿元市场容量。

3. 痛点刺激型

指出目标人群的普遍痛点或想要解决的某个问题，让他产生共鸣，为了解决痛点，他就会进群参加招商会。比如某线上健康创富会的招商海报主题是：房租高、人流少、转化难，实体店发展遭遇瓶颈，我们该如何破局？

4. 行业干货型

如果已经提前对项目进行铺垫，并且成功激发了目标人群的兴趣，那么可以通过分享行业干货的形式吸引潜在代理进群，进而实现成交转化。

举个例子，我有一个做在线教育的客户，他计划招募一批推广合伙人，在正式招募之前，他在朋友圈进行了持续两周的宣传，反复宣传项目的模式好、成绩好、口碑好、很畅销，并且宣传很多代理通过该项目成功赚到了钱，却不说如何才能代理该项目。铺垫了两周后，他在朋友圈发出了一张海报，主题是：×××项目操盘全解析，给你解读年销过亿元的创业方法和思维模式。吸引目标人群进群后，他在社群里完成了项目的招商宣讲，效果很好。

5. 制造梦想型

描绘出目标人群的梦想，就像在他心里种下了一颗种子，促使他自动自发地向往我们的项目，激发出他参加招商会的兴趣和欲望。

6. 省心省事型

很多人创业时会担心自己没有时间，不想囤货或嫌太麻烦，所以，当你告诉他业务非常简单省事，他就会非常心动。

7. 直奔主题型

如果用一句话能讲明项目的主题和收益，就可以采用直奔主题的方式创作文案，吸引目标人群进群。比如某团购项目招募代理的海报主题是：手把手培养 1000 个月入过万群主，零成本投入、傻瓜式操作。

8. 借势权威型

在判断一个项目好不好、值不值得投入时，很多人会受权威专家或机构的影响。所以，如果项目有明星、名人、专家、KOL、权威机构投资或加盟时，可以把这个亮点凸显出来，吸引目标人群的关注。比如某社交电商的招募代理文案是：零成本副业创富会，教你轻松月入 5 万元，阿里巴巴投资入股，普通人最后的赚钱红利。

6.6.2 黄金六步法，轻松打开客户的钱包

成功建群之后，首先要进行预热，让社群氛围活跃起来，吸引目标人群的注意力，为招商路演做好准备。预热的方法可以参考本章第三节的内容。预热之后正式进入招商路演环节，主要有六个黄金步骤：

1. 第一步：个人创业故事抓人心

市面上的好项目、好产品非常多，所以，如果开场直接讲项目，很难吸引顾客的注意力和兴趣。那么，大脑对什么样的信息更敏感、更容易记住呢？答

案是故事。好的故事更容易让潜在客户与你产生共鸣。

举个例子,"三个爸爸"空气净化器的创始人戴赛鹰,他在没有品牌知名度,甚至是没有生产出样机的情况下,就获得了高榕资本千万美元的投资,并创造了京东众筹史上的奇迹,单日众筹破千万元。他是怎么讲品牌故事的呢?因为担心自己的小孩受不了北京的雾霾,仔细对比了20多个品牌后,他发现市场上没有符合儿童呼吸系统特点的空气净化器。于是,为了能让自己的孩子吸上一口干净的空气,他和另外两个人一起做了"三个爸爸"品牌。

同样的道理,你可以讲自己的创业故事,为什么要做这个项目,创业的初衷是什么,经历了哪些阻碍以及通过这个项目实现了什么样的人生逆袭。在讲述自己的创业故事时,需要包含两个要素:第一,反差。有反差才有冲突,故事才更容易打动人心。比如博士后放弃百万年薪创业卖面膜等。第二,阻碍。讲述创业过程中遇到的坎坷或阻碍,比如家人反对、缺乏经验、没有资金等,通过讲述痛点引发目标人群的共鸣,让潜在代理觉得你是一个靠谱的人。

2. 第二步:市场痛点和行业现状

分析产品的目标用户有哪些需求场景,行业有哪些痛点,有哪些需求还没有被满足或者竞争对手没有完全满足,这个需求市场有多大,行业的趋势是什么等。

在这一步,可以从四个角度进行论述分析:第一,市场。通过搜集新闻数据和市场行业报告,凸显市场大。第二,需求。呈现问题不解决的严重后果,突出用户的需求非常强。第三,竞争。分析市面上现有的解决方案有哪些,分别是怎样的特点,凸显产品竞争少。第四,机会。借势当下的市场趋势、政策趋势和季节热点,凸显该品类的利好机会。

3. 第三步:项目概述和亮点证明

通过市场分析初步激发了潜在客户的欲望,此时要展示具体产品,让潜在客户眼前一亮。所以,在这一步需要用最短的时间将项目讲清楚,并介绍产品的核心卖点和优势,让潜在客户一目了然。

4. 第四步:品牌背书和现有成绩

在这一步,通过展示品牌背书提高产品的可信赖度,增强品牌的含金量。常用的品牌背书有:名人代言、权威奖项、权威媒体报道、权威合作厂家、权威人士加盟、权威机构投资等。

现有成绩是通过展示产品的阶段性销售业绩、单位时间的畅销数据、顾客口碑评价以及成功帮助多少代理商实现盈利等信息，让潜在代理觉得产品非常受市场的认可，有前景，值得代理。

5. 第五步：代理机制与收益前景

当潜在客户对项目产生了兴趣和信任，此时他还会担心投入门槛高不高以及收益前景怎么样，所以，这一步需要主动帮他分析代理机制和预期收益。

在讲述代理机制时，需要注意两个技巧：第一，代理机制要结合收益前景进行讲解。第二，巧用案例证明预期收益的真实性、可靠性。

6. 第六步：扶持政策与名额卡位

最后一步讲述扶持政策，化解潜在客户存在的各种犹豫和顾虑。在讲述扶持政策时，可以从培训制度、管理制度、退换货制度、手把手帮扶政策、宣传推广方案等不同的角度进行讲解，让客户觉得非常省心、专业。另外，还可以讲述成功的代理商案例让潜在客户相信通过一系列扶持政策，没有经验的人也能轻松入门，从而彻底消除顾虑。

名额卡位就是通过限时限量的方法，让潜在客户产生紧迫感，从而马上做出代理该产品的决策。在采用该方法时，一定要给出一个恰当的理由，比如庆祝品牌上线一个月完成多少业绩，初级代理名额限时 8 折，活动截止到明天晚上 12:00。理由越充分，客户的紧迫感越强烈，也越容易采取行动。

6.7 五步引爆社群众筹，提前完成产品预售

社群众筹基于社群的形式完成对项目或产品的宣讲工作，从而吸纳对项目感兴趣的人参与进来，把大家结成利益共同体，使得大家有人出人，有钱出钱，有资源出资源，共同启动一个项目，并共享回报，这就为大众创业提供了一个梯子。

社群众筹有很多类别，这一节我们主要讲以卖货为目的的回报式众筹，即参与众筹者预先支付产品的费用，并在产品上线后获得产品或相关服务，相当于通过社群提前完成了产品的预售工作。

6.7.1 社群众筹成功的三个关键要素

1. 产品好

产品是成功开展社群众筹的前提,没有好的产品,营销再好也很难持续。好产品体现在两个方面:

(1)产品品质过硬。产品在营销中的核心地位越来越明显,没有好的产品,众筹一定不会成功。

(2)拥有爆品基因。好产品要尽量满足爆品的条件,主要包含市场大、需求强、能解决顾客的痛点、消费频率高、性价比高等。不能帮助用户解决痛点、不能满足用户需求的产品,是无效的产品。

2. 人群精

确定了众筹的产品之后,需要想清楚产品最终由谁来买单,并主动吸引对产品感兴趣的目标人群。

一定要细分目标用户,一个好的创业者要擅于为目标用户画像,他们的性别、年龄、职业、居住城市、收入情况、购物习惯、上网习惯等,对目标用户了解得越多,越容易画像,定位就越精准,越容易找到他们。

然后,在目标人群可能出现的渠道,比如朋友圈、微信群、读书会社群、成长社群等进行宣传造势,吸引的目标人群越精准,后续转化效果越好。

3. 流程顺

有了好产品,找到了精准的客户,按照什么样的流程和方式呈现才能激发对方的兴趣,并让他认可和接受你的产品呢?这就需要一套有条不紊、环环相扣的流程,一步步吸引对方的注意力,并最终获取他的信任和参与。流程是社群众筹成功的核心环节,是需要设计的,在下一小节详细解释。

6.7.2 简单五步,轻松引爆社群众筹

1. 第一步:讲述众筹故事

故事是最容易拉近人与人之间的距离,并让潜在客户产生共鸣的营销手段。众筹故事主要讲为什么要众筹,众筹的目的和初衷是什么。常见的众筹故事有以下三种形式:

（1）英雄式。为了帮助某类人群解决某个棘手的问题，主人公舍弃优渥的现有条件，甚至付出高昂的代价，就像英雄一样主动迎接挑战，从而获得潜在客户的好感和共鸣。

（2）痛点式。指出某类人群的普遍痛点，引发目标人群的共鸣。

（3）情怀式。通过讲述主人公对某类产品的兴趣、爱好和对细节的追求，凸显产品的匠心品质，也赋予产品更多的情怀，从而引发客户的共鸣，并最终转化为消费行为。比如某茶叶的众筹故事文案：

大家好，我叫××，成长于江苏，当兵在河南，可能是受了父母家族饮茶习惯的影响，从小便接触了很多品类的茶叶。当兵后，我在云南勐海籍战友的影响下接触到了普洱茶，我说不出普洱茶有多好，可能比较适合我，茶味内敛并澎湃，当时还在部队的我一下子就迷上了它。

退伍后，我纠结了很久，是上班还是创业，最终我还是辞去了家里早就安排好的铁饭碗，只身一人来到云南勐海，并深深地爱上了西南边陲这块土地，一待就是八九年。我认为热爱一份工作不只是嘴上说的情怀，而是真的为这份工作付出艰辛的努力。我为了提升自身的业务水平，把茶叶品质做好，深入地了解了普洱茶的各种知识。

为了让大家喝到一杯地道普洱茶，我常年深入茶区跟茶农和一流的制茶师傅学习制茶过程的每个环节。为了让普洱茶毛料在成品加工时不出品质问题，我几乎每天都去一次茶厂，深入加工车间，避免影响茶叶品质的问题出现。只要是影响茶叶品质的问题，我都虚心学习，向前辈请教，并且不断反思。这么多年下来，情怀早已经深埋在了心中，虽然为这份事业流过眼泪、受过伤，但还是值得的。这些年来，我积累了很多经验，我有信心为热爱普洱茶的广大茶友选出一款好茶。

2. 第二步：痛点叠加刺激

当获取了客户的注意力和好感之后，在这一步需要指出行业的痛点和市场现状，进一步激发客户对产品的欲望。

痛点包含两个维度：第一，症状痛点，即顾客痛苦的表现。第二，选品痛点，即市面上现有解决方案的不足和糟糕体验。

各行各业竞争如此激烈，没有竞争对手基本是不可能的。所以，必须进行竞品分析，并清晰地描述出选品痛点，以及与竞争对手相比，产品的优势是什么。通过痛点叠加刺激，激发目标人群寻找完美解决方案的欲望，这样你的产品才有机会。

3. 第三步：证明产品特色

承接上一步的内容，正式亮出本次众筹的产品，并罗列出产品的核心优势、特色以及给顾客带来的价值利益。

在讲述产品的优势和特色时，可以采用 FABE 产品价值说明法。关于该方法的运用技巧，可以参考第 4 章 4.1 的内容。

比如某白酒品牌在开展社群众筹时，为了凸显酒的品质好，不含塑化剂，是这样介绍的：很多厂家为了节约成本，把运输酒的管道改成塑料的，结果导致酒塑化剂超标。而我们的全新不锈钢管道总投资近 300 多万元，确保酒纯正的品质和口感。同时，用图片展示不锈钢管道的特写镜头和塑化剂的检测指标。

另外，在这一步还可以邀请老客户进行分享，需要注意的是分享内容一定要客观、真实。

4. 第四步：项目进展情况

区别于产品的正常销售，众筹相当于预售，还没有现成的产品，甚至很多时候连样品都没有。所以，一定要讲清楚目前的进展情况，是处于构思阶段，还是已经运作，已经盈利。

在介绍进展情况时，需要注意两个要点：

（1）实事求是，不弄虚作假。社群卖货的圈子很小，你做的事情，无论是好事还是坏事，都很容易被别人知道，所以一定要实事求是，积累自己的信誉，否则以后的路会越走越窄。

（2）用数据说话。产品研发时间、目前用户数量、收入情况以及顾客好评比例，最好用图表形式把这些数据表示出来，翔实的数据加上明确的图示，让客户一目了然。

5. 第五步：承诺与回报

经过前面几步的铺垫，意向客户可能还会存在各种问题，比如如果众筹不成功怎么办等，这时候需要主动解答客户存在的问题和困惑，并给出明确的承诺，破除客户的犹豫。

另外，在这一步还需要明确客户要付出什么，可以得到什么回报。在给出明确的承诺和回报之后，还需要利用限时限量的技巧让潜在客户产生紧迫感，从而促使他马上采取行动。

短文案卖货

第3篇

短视频卖货篇

第 7 章

短视频带货，批量生产爆款脚本的秘诀

> **学习提示**
>
> 短视频带货，内容创作是关键。那么，什么样的内容更容易打造成优质短视频，提高卖货转化率？又如何持续创作出高质量的短视频呢？ 这一章将为你详细解读批量生产爆款短视频脚本的技巧和方法，教你用短视频提升业绩增长。

7.1 短视频带货的四种形式，总有一款适合你

数据报告显示，截至 2020 年 1 月 5 日，抖音日活跃用户数已经突破 4 亿。与此同时，另一巨头快手日活跃用户数也突破 3 亿。

短视频迅猛发展，很多个人和商家想抓住短视频的流量红利寻求业绩的突破。然而，短视频创作者们却面临一个又一个难题。

入局短视频之前，很多创作者想的可能是：快速吸粉，产品爆卖，但加入之后却发现耗时耗力，播放量低，涨粉缓慢，直播带货更是少有人问津。

之所以出现以上问题，可能是第一步就走错了。短视频带货常见的误区主要有以下四种：

（1）没有明确目标。有些人看到短视频很火，马上跟风注册一个账号，然后看什么火就发什么，却没有明确的目标。目标不明确就像不知道目的地就启程上路，可能越走离目标越远。

（2）缺乏系统规划。很多人认为只要有粉丝，短视频卖货就是水到渠成的事，没有对带货变现的方式进行系统梳理和规划，以至于粉丝涨到了几十万、上百万，却无法产生很好的带货转化。

（3）自嗨式发广告。有些人简单地以为短视频带货就是把产品广告拍成短视频的形式发布出去，甚至直接把产品的长广告片剪辑成短视频发布，但结果往往是没人看、没人买。因为这种形式对用户来说没价值、没趣味，属于自嗨模式，甚至还可能会被平台视为滥发广告的"捣乱者"而被限流。

（4）没有固定风格。短视频没有自己固定的风格，导致用户看完没印象、记不住，产品也得不到很好的展示，而且平台很难识别账号属性，不能精准地推荐给目标人群。

短视频卖货不是靠一拍脑门的冲动型决策，而是需要根据产品属性进行系统的内容规划。毫不夸张地说，这是决定短视频卖货生死的第一步。这一节总

结了短视频带货的四种常见且效果比较好的内容形式，分别是产品种草类、开箱测评类、知识分享类、剧情植入类，下面分别进行解读。

7.1.1 产品种草类

产品种草类直接在视频中进行产品功能的展示，这类账号在所有的抖音带货账号里占据了半壁江山，根据表现形式又分为真人式和图文式两种类型。

1. 真人式种草

真人式种草是号主亲自试用产品并向受众分享产品的使用感受、性能等，这种测评方式可以全方位地向用户传递产品信息，可信度更高，更容易促进转化。例如，真人式种草的代表"种草大户萌叔Joey"，视频都是萌叔对于产品的亲身体验，并用萌叔特有的幽默表现出来。

真人种草类的带货视频账号，基本上都有以下两个共同点：

(1) **直截了当切入主题**。视频的基本逻辑可以概括为：生活场景切入——引出产品——产品优势——产品效果。

比如"种草大户萌叔Joey"推荐的洗发水，卖货脚本文案是：前段时间我又染头发了，是不是我不说你们都没发现？你们一点都不关心我（生活场景切入）！染头发最怕的是什么？掉色！尤其是漂过的头发，不到一个月就会变成金毛狮王。一定要记得把洗发水换成专业的固色洗发水，什么牌子都可以，但我只要烫染，第一个想到的就是××洗发水，效果就是好（引出产品）。它采用没有硫酸盐的配方，泡沫超级丰富，洗得很干净，还不会洗走色素，也不容易溶解色素。不管你染什么颜色，都能够牢牢锁死（产品优势）。你知道吗？大多数护发素是没有固色功能的，里面的酸还会加速掉色，但××发膜几乎不会。拿个红心火龙果给你们做个实验，左边不用发膜，右边用××发膜，用水模拟冲洗的效果，哇，这也能锁住，效果也太明显了吧（产品效果）！发膜有三个色系可以选择，针对性的护理用这一套，让你的头发颜色又正又亮，染头发的宝贝一定要试一试！

(2) **标志性动作或台词**。设计固定的动作、台词或表情，可以让用户记忆更深刻，更好地塑造人设形象。比如"种草大户萌叔Joey"几乎每条短视频都可以看到萌叔尴尬而不失礼貌的傻笑，还会配上一串"鹅鹅鹅鹅鹅"的字幕，因此也被粉丝亲切地称呼"养鹅大户"。

2. 图文式种草

图文式种草没有真人出镜，而是通过音视频和字幕的形式直接展示产品的功能特色和使用方法，从而实现种草的目的。这种方式的效果不及真人出镜式，而且粉丝黏性也不强，但好处是可以团队化运营多个账号，以量取胜，从而实现不错的产品销售业绩。

图文式种草账号，基本上都有两个共同点：

（1）**聚焦细分领域**。一般情况下，这类账号都非常垂直，聚焦某个细分领域，这样可以给用户形成一个印象标签，找某类产品就关注某个账号。

（2）**帮用户解决问题或满足需求**。卖货脚本的基本逻辑都是以目标用户为指向，帮其解决某类问题或满足某个需求。常用的模板是：痛点 + 卖点 + 获得感，先指出目标人群的普遍痛点，然后给出产品的功能点，并描述出这个功能卖点给人们带来的价值利益和获得感。

7.1.2 开箱测评类

开箱测评类是站在新用户的角度，拆开品牌商品包裹，向粉丝展示、介绍并试用产品，通过真人测评让用户对产品有个全面的认知，更直观、更具说服力。其根据内容的侧重点不同可分为专业测评和体验测评两种。

1. 专业测评

这类评测走专业路线，提供严谨、专业的知识技能，塑造专家形象，从而获得用户的信任和认可。

还有另一种比较特殊的专业测评是打假测评，号主亲自测评并揭露市面上一些不好的产品，同时，也会推荐一些优秀产品。

2. 体验测评

体验测评属于轻评测类，通过开箱来营造惊喜的氛围，刺激用户"喜新"以及"尝鲜"的心理，并通过号主现场的试用和解说引导用户，完成种草。

这种测评账号比较适合普通人操作，短视频脚本的逻辑基本上遵循：产品介绍——产品使用方法——产品效果展示。

7.1.3 知识分享类

所谓知识分享类是根据账号定位，分享领域内的专业性知识或技巧等，分享时植入产品信息，实现向用户种草的目的。这种方式向用户提供了某种价值，实用性高，且易于引起转发，非常利于卖货转化，尤其适合有某项专长的个人创业者。

这类短视频根据产品植入方式的不同又分为硬植入和软植入两种类型。

1. 硬植入

顾名思义，硬植入就是在分享知识时，直接展示产品的特色或功能，完成对粉丝的种草工作。举个例子，某海鲜丸子的带货脚本是：

给大家做一道少油少盐的减脂海鲜丸子汤，准备好的菌菇焯水两分钟捞出备用，锅里少加点油，加上葱花爆香，再加上焯好水的菌菇翻炒一会。我们加上一大碗的热水，锅开之后倒入解冻好的海鲜丸子，出锅之前撒上适量的盐就可以了。咱去尝尝味道怎么样，吃一个章鱼丸试试，这个汤特别的鲜，我咬开这个章鱼丸给大家看看，能不能看到里面这个颗粒，这不是色素，是章鱼的碎肉。如果你正在减肥的话，做一份试试，减肥的痛苦马上就会变成吃海鲜的幸福。

2. 软植入

所谓软植入是只讲知识、方法和详细步骤，不点名具体的产品，通过多条视频的反复植入，吸引粉丝的注意力，激发其购买欲望。

比如以"一家三口的美食"为代表的美食类账号，在每条短视频中号主都会教用户一个非常实用的美食做法，却不点名具体的产品，但粉丝会在评论区主动询问"你的锅是在哪里买的呀""你的早餐机是在哪里买的呀"，进而实现种草的目的。

7.1.4 剧情植入类

剧情植入类是利用生活中常见的情节及道具，根据号主自身风格、产品核心诉求进行剧情编创和场景化演绎，通过剧情吸引粉丝的关注，引发其情感共振，从而完成种草。

这类视频非常受用户的欢迎，点赞、评论相较于其他几种带货类型的视频都会高一些。该类视频根据脚本中产品与剧情的侧重点不同,可分为强关联和弱关联两种类型。

1. 强关联

顾名思义,强关联与产品关联比较紧密,借势剧情内容凸显产品的某个特色和亮点,以达成对粉丝种草的目的。这种方式更利于产品的直接转化。

这类短视频带货脚本的逻辑一般遵循:小故事开头——产品切入——产品特色——产品效果展示。举个例子,某自动削笔机的带货剧情主线是:孩子开学了,婆婆和儿媳两个人都不愿意给孩子削铅笔。迫于婆婆的压力,儿媳答应削铅笔;产品切入(老公偷偷递来一个自动削笔机)——产品效果展示(媳妇:什么?还有自动削笔机。老公说:一放一拿,5秒完成,解放双手。媳妇:哇,这也太快了吧!还可以敷个面膜)——穿插剧情(婆婆:还有空敷面膜,你削完了吗?媳妇:我都削好了。婆婆:怎么可能?咦,这是什么?)——产品特色介绍(媳妇:××自动削笔机,5秒搞定,笔尖可调节,粗细两种模式选择,再也不怕断笔头了。以后你老人家也可以不用这么辛苦啦)。

2. 弱关联

弱关联是以搞笑类、反差类、励志类等剧情为主,对产品的功能介绍、效果展示不会太明显。这种方式的带货效果有限,比较适合于品牌的曝光和宣传。

这类短视频带货脚本的逻辑一般遵循:小故事开头——产品切入——人物反差对比/剧情反转,用户看完感觉畅快淋漓,观看剧情的同时也了解了产品的特色功能。

7.2 五个步骤找准定位,从零打造超级带货账号

很多人在运营短视频账号时,经常会遇到以下问题:

问题1:账号注册成功,却经常觉得没有内容可发。

问题2:作品发了几十个,播放量很少,涨粉很慢。

问题3:平时发作品粉丝很少互动,每天还不断掉粉。

问题4:粉丝终于涨到几万、几十万,卖货却很困难。

从"根"上来说，这是账号定位出现了问题。什么是账号定位呢？简单理解就是要为哪类客户解决什么样的问题以及账号的变现路径是什么，具体包含三个元素：

(1) 账号想吸引哪类目标人群。

(2) 提供什么样的价值才能吸引这类目标人群。

(3) 吸引目标人群后，用什么样的方式来变现。

然而，在短视频带货的实际运作中，大多数人是先做内容、吸引粉丝，然后再分析粉丝的特征和需求，选择适合的产品进行带货。这种方式的优点是内容创作难度较小，可以随时追热点，涨粉相对容易。缺点是粉丝不够精准，后期想带货变现非常困难。

所以，账号定位越精准、越垂直，带货变现越轻松。如果一开始没做好定位，会对账号的后期发展带来很大阻碍。

这一节给大家总结了账号定位的五个步骤，帮你破解短视频带货困局。这种定位方式的主要逻辑是先确定产品，根据产品推导出目标用户，并分析用户感兴趣的内容，然后创作内容吸引目标用户。

7.2.1 第一步：锁定带货品类

在这一步，先确定想带货的产品品类，具体有两种情况：有现成的产品和没有现成的产品。

1. 有现成的产品

比如很多企业、机构等都有现成的产品，这一步就非常简单了。

2. 没有现成的产品

很多人想靠短视频带货变现，却没有现成的产品，这种情况首先需要解决选品问题。有人说短视频带货是"七分靠选品，三分靠内容"，选品的好坏直接决定了带货内容的播放量和利润的多少。短视频带货应该怎样选品呢？有四个实用的小技巧：

(1) 自己用过的产品。在选品上把好关，是对粉丝负责任的行为。自己使用过的产品，你才知道它是不是一款合格的产品，适合什么样的用户群体，价格是否合理，功效是否真实等，从而你才能更全面地为用户展示产品，并促进转化。

举个例子，如果要卖一款口红，你需要知道它涂在嘴唇上是什么效果，适合什么样的妆容，适合什么样的肤色，适合哪个年龄阶段的人群，然后才能根据这些特性向用户推荐你的产品，促进成交。

（2）**热度高的产品**。热度高意味着人气高、受关注度高。例如中秋节的月饼、端午节的粽子、夏天的手持小风扇等。

怎样才能找到热度高的产品呢？答案是借助工具，比如抖音好物榜，你可以看好物榜最近的热门产品有哪些。除此之外，还可以借助数据分析工具，比如短视频运营者常用的西瓜工具、飞瓜等，可以查看某一时段热门的商品，同领域中哪些产品受欢迎，哪些产品被点击的次数最多，哪些产品的交易额最高等，通过数据分析，选择热度高且适合账号定位的产品，更有助于提升产品转化。

（3）**有创意又实用的产品**。短视频的用户偏年轻化，他们对有趣、好玩、有创意的产品更感兴趣，同时，也关注产品能否解决日常生活中的痛点和问题。

比如自拍杆手机壳，充当手机壳的同时还可以变形为自拍杆，让用户觉得既有创意又实用，利用人们尝鲜好奇的行为驱动因素，促使用户下单购买。

（4）**性价比高的产品**。追求性价比是绝大多数消费者的共性，尤其在一条短视频只有15~60秒时间的情况下，这么短的时间内很难把价格贵、使用复杂的产品讲透彻。所以，短视频带货大多选择客单价低、性价比高的产品，这样更容易降低用户的决策时间。

在抖音上卖红酒、牛肉爆火的"正善牛肉哥"，个人介绍里有一句话"找到源头，把价格打下来"，正是利用了用户追求性价比的心理特点。

7.2.2 第二步：描述顾客画像

确定了产品品类之后，需要根据品类属性描述出顾客画像，这一步至关重要。否则，顾客画像不清晰，不了解顾客，即使发布再多视频也往往收效甚微。

如何做好顾客画像呢？有三个要点：

1. 要点一：根据产品功能，画出大致轮廓

根据产品的功能优势和卖点，找到对应的顾客群体，"画"出最基本的顾客轮廓，比如是男性为主还是女性为主，是老人为主还是小孩为主，是普通人购买还是企业购买等。

2. 要点二：采集并整理数据，取出平均值

采集数据的方法有四种：第一种是让现有的每位顾客填写一张信息登记表，线下企业可以在回访顾客时面对面让其填写，线上企业可以在线发送调研表让其填写。第二种是针对未成交的潜在客户，让他们填写信息登记表，搜集信息的同时，还可以了解他们的需求。第三种是深入一线观察，可以观察身边消费过该产品的客户，也可以调查同行的客户数据。比如想要采集购买护肤品客户的用户数据，可以去生意好、产品定位与你类似的护肤品店门口蹲守，记录每天到店消费的人群信息，具体可以包括：男女比例、年龄段、消费数量与金额、销售高峰时间、销量最好的护肤产品种类等。第四种是借助数据工具，比如百度指数、阿里指数或其他平台发布的市场行业报告等。

另外，需要对采集的数据进行整理，并取"平均值"。举个例子，如果销售护肤品，购买护肤品的用户中80%是30~35岁的女性，那么30~35岁就是大概的平均值。然后，还需要更进一步对"平均值"进行筛选，假如80%的买单者都是商务白领，那么，30~35岁的商务白领就是目标用户。

3. 要点三：提炼关键标签，描述角色设定

根据上述两个要点提炼出目标用户的关键标签，比如性别、年龄、爱好、文化程度、消费偏好、经常出现的场所等，并描述出具体的角色设定。需要注意的是产品不同，关键标签也不同。在描述顾客画像时要把握颗粒度，不能太小也不能太大，要具体问题具体分析，不需要面面俱到，只需要提炼关键标签。

7.2.3 第三步：抓住用户痛点

找准了目标用户之后，需要挖掘出他的痛点，并给予有价值的解决方案。只有这样，你的短视频内容对他才有用，他才愿意看、喜欢看、持续看。比如很多美食类账号，解决的就是用户不会做饭的痛点。很多穿搭类账号，解决的就是用户不懂穿搭的痛点。

在挖掘用户痛点时，一定要有用户思维。简单理解就是换位思考，在创作短视频时，需要考虑这个话题是用户关心的吗？是用户感兴趣的吗？

举个例子，曾经有个客户是做厨具用品的，在运营短视频初期，他想到什么就发什么，内容包括工作日常、团队培训、领导讲话、公司周年庆、产品展示等，他认为工作日常和团队培训内容可以体现出公司非常正规，值得记录；领导讲话体现出了公司的经营理念，值得记录；公司周年庆展现了公司的成长历程，也值得记录。产品展示能让用户了解产品的特色和优势，更要记录。这种想法就是陷入了典型的自嗨模式。

正确的方法是需要换位思考，把自己当成用户，从用户感兴趣的内容出发。比如，我们可以思考：普通用户会对一条公司周年庆的视频感兴趣吗？普通用户会关注某个领导的讲话吗？当然不会，因为这些内容和用户没有任何关系。所以，挖掘用户痛点的前提是一定要有用户思维，站在用户的角度，思考他们需要什么、有哪些困惑。

比如厨具用品的核心目标人群在日常生活中有哪些痛点呢？按照这个思路，可以将内容定位为教大家清洁厨具、养锅等小妙招以及日常美食的做法，这样既能展示产品的特色优势，又能让大家学到很多厨艺小知识，这才是对用户有价值的内容。

再如某民宿机构上传了这样一条短视频"如何把女朋友拍得更美"，看上去与民宿没有任何关系，重点突出的是教会大家如何在生活中拍照，真切地迎合了用户的实际需求。但事实上，视频中男生和女生所在的房间就是民宿酒店，从视频中可以看出民宿环境漂亮，布置温馨。更重要的是，民宿的目标群体普遍都喜欢拍照，而且大多都是情侣，他们最大的痛点是男朋友不会拍照，把女朋友拍得很丑，所以，这条视频就给目标用户提供了价值。当用户对你的短视频内容有了好感之后，你的民宿产品也自然而然进入用户的意识之中，最终，这条视频让这家民宿获得了大量的客户。

如何挖掘用户的痛点和需求呢？给你个好用的方法：场景坐标分析模型。纵向坐标轴是空间地点，横向坐标轴是一天24小时。这些角色在24个小时里发生的事情，我们称之为场景。通过坐标系寻找中间的交叉点，这样可以发散出很多场景。然后，思考用户在不同的场景下可能存在的痛点，并选择与产品关联的场景即可。如右图所示。

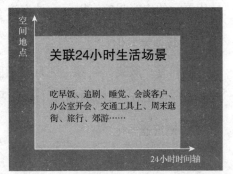

7.2.4 第四步：设计带货角色

事实证明，真人出镜式带货短视频是效果最好的。这时候就要根据顾客的问题类型，设计一个合适的人物角色。

例如，有一个"一家三口美食"的抖音主播，主要卖厨具和美食类产品，她的抖音号有500多万粉丝，累计点赞超过1700多万。该主播把角色定位为"懂点营养知识的贤惠妈妈"，每天在抖音上晒出自家的一日三餐，这些美食看上去让人食欲大开，而且营养均衡，她还会根据丈夫和孩子不同的营养需求制作不同的美食。这种方式非常受用户欢迎，而且还赢得了目标用户的信任，经常有很多粉丝在评论区主动问她美食制作的方法和厨具选择的建议。

在设计带货角色时，可以从三个角度打造粉丝的记忆点：

第一，擅长技能。你擅长的技能是什么，比如同样会做美食，但你还擅长营养学知识，这样相比其他的美食账号就更有竞争力，也更容易被粉丝记住。

第二，性格标签。性格是大大咧咧还是细腻内敛，是活泼开朗还是温柔娴静，是贤惠主妇还是职场强人等。

第三，信仰态度。做事的原则和理念是什么，比如很多主播通过短视频传递出挑选产品的态度和原则，通过这样的内容塑造鲜明的人设形象，让用户觉得主播是一个有原则、有责任心的人。

7.2.5 第五步：设差异化展示

当我们找准了定位，确定了内容呈现的方式之后，如何在众多短视频带货账号中脱颖而出呢？答案是差异化展示，打造属于你的超级符号。如何设定差异化展示的内容呢？有以下六种方法。

1. 场景差异化

比如有个服装类账号，别人展示服装一般是在服装店或试衣间，但这个账号的主播却是在酒店展示服装，通过场景制造差异化，让用户更容易记住。

2. 道具差异化

有一个个人成长类的抖音主播，每次拍摄短视频都会拿着两把刷子，借用俗话"有两把刷子"凸显自己有实力，也让用户更容易记住。

3. 动作差异化

有一个测评类账号的抖音主播，每次在拍摄短视频时最有代表性的动作是"鹅鹅鹅"地傻笑。还有主播会在每条短视频末尾打个响指或做其他动作，让用户形成记忆。

4. 台词差异化

台词是最容易打造差异化的方式之一，最经典的就是口红一哥李佳琦的"Oh，my God！买它！"，当他持续向大众输出时，"OMG"就成了他的代名词。你可以根据自己的角色风格和产品属性，创作适合自己且有记忆点的固定台词。

5. 语言差异化

你可以选择不同的语调、语速或方言展示产品的特色，凸显差异，让粉丝更容易记住你。有"中国好舌头"之称的华少，就是在口播赞助商名单时，凭借超快的语速被全国人民记住的。

6. 声音差异化

根据自己的账号定位，在每期短视频中插入固定的声音，也可以帮助用户更好地记忆。比如护肤类种草账号"骆王宇"，每条短视频的开头都会有青蛙叫的声音。

7.3 这样包装你的短视频账号，轻松导流又圈粉

对于短视频账号来说，主页就是内容创作者留给用户的第一印象。主页设计得好不仅可以加深用户的印象，还能提升用户的信任感。

主页包含名字、头像、简介和背景图四个要素。这些内容看似简单，其中却暗含着许多宣传、导流的小门道，甚至直接影响账号的留粉和转化。那么，如何设置短视频账号的主页才能更好地实现导流、涨粉、带货呢？

7.3.1 爆款名字，让你的账号自带流量

《定位》一书认为："在定位时代，你能做的唯一重要的营销决策就是给品

牌起什么名字。"短视频账号名字的重要性不言而喻，而大多数人都是凭自己的喜好取名，忽视了名字对账号的重要性。其实，取名字是有内在逻辑和规律可循的。

1. 好名字的四大标准

想要起个好名字，让人一眼认出你、记住你，我们首先要知道好名字的四大标准。

（1）好识别。短视频风口下，有大量的人涌入，导致重名账号特别多。所以，在取名字时，一定要规避名字的同质化。

（2）好记忆。第一，要简短。第二，要顺口。第三，要简单。

（3）好理解。好名字一定要好理解，能让人一看就知道是什么意思。比如"种草大户萌叔Joey"这个名字让人一眼就知道是种草带货的，而且"萌叔"很好地体现出了播主的性格特征。

（4）好传播。好传播是一个短视频账号成长的关键。假如你的账号名字非常拗口，传播效果肯定会打折扣。

2. 短视频带货账号的六种命名方式

那么，我们应该如何给账号起一个好名字呢？下面总结出了短视频带货账号常见的六种命名方式。

（1）**定位标签+名字**。在短视频带货账号中，这种命名方式是最常见的，可以直接体现账号的定位，让用户一目了然。定位标签和名字的前后顺序可以灵活调整。比如"种草大户萌叔Joey""华尔兹手工毛衣""小范的海鲜美食""黑皮减脂教练"等。

（2）**性格标签+名字**。性格标签可以让用户联想到号主是怎样的一个人，加深用户对号主的印象和好感。比如"认真少女颜九""可爱的金刚嫂"等。

（3）**号召行动+目标**。直接号召用户行动，并达成某个共同的目标，很容易让用户对账号产生依赖感。比如"一起瘦到90斤""每天学会一道菜"等。

（4）**特定人群+定位**。想要开展短视频带货，吸引精准人群非常关键，人群越精准，短视频的转化效果越好。比如"一家三口美食"这个名字可以吸引一家三口的小家庭，美食又很好地体现出定位标签。

（5）**专家领袖+定位**。"专家领袖+定位"的命名方式可以向用户传达"我是这个领域的行家"的感觉，让用户觉得你很专业。比如"雪总教你极速减脂""大白教你学英语""小七教你学理财""靓姐教你职场穿搭""琳姐教你做美食"等。

（6）**定位标签+关键词**。名字中包含"精选""大全""严选""优选""笔记""攻略"等关键词，这种取名方式便于受众记忆。比如"好物种草笔记""好物优选""好物严选"等。

在取名字时，如果是企业账号，千万不要直接用公司名字来命名，除非你的企业品牌已经非常有影响力。正确的方法是根据企业形象，设计出一个合适的人物角色，并进行人格化命名。比如酒仙网的抖音账号名字是"拉飞哥"，通过塑造一个非常懂酒的中年男性形象，让用户觉得非常专业、亲切。

7.3.2 亮眼头像，让用户一见钟情

账号的头像代表个人或公司对外的形象，它如同标识一样，可以帮助用户更好地认识我们。尤其是在虚拟的网络世界里，头像就是一种"视觉语言"，因此，选择头像至关重要。

1. 选择头像必须避开的五个误区

（1）以背景作为头像，毫无亮点。

（2）以卡通、动植物、风景、表情包等作为头像，显得非常不专业。

（3）以产品或二维码作为头像，一看就是广告号，很容易让粉丝产生反感。

（4）以大合影作为头像，粉丝第一眼根本看不到你在哪儿。

（5）真人的日常自拍图，看起来很模糊，给人留下不好的印象。

2. 好头像需要符合的三个标准

（1）**头像最好以人为焦点**。如果是个人账号，最好用自己的写真照或形象照作为头像。真人头像可以传递感情，更好地和用户进行沟通，而且用真人头像可以让粉丝知道你长什么样，知道你是一个活生生的人，更容易产生信任。这样后续直播带货时，粉丝也更愿意给你捧场。

如果是企业账号，且企业品牌还不知名，那么，企业账号也可以用员工形象作为头像。

（2）**头像要让用户产生好感**。我们往往在看到别人的第一眼后就给他贴上

了某个标签。如果看到头像的第一眼就很不喜欢，甚至反感，潜在粉丝可能就会拒绝关注你。所以，头像给别人的第一印象可以不华丽、不炫酷，但一定要让人觉得舒服。

（3）**符合自己的定位风格**。不管是用自己的真实照片还是使用其他图片作为头像，最重要的是要统一风格。比如你运营的是知识分享类账号，如果用搞怪头像显然不适合。

7.3.3 勾人背景图，吸引用户关注

个人主页最上面的背景图是短视频账号的"门头"，它占据着很大的位置，很容易被用户注意到。所以，我们不能浪费这个广告位，一定要好好设计。关于设计主页背景图，需要掌握两个要点。

1. 图片高清

很多人选用的背景图也许是尺寸不合适，导致效果很模糊，让用户觉得很不专业。

2. 传递信息

背景图一定要能传递有效的信息。有些人的背景图是一张城市夜景图，这样不能向用户传达任何有价值的信息。还有些人的背景图是头像照片的放大版，尽管这种方式强化了个人品牌形象，但与头像重复，白白浪费了广告位。

如何设计出能传递有效信息的背景图呢？给你八种思路：

（1）**效果对比式**。如果你是做减肥、护肤、穿搭等效果对比较明显的类目，可以采用效果对比图。对比图既可以激发用户改变的欲望，又能赢得他的信任。

（2）**凸显成绩式**。人们都想关注比自己更厉害的人，所以，可以在背景图中展示你的成绩，以获得用户的好感和信任。比如某微商的背景图文案是：从月薪4000元到年入八位数的故事。

（3）**权威标签式**。通过借势权威获得用户的好感和信任。比如"辣妈鳕鱼"的抖音账号背景图文案是：东方卫视《妈妈咪呀》嘉宾、广东卫视《超级辣妈》嘉宾、深圳卫视《辣妈学院》嘉宾、上海卫视《全球买手秀》嘉宾。

（4）**要点提醒式**。这种背景图会提醒用户账号的要点信息，可以是直播时

间,也可以是直播抽奖预告等。比如某种草带货账号的背景图文案是:花小钱办大事,每周一、二、三、四、六、日晚8点抖音直播,不定时抽奖撒礼物。

(5)好友对话式。比如"种草大户萌叔Joey"的背景图文案是:每天为你种草好物,你还不关注一下?

(6)口号目标式。可以通过背景图向用户传达口号、广告语或目标,以帮助用户更快地认识你,并让他产生某种代入感。比如"混沌大学"的背景图文案是:陪伴这个时代最有梦想的人。

(7)引导购物式。在背景图中引导用户到商品橱窗购买产品,这种方法比较适合知识分享类产品。平时通过短视频分享课程的片段,在背景图中引导用户购买完整视频。比如"混沌大学商业思维"的背景图文案是:获取完整版课程视频,点击商品橱窗。

(8)福利引导式。在背景图中标注账号的核心领域,同时用某种福利引导用户关注,实现导流的目的。比如某抖音账号的背景图文案是:品牌打造、视觉营销,关注我,私信免费领取价值1888元的学习资料。

7.3.4 圈粉简介,展示优势、获取信任

一个好简介不但可以给账号增光添彩,还能吸引粉丝的关注,并实现微信号导流的目的。

1. 账号简介的三个标准

(1)好理解。好理解是指让人一看就知道在说什么。

(2)有意义。举个反面案例,有些人的简介只写了"感谢抖音平台,感谢铁粉的信任",这种内容对用户来说没有太大的实际意义,也不能传递出账号的价值,效果并不好。

(3)有价值。简介是对账号的详细说明,不仅要体现账号的目的,更要考虑能给用户带来什么好处。

举个例子,有人想在抖音上教大家瘦身减脂,简介是"美国健身ACE认证、五年健身模特、运动博主",这样的简介能体现出博主的实力很强,但并不能让用户感知到博主能给自己带来什么样的帮助。上述简介如果改成:"美国健身ACE认证、五年健身模特、运动博主,每天10分钟教你最燃脂的有氧运动,不节食轻松瘦",这样用户就可以很清楚地知道账号的特色以及通过该账号可以

获得什么样的价值。

2. 好简介包含的五个元素

（1）权威背书。通过权威背书获取用户信任，可以从媒体报道、获得奖项、权威顾客、行业排行、从业时间、权威合作机构等角度挖掘权威背书。

（2）畅销数据。比如樊登读书的抖音账号简介是："有几千万用户在樊登读书听我讲书"，凸显产品的畅销，从而赢得潜在粉丝的信任和关注。

（3）我能帮你。账号定位最重要的一个要素是帮用户解决问题，所以，简介一定要说明你擅长什么技能以及可以帮用户解决什么问题。比如某彩妆账号的简介文案是："一个专注试色的美妆博主，一分钱都不许多花。"再如某演讲账号的简介文案是："如果你恐惧舞台，讲话没有逻辑，如果你想快速提升语言表达能力，如果你想开直播却不会播、不敢播，我可以帮你。"

（4）带来好处。关注你的账号，可以给用户带来什么好处。比如某穿搭账号的简介文案是："教小个子学穿搭，让你显高显瘦。"再如某美食账号的简介文案是："我就是你的活菜谱，想吃啥，咱就做啥。"

（5）引流钩子。设置吸引用户关注你的理由，引导用户加个人微信或进入直播间。

7.4 16种方法，写出高打开率的爆款封面文案

个人主页的下方展示了账号所有视频作品的缩略图，显示的是每个视频的封面。封面作品带给用户的"第一印象"，决定用户是否会点开短视频观看，而且还直接影响视频的推荐量和播放量。

这一节总结了吸引人的短视频封面需要具备什么要点以及短视频封面文案的16种写作方法。

7.4.1 短视频封面必须具备的三个要点

（1）统一风格。短视频封面最好有固定的模板框架，形成统一的风格，持续强化用户对其形象的记忆，增强粉丝黏性。而且这样看起来很整齐，有一种

专业化、精细化的感觉，有助于打造账号的品牌形象。

（2）吸引眼球。每天都有无数内容在抢夺用户的注意力，而只有吸引眼球的内容才能让用户情不自禁点击，这样你的短视频作品才能更容易胜出。

（3）传递价值。面对琳琅满目的作品，用户就像一台扫描仪一样快速"扫视"，从而判断哪条视频对自己有用。所以，短视频封面要能够传递视频的核心价值，帮助用户快速辨别、获取对自己有价值的内容，降低用户选择的难度，让他觉得更轻松、体验更好。

在实际运作中，短视频封面的类型有很多，比如纯人物类、夸张表情类、搞笑剧情类、美食特写类等，不同类型的封面适用于不同领域的账号，而对于短视频带货账号来说，效果最好的还是以文字为主的封面类型。

7.4.2　16种文案写法，打造吸睛短视频封面

在正式介绍短视频封面文案的写法之前，我们要牢记一个原则：短视频封面文案一定要精炼，最好控制在15个字以内，字体排版要大，方便用户看清。下面详细介绍短视频带货账号效果比较好的16种封面文案写作方法。

1. 量化获得法

顾客买的不是种子，而是草坪。在销售产品时，我们要凸显出产品能给顾客带来的获得感，而不是产品的卖点。同样的道理，在创作短视频时，我们要在封面上突出观看该条短视频可以给用户带来什么样的获得感，从而吸引他点击。比如："每天5分钟，小肚腩变人鱼线"；"5大隐藏神设计，让家偷偷大$5m^2$"等。

2. 专业干货法

用文字表明短视频的干货要点，简单明了，直击重点。同时，在讲述干货时，植入要种草的产品。这种方法比较适合专业人设比较强的短视频带货账号。比如护肤类账号"骆王宇"针对护肤推出了一系列的干货内容，有：黑头那点事、抗糖那点事、祛痘那点事、面膜那点事、卸妆那点事、散粉那点事等。

3. 重点台词法

所谓重点台词法是直接用短视频中的某句台词作为视频封面的文案。选择台词的内容一定要有吸引力，并且能凸显重点，引发人的好奇。比如"种草大

户萌叔 Joey"在推荐某款高端方便面时，就直接用一句介绍产品的台词"一拿出来就超级的精致和贵气"作为短视频的封面文案。

4. 解决痛点法

如果能让对方感受到看完视频之后可以帮他很好地解决某个问题或痛点，就容易引起他的兴趣。所以，你可以分析目标人群可能存在的痛点，并给出解决方案。然后，把要种草的产品巧妙植入进去。比如："跳绳不粗腿，必须做的全身拉伸动作"；"墙面发霉？开裂？刷墙验收看这里"等。

5. 打破认知法

人们只要听到违背自己认知常识的事情，就会在脑中产生"为什么"的疑问。为了解决心中的疑问，就会点击视频寻找答案。在视频中，你需要解释原因，还要给出正确答案，可以在正确答案中植入要种草的产品。比如："减肥千万不能饿肚子"；"太好看了，便宜有好货"等。

6. 悬念好奇法

人的好奇心与生俱来。当好奇心受到激发，就会产生想要一探究竟的心理。所以，你可以利用用户的好奇心，提升他进一步点击视频的欲望。视频封面文案是否能引发用户的好奇，是一瞬间的事，最关键的是文案中有没有一个或多个词语能快速刺激用户的大脑，我把这些词语称之为视频封面的"引爆词"。常见的引爆词有竟然、究竟、发现、让人惊讶的……、……的秘密、如何、为什么、怎么样、不可思议的、值得注意、奇怪的、结果居然、是不是、原因是……、你没有……、没想到……、到底是……等。比如："你没吃过的自热火锅"；"叫板星巴克的玛芬蛋糕究竟有多牛"；"越吃越瘦的秘密"等。

7. 核心卖点法

所谓核心卖点法是直接在视频封面中展示产品的核心卖点，可以从工艺、质地、功能、用法、口感、效果、时间、颜值、产地、材料等不同角度提炼产品的核心卖点。比如某空气炸锅的视频封面文案是"不用一滴油，做美味炸鸡翅"。类似的还有："手锤20000次的撒尿牛丸"；"30天不重样的五谷粥，好喝养颜不长肉"等。

8. 反问加强法

反问句可以引发用户不自觉地进行思考，为了验证答案，他会情不自禁点击视频。而反问加强法是用反问句的形式凸显产品的某个卖点，以达到强化产品核心卖点的目的。这种方法可以理解成核心卖点法的升级版。比如："吹发还可以养发？发膜吹风机"；"身体用的卸妆油？嫩白秘诀"等。

9. 重磅新闻法

比起广告，人们更爱看新闻。广告的商业味比较浓，用户看到就不想点。相比之下，新闻显得更权威、更及时也更有趣。所以，我们可以把产品放入新闻，吸引用户点击。

10. 场景利益法

顾客购买的不是产品本身，而是在某个场景下，可以享受到产品带来的便利和舒适的美好体验。所以，在视频封面文案中凸显场景利益，可以让观众想象到自己在某个特定场景下也可以享受到如此美好的体验，从而刺激他点击和购买产品的欲望。比如："在家边追剧边做美发 spa，蒸汽发膜"；"高颜值进口小零食，过年看剧宅家必囤"等。

11. 借势热点法

巧借当下的某个热点，更容易吸引用户的关注和点击。我们可以借势的热点有综艺热点、热门电影、热门电视剧、季节热点以及节日热点等。比如："《三十而已》，优雅干练的轻熟女风怎么穿"；"5 分钟教你搞定姐姐们的果汁感妆容"；"入秋必备穿搭单品马丁靴"等。

12. 巧用修辞法

用户更愿意关注新鲜、有趣的内容，所以，你可以采用恰当的修辞提升内容的趣味性，从而引起目标用户的关注和点击。常用的修辞手法有比喻、拟人等。比如卖大衣的短视频封面文案是"哇哦！赞！它真的会'说话'"，类似的还有"脂肪最怕的蔬菜""黑眼圈最怕的成分"等。

13. 借势权威法

人们总是无法抗拒权威、名人或头衔，所以，在视频封面文案中恰当地借势权威更容易获得潜在用户的信任和关注，让他们觉得这款产品很不错，这条短视频内容值得了解和观看。比如欧阳娜娜同款内衣、宁静同款口红色号、杨幂同款面膜、女明星同款衣橱等。

14. 特定人群法

人们的天性是喜欢关注和自己有关的内容，所以，在视频封面文案中指定特定人群更容易吸引目标人群的关注和点击。比如："熬夜党好物（面膜、眼霜、唇膜）"；"学生党必备帆布鞋，开学要穿新鞋啦"；"养生女孩必备，多功能羽绒毯"等。

15. 主播证言法

用户对信任的人推荐的产品会非常信任，所以，可以直接在视频封面文案中展示主播使用产品的证言。当用户看到主播的证言时，会产生两种心理，一种是"能让主播如此喜欢的产品到底是什么样的呢"，引发好奇；另一种是"连主播自己都在用，产品肯定不错"，获取信任。比如："空瓶N个，无限回购的洁面乳"；"我的日常调理大法，××蜂蜜"；"让我一口气吃6支的雪糕"等。

16. 高性价比法

人们更易接受高性价比的产品。所以，如果产品有价格优势，可以在视频封面中凸显产品的高性价比。在使用这个方法时，一定要塑造产品的高价值。因为没有人愿意买便宜货，而是想花小钱买到好产品。比如："百元护肤好物，不输大牌"；"不是吧，7块9能买到××平价替代款"；"谁说穷不能护肤？50元搞定水光肌"等。

封面就像用户了解短视频内容的一个窗口，你需要把最能吸引用户的内容展示出来，让这个窗口成为一个放大镜，无限地放大短视频的诱惑力，吸引用户点击。掌握以上16种方法可以让你的短视频封面更有吸引力，提高用户打开率。

7.5 用金三角模型搭建选题库，批量生产爆款视频

在做好内容定位和账号包装之后，需要开始做单条内容的输出。这时大部分人会有这样的困惑："我们该如何确定拍摄的内容？用户更喜欢什么样的内

容呢？"

这就离不开系统的选题策划，选题质量直接影响打开率和完播率。所以，你和爆款视频之间，还差一个爆款选题。这一节介绍如何用金三角模型搭建爆款选题库。

7.5.1 短视频选题策划的四个要点

1. 符合账号的定位

有个做微商的朋友注册了一个抖音账号，原本打算卖自己代理的护肤产品，但发了一周作品效果不明显，为了提升播放量，看什么火就发什么，热门舞蹈、热门综艺、搞怪萌宠等，很多内容和护肤领域没有任何关系。事实上，这样很难做起来。就算偶尔有一条视频火了，也很难实现带货转化，因为粉丝非常不精准。只有垂直度高的内容，才更容易被系统推荐，获得更多精准流量。所以，如果运营短视频账号的目的是带货，那么，不管做什么领域，选题必须符合账号的定位。

2. 对用户有实际价值

对用户是否具有实际价值，可以从两个方面考虑：第一，时效性。你的选题是否具有时效性，是短时效还是长时效，是否能被人持续关注和讨论？第二，传播性。你的选题是否有用处，有趣味，有共鸣。具备其中之一的选题就是合格的选题，才具有被传播的价值。

3. 频率更高的话题

在用户的需求和痛点上，选题是不是具有高频发生率，只有用户高频关注的内容，才能引发更多的播放量。比如对美妆账号来说，"如何化职场淡妆"就比"如何化夜场妆"更高频，因为对于大多数用户来说，每天都要上班，都需要化职场淡妆，而夜场妆并不是每个人需要，也不是每天都需要。

4. 拥有差异化思维

不管是哪一类的选题，在短视频领域都有着不少的竞品账号，可以说是一片红海，甚至一些垂直细分领域也已经有了头部大号。所以，在做选题时，我们还需要采取差异化思维，更好地和竞品账号建立差异化，增加内容的识别度和黏性。

7.5.2 短视频选题策划的金三角模型

金三角模型是从自己、用户和竞争对手三个方面挖掘选题的方法，这三个点正好构成一个三角形，三角形围绕起来的区域就是账号的选题库，越靠近三角形中心点的选题越容易成为爆款。下面我来分别进行解释：

1. 从自身着手：围绕自己的领域，进行深度扩展

举个例子，美妆类账号可以选择"化妆和护肤"领域内的关键词进行扩展。比如：如何美白和保湿，如何画眼影，如何画腮红，如何快速祛痘，选择哪个色号的口红好看，敷面膜的注意事项等，通过普及"变美技巧"的方式为用户带来价值，并且还能影响用户的购买选择，实现"种草带货"。

知识分享类账号可以结合用户的成长路径，选择领域内的关键词进行扩展和细化。比如，理财类账号可以围绕投资避坑指南、理财产品分析、行业资讯、理财建议、基金、期货、贷款等方面展开。

如何进行深度扩展呢？有以下四个扩展维度：

（1）品类。比如护肤类账号，按照品类可以分为：面膜、精华、眼霜、散粉、口红、乳液、精华、唇膜、唇膏等。

（2）品名。比如很多护肤测评类账号，会测评不同品牌的护肤产品。

（3）人群。根据目标用户的表现特征和需求进行细分。比如护肤类账号可以分为：熬夜党、敏感肌、大油皮、大干皮、毛孔星人、无眉星人、痘痘肌、学生族、上班族、宝妈一族等。

（4）场景。目标用户在不同场景下的针对性解决方案。比如穿搭账号可以分为：职场穿搭、旅游穿搭、约会穿搭、日常穿搭、逛街穿搭、商务穿搭等。

通过以上四个维度进行深度扩展与细化，可以帮助我们系列化产出内容，对用户形成长期的"吸引点"，大幅度提高粉丝黏性。

2. 从用户着手：结合粉丝的评论，提高社交属性

用户更愿意观看自己关心的内容和话题，所以，从用户的关注点着手进行选题策划，更有利于打造爆款短视频。这样还会让用户觉得主播很懂他，有利于提升账号的社交属性和用户对账号的黏性。

有个做厨具的客户想通过短视频带货，开始她看到很多账号都是教大家做美食来吸引目标用户的关注,并实现了不错的带货效果。她也雇了一个年轻厨师,每天发美食教程,但播放量一直上不去。我提醒她不要一味模仿大号,可以从粉丝关注的话题中寻找灵感。

连续两天她都泡在评论区,发现很多粉丝对"如何养锅"非常关注,于是她根据这个选题思路专门创作了一条短视频,播放量是原来的三倍。

如何从用户评论着手策划选题呢?给你三个思路:

(1)答疑解惑型。在上面这个案例中,就是通过解答粉丝的疑惑来策划选题的。在运营短视频账号时,你可以留意评论区顾客咨询、点赞最多的话题,也可以从客服部门搜集顾客咨询最多的话题,并根据搜集来的话题策划选题。

(2)纠正误区型。搜集粉丝在做某件事时经常遇到的误区,并针对这些误区制作视频内容。你可以在评论区的第一条引导用户讲述自己的操作方法,从而找出常见误区,也可以在社群中进行征集。比如"带盐人小关老师"曾发布一条这样的视频"第一次煎牛排,会做什么傻事?"在视频中列举了很多人第一次煎牛排的错误方法,收获了非常高的关注和点赞量,同时通过纠正用户的错误行为,塑造了自己的专家形象。

(3)糗事合集型。与纠正误区有点类似,但这种方法的趣味性更强,同时给出正确的理念和方法。比如同样是卖牛排,还可以制作一期粉丝平时煎牛排的糗事合集内容。

3. 从对手着手:分析对手的账号,打造创新风格

俗话说:知己知彼,百战不殆。锁定竞争对手,摸清对方的运营策略,并借鉴其好的方面,针对不好的方面进行创新,这样比独自摸索更容易做出效果。

锁定竞争对手后,我们就要全方位分析竞争对手的选题策略,并完善优化自己的选题库,具体可以从三个方面着手:

(1)挑选出播放数和点赞数较高的内容。播放数和点赞数越高,说明内容越受用户欢迎。所以,你可以把对手账号中播放数和点赞数高的内容全部列出来,并自检一下哪些内容自己还没有做,然后将其加入自己的选题库。

(2)找出用户关注,且对手没做的内容。分析目标用户,并列出用户普遍关注的高频话题,并检查哪些内容对手账号还没有做过,这些内容对用户更有价值,可以将其加入你的选题库。这要求我们在自己的内容领域有非常丰富的经验,并且对自己的目标用户非常了解。

（3）**如果内容雷同，思考差异化形式**。如果竞争对手在内容上和我们自己的账号差别不大，我们就要着重考虑如何打造差异化优势，可以从内容讲述、表现风格、呈现方式、场景道具、动作配音等角度打造差异化。

7.6 创作短视频的六个维度，转化率轻松翻两倍

这一节总结了持续打造爆款带货视频的六个创作维度，分别是讲述故事、检验产品、标榜特色、展示过程、教授干货、表达真诚。我研究了各行各业500多个优秀的短视频带货账号，发现不管是卖服装、卖生鲜，还是卖零食、卖摆件，做得好的账号都是围绕这六个维度来创作内容，下面分别进行解读。

7.6.1 三种故事，隐形的成交武器

故事可以在你的大脑中创造一个有意义的场景，而简单的数字和事实却无法做到这一点。比起数字列表，你的大脑更容易记住这个场景。

所以，只要讲好故事，你不需要直接讲述产品有多好，用户自己就会得出"产品好"的结论。从这个角度来说，故事就是隐形的成交武器。

那么，在创作短视频时，我们可以讲述哪些故事呢？常见的有以下三种类型：

1. 产品故事

产品故事又包含两类：第一是研发故事，常见于创新型产品，讲述产品的创新概念、研发过程中经历的阻碍等；第二是起源故事，就是产品的由来和历史传说。

2. 创业故事

常见的创业故事有两类主线：第一类主线是主播天赋异禀，取得耀眼成绩，然后遭遇人生滑铁卢，最终再次崛起。第二类主线是主播起点很低，但通过不断努力终于实现逆袭，登上人生巅峰。

通过讲述自己的创业故事，可以拉近与用户的距离，获得用户的共鸣和好感，还可以更好地向用户传递自己的做事原则，让用户更容易记住。

比如某微商团队长的一条短视频，就讲述了自己的创业故事，它的脚本文案是：我是××，上过央视，捐款过百万，90后辣妈，人生开挂，这是我作为一个90后被贴上的标签。毕业四年，拥有了自己的品牌和公司，每月线上销售额高达七位数，但这一切对我而言才刚刚开始。我的创业经历要从大二说起，作为一个珍珠之乡的女孩，在社交软件上售卖珍珠制品，具有得天独厚的优势，不料才刚起步就遭遇了重大危机，（画外音：你给我的是一批假货！），维权未果，我决定自掏腰包赔偿所有客户的损失，因为诚信是线上交易的基础，绝对不能让买家吃亏。每当有人说到：干吗自己做得那么辛苦！我真的就是想做点事，让别人知道：原来还有这样的一群90后，他们踏实、用心，也很努力，一直在路上。新的一年，新的开始，我奋不顾身来到直播带货的风口，从选品到试用，从质量到价格，从库存到物流，严格把关，只为把极致性价比的产品送到你的手里。

3. 顾客故事

通过讲述顾客使用产品之后的改变故事，让潜在顾客对产品产生信任和好感。在讲述顾客故事时，可以采用顾客第三人称的口吻，也可以是主播第一人称的口吻。第一人称的讲述方式更适合专业人设比较强的账号，比如美容师、教师、理财顾问等。

7.6.2　检验产品，让用户眼见为实

在购物时，顾客最看重产品的品质。如果是在超市或实体店购物，顾客还可以亲自看一看、摸一摸，但隔着手机屏幕没办法亲自看到、摸到。怎么办？答案是主播现场检验产品，让用户眼见为实。

短视频可以在镜头中把产品的各个细节呈现出来，从而打消用户的所有疑虑，更利于产品的销售和转化。

检验产品不仅是把产品的大小、样式和使用方法呈现出来，重点在于"检验"二字。你可以设置一些挑战实验，让用户全方位地了解产品。假如卖清洁用品，可以在视频中挑战擦拭油污，让用户更直观地了解产品的去污功效。

例如海鲜类抖音账号"小范的海鲜美食"，主播卖扇贝时，会用刀片撬开扇贝壳，给用户看扇贝的个头、肉质、干净度和新鲜度。其中一条视频的脚本文案是：

好多朋友担心发货的扇贝肉里面有沙,我打开一个给大家看一看,这一船是刚打回来的。这个扇贝啊,你别看它表面那么脏,我切开一看,大家就知道了。这种扇贝呢,叫作栉孔贝。五月份最肥,带黄率最高。怎么样?可以吧?这种红色的呢,是母的。看看它,这个是裙边,这个是它的大瑶柱。里面是没有沙的,非常干净。而且发货之前,我们还会经过清洗。我发货的扇贝肉,10包98元还顺风包邮,赶紧来份尝尝。

7.6.3 标榜特色,激发最强欲望

所谓标榜特色是在视频中呈现自己的产品和别家产品不一样的特点。如何呈现产品的特色呢?常用的方式有两种:

1. 通过产品的使用方法凸显产品特色

比如俏江南创始人张兰在宣传阳山水蜜桃时的脚本文案是:

相信我,只要吃过一回,别的桃子还真有点没法吃了。它就是可以用吸管喝的阳山水蜜桃。果实大,色泽美,香气浓郁,果皮特别薄,放软之后就可以用吸管吸着喝了,桃汁多到让人真正地怀疑它没有果肉,这才是真叫甜到嗓子眼了。

在大多数用户的认知中,桃子都是直接吃的,而阳山水蜜桃是用吸管喝的,很好地凸显出产品汁水多的特色。

2. 与同类产品对比,凸显产品特色

比如某主播销售小黄鱼的脚本文案是:我从来不愿意说同行的坏话,但有些人你也别太过分了,就因为我的鱼稍微卖得好一点、多一点,你们就雇人来骂我。我的鱼都是每天自己来码头上收的,自己拉回工厂,看着给大家发货。不是你们随便找个冷库,拍个视频模仿一下,就能模仿来的。这就是我收回来的小黄花鱼,大家可以看一下,非常新鲜,48块钱5斤,一点冰都不加。如果你们觉得我这样卖影响了你们,你们也可以这样卖啊!

在这条视频中,主播借回复同行的谩骂展示了产品"新鲜打捞、不加冰"的核心特色,并通过对标竞争对手,让用户觉得别家的海鲜可能是冷库货,不新鲜,从而激发顾客购买自家产品的欲望。

7.6.4　展示过程，现场自动成交

我们社区有个高端奶站，他们在推广产品时从不直接销售，而是邀请家长带孩子参观牧场。因为顾客亲眼看到了产品从原料到成品的生产过程，对产品品质更信赖、更放心。在参观的过程中，顾客已经完成了自我说服，所以，更容易下单。这就是所谓的参观式销售。

但是在网上购买产品时，顾客是看不到产品是如何由原料一步步变成成品的，他潜意识会怀疑"你说产品成分好、工艺好，这是真的吗？"所以，你需要利用短视频的优势直接把产品的加工过程展示出来，呈现产地的环境、原料的筛选标准、工艺的加工流程，就像带着顾客参观了一遍生产车间，让他更放心。

7.6.5　教授干货，塑造专家形象

如何塑造专家形象呢？有两种方法：

1. 直接教方法给知识

通过教授干货，可以塑造自己的专家人设，让用户相信你是某方面的行家，从而信任你推荐的产品。而且当用户有这方面的问题，也会第一时间想到你。

比如某海鲜大号博主销售皮皮虾的短视频脚本文案是：四五月份是皮皮虾最肥美的季节，记住我教给你的两点，你就能挑到满籽满黄的皮皮虾。第一点，看背部颜色。背部青黑色的有籽，发黄的没籽。第二点，看尾巴颜色，这种有黄点的就是有籽的，这种透明的就没籽。只要记住这两点，你就能挑到满籽满黄的皮皮虾了。

2. 先揭秘行业现象再给建议

当你爆料一些别人不知道的行业内幕时，用户会觉得你很专业，也更容易信任你。

比如护肤类抖音大号"骆王宇"，他的一条短视频脚本文案是：

作为曾经的化妆品柜台的柜哥，还做到了全国销售的冠军，我要揭秘：有些化妆品纯粹是商家为了让你多花钱活生生多出来的品类。第一，肌底液……以上说的这几样东西也并不是一无是处，只是你们真的没必要花这钱。我知道

很多关注我的女孩还在上学或者刚踏入社会，经济能力一般，没钱买护肤品，但我们又有护理的需求，我也有过这段时光。护肤崇尚化繁为简，用更少的东西发挥更大的功效，日常护理用水、精华、眼霜、面霜，白天再加个防晒绝对够了。买个小牌子的护肤五件套，不如花这个钱去买个大牌子的面霜。钱一定要花在点上，你买的东西可以少，但是东西一定要好，不该花的钱，我一分都不会让你们花。

7.6.6 表达真诚，破解信任危机

真诚是营销的最高境界。当用户觉得你是一个非常真诚的人时，他会自然而然信任你推荐的产品。

表达真诚需要遵循对用户负责且利于用户选择的原则，并做到有理有据。比如某海鲜大号销售小黄鱼的短视频脚本文案是：

我觉得做生意一定要实实在在的，现在好多人在网上卖这种小黄花鱼，跟大家说这种黄花鱼都是新鲜捕捞的，现在都是禁渔期了，怎么可能是新鲜捕捞的。我实话实说，我卖的这些黄花鱼，都是禁渔期之前在码头上收的。这样的小黄花鱼，两包是五斤的净重，外面一点冰都不包，我卖48块钱，还给大家顺风包邮。做生意一定要实实在在的，是什么就是什么，不要总想着去骗人！

在用户的印象中，商家都会强调自己的海鲜很新鲜，但这个主播却说自己的鱼不是新鲜捕捞的，而是禁渔期前自己去码头收的，并且讲明了原因，有理有据。这样一个非常朴实的渔民形象跃然眼前，让人觉得很真诚，找他买海鲜更放心。

再如上面提到的揭秘行业现象的护肤类主播，当大多数主播都在鼓吹女性要多保养，要舍得为自己投资，这位主播却强调要省钱，"钱一定要花在点上，不该花的钱，我一分都不会让你们花"，给人的感觉很真诚、很靠谱。

总之，内容是短视频带货的关键，不需要你的颜值有多高，也不需要你的拍摄技术多么精湛，只要能写出走心的脚本文案，就能把货卖出去。掌握创作短视频内容的六个维度，你也可以写出更受用户欢迎的短视频脚本，提升带货转化率。

7.7 六个标题创作技巧，引爆短视频播放量

好视频需要一个好标题。标题就是视频的"眼睛"，重要程度占80%，有时几个字的差别，就会产生截然不同的效果。

7.7.1 带货短视频标题的三大核心价值

1．吸引眼球，降低用户选择成本

如果标题写得好，会给用户一种确定性，用户看了标题就可以大致判断自己要不要继续看。确定性强，则决策成本低，能大大提高用户点击视频的概率。

2．传达主题，便于平台快速识别

好标题可以通过关键词传达清晰的主题，让平台更容易识别内容的标签和领域，并为其匹配精准用户。

3．影响行为，带动视频二次传播

好标题可以激发用户的认同感、共鸣感等情绪，从而提升视频的完播率和评论区热度。视频的完播率和评论量越高，平台也更容易把视频选为"用户喜欢看的内容"，从而带动视频的二次传播。

这一节我将基于人们的行为驱动因素，讲一下创作带货短视频标题的五大底层逻辑，并总结了六个常用的标题写作技巧。

7.7.2 爆款短视频标题的五大底层逻辑

1．激发用户的好奇心

激发用户的好奇心是创作带货短视频标题最常用、最好用的一种技巧，只要你激发了用户的好奇心，他不点开看就会觉得难受。

下面这几个标题都用到了激发用户好奇心的底层逻辑：美白乳的带货视频标题：传授秘籍了，这就是我"皮肤发光"的原因！

行李箱的带货视频标题：我的新"宠物"能扛重物，能当"坐骑"，还不用拴绳……

精华水的带货视频标题：干皮的你真的知道怎么护肤吗？这一点可千万别忘了！

当用户看到这些标题时，就会想知道"是什么""为什么"，为了获得答案，揭开谜底，就会点开视频，一探究竟。

2. 唤醒用户的痛苦感

人们天生对危机更敏感，其实这是符合进化论的，只有对危机和痛苦敏感，才能更好地存活。当用户的痛苦情绪被唤醒后，为了解决这种痛苦感、焦虑感和危机感，就会更容易采取行动。

一般来说，用户产生痛苦情绪的原因有四种：第一，被某个问题困扰已久。第二，这个问题不解决，可能导致很严重的后果。第三，别人有，我没有。第四，别人知道，我不知道。

下面这几个标题都是通过唤醒用户的痛苦感来吸引用户点击的：

洗碗机的带货视频标题：总因为谁洗碗的问题和老公吵架？不如买个洗碗机！

美容仪的带货视频标题：原来黑头这么可怕！"毛孔吸尘器"赶紧安排！

红酒的带货视频标题：谁说红酒都是那么贵，你们被错误的认知害了多少年了。最怕就是被忽悠了还不知道！

3. 激发用户的认同感

当用户看到自己认同的观点，就会产生安全感、满足感、愉悦感、共鸣感等情绪。而且用户不仅很愿意点开这类标题，还很愿意点赞和评论。

所以，如果标题能替用户说出他最想说的心里话，表达出他最想表达的观点，展示出他最想展示的态度，就会极大地激发他的认同感。

比如下面这几个标题：

香体露的带货视频标题：小美女们看过来，夏天一定要清清爽爽、香喷喷的哦！

服装的带货视频标题：在家是抠脚大汉，出门是窈窕淑女，开心就笑，饿了就吃，白白胖胖没有烦恼！

4. 承诺实际的回报值

承诺实际的收益和回报，永远是有效俘获用户的不二法门。

在购买东西时，用户会考虑性价比。同样，在观看一条短视频时，他会考虑花的时间成本是否能有实际的收获。所以，你可以明确告诉用户能获得什么利益和回报，比如学会某种技能，得到某种方法，搞定某个问题，实现某个目标，达到某个理想状态等。

比如下面这几个标题：

红酒的带货视频标题：我就知道我得站出来告诉大家怎么优雅且快速地开一瓶红酒！

瘦脸精华的带货视频标题：教你不用减肥"瘦十斤"，一秒变成小V脸！

肩膀垫的带货视频标题：明星都在用的好物！用了这个假肩膀，一秒就显得脸小了很多呀！

5. 让用户觉得和我有关

面对多如牛毛的内容，用户更倾向于看跟自己有关的、对自己有用的、有价值的内容。

如何让用户觉得和自己有关呢？常用的技巧有两个：第一，在标题中加上"你"字，产生与顾客对话的效果。第二，根据某个特征标注用户身份，比如孕期、油皮、干皮、瘦子、初学者等，吸引用户对号入座。

比如下面这几个标题：

红酒的带货视频标题：初学者如何选红酒？看完视频你就懂了……

眼膜的带货视频标题：黑眼圈女孩看过来！教你一招终结熬夜脸！

7.7.3 带货短视频标题的六个常用技巧

短视频标题的字数不要太多，建议15~30字为宜。因为字数太多会妨碍用户第一时间获取重要信息。

接下来，我总结了六种标题写作技巧。当你没有灵感时，可以直接套用。

1. 直说式标题

直说式标题是一种最简单、最常用的带货短视频标题形式。其特点是开宗明义点名商品的特点、卖点、功能和效果。

在使用这个方法时，可以从四个方面体现：①直接写出卖点的获得感，比如"中间的抽皱设计简直是这件衣服的灵魂！穿上感觉自己瞬间有腰了！"

②通过对比、类比凸显产品的特色。比如"这样护发比去100次理发店都有用"。③直接写出产品的场景利益，比如"这款料理机能一锅四煮，能炒菜，能和面绞馅打豆浆，快赶上一个厨房了"。④巧用修辞凸显产品特色，比如"这个扫拖一体机能扫能拖，关键自己会涮拖布，指哪拖哪，让拖几遍就拖几遍"，用拟人的修辞凸显扫地机很智能。

2. 提问式标题

提问式标题一般以"如何""怎么""怎样""你猜到了吗""你知道吗"等类型的问句方式呈现。这类标题可以吸引用户的注意力，引发用户的思考，带动用户的情绪。

提问式标题要发挥效果，可以从三个方面着手：①提出的问题必须能引起读者的共鸣或者让读者想知道答案，多用来向观众讲知识、提建议。比如"存一万元在卡里，十年后还能剩多少？"②问题中藏着产品的特色利益点，比如"把冰淇淋涂抹在嘴巴上是怎样的体验？"通过提问的形式，凸显口红的特色、质地和触感像冰淇淋一样。③谜题式提问，比如"自带仙气的神仙果酒来了！每一口都是新鲜的果香，你猜到是什么了吗？"先陈述产品的某个诱人特色吸引用户关注，并让其猜答案。

3. 命令式标题

命令式口吻更能引起用户的重视，特别是权威人物所说的话，以命令式呈现他们的话更能达到效果。

在使用命令式标题时，常用的方式有两种：①肯定式命令。比如"赶快扔掉你那堆数据线，用这1根就够了！""看片尾，我给大家挑了个礼物，老规矩！"如果博主已经在粉丝心中塑造了不错的专家形象，粉丝黏性也不错，可以采用这种方式。尤其是"看片尾"这条，能够唤起用户的好奇心，让用户产生为什么要看片尾的想法，从而吸引他看到最后，提升视频的完播率。②否定式命令，常见的有"千万别""请不要""一定不要"等。比如"千万别用这种洗面奶，小心烂脸！"另外，还可以用否定式命令正话反说，从而暗示产品的效果好。

4. 见证式标题

见证式标题就是主播以试用者身份告诉大家使用产品的体验和效果。见证式标题之所以有效，是因为它以主播为背书证明了产品的效果。这个方法与本章第四节中讲到的主播证言法类似，区别是标题字数更多一些。

在使用见证式标题时，常用的方式有四种：①凸显使用产品后的美好体验。比如"学完驾照的我竟然一点儿都没晒黑！全靠它们！"②直接强调产品的某个特色。比如"拯救熬夜脸我是真的服！"③凸显是产品的铁粉，生活中已经离不开了。比如"空瓶N瓶的洗面奶""又是一家我的宝藏店铺，顺便做了几身穿搭给你们参考"，空瓶、宝藏等关键词暗示主播是产品的铁粉，凸显产品品质靠谱。④突出产品是主播体验过最好的。比如"面膜大户在线分享！好用不心疼！""连续两年测评过700多款精华！最便宜好用的美白神器！"面膜大户、测评过700多款都是突出自己使用过很多品牌，暗示自己非常懂行，从这么多品牌中帮你挑选出"我认为性价比最高的"，让用户觉得值得信赖。类似的还有"罕为人知！这些小众宝藏真的太绝了，还好我给你们找到了！"暗示这是主播费时费力才找到的"自己体验最好的产品"。

5. 选择式标题

选择式标题是最容易引发用户互动的标题形式，并且这类标题还能很好地吸引用户观看完整的视频。这种方法发挥效果的关键是两个选项最好是有争议的、有话题性的，更容易调动大家参与话题讨论的积极性。

常用的方式有两种：①两难选择。比如"夏天该吃烧烤还是火锅？"这是一款烧烤机的带货视频标题，通过抛出两难选择，吸引用户参与互动，并在视频中给出完美的解决方案，烧烤机可以一机多用，从而实现带货的目的。②二选一。比如"精酿啤酒和工业啤酒到底有什么区别？咱评论区见"，对于这类选择式标题，不同的用户有不同的答案，所以更容易实现互动。尤其是"咱评论区见"明确引导用户在评论区讨论，可以有效提升评论量，提高进入平台流量池的概率。

6. 剧透式标题

所谓剧透式是提前透露视频中的某个重要信息，从而吸引目标用户观看完整个视频，可以明显提升视频的完播率。

这种方法发挥效果的关键是剧透的内容一定要有诱惑力，可以体现在三个方面：①福利诱惑。比如前文提到的"看片尾，我给大家挑了个礼物"，这个标题既用了命令式提醒用户，也提前透露了视频中给大家准备了礼物，属于福利诱惑，从而吸引用户观看。②效果诱惑。比如"最后一套有被自己帅到！胜在气势！"可以激发用户的好奇心，从而吸引他点击。③话说一半。比如"我觉得第三套，秋天那个红毛衣不错"，说了那个红毛衣不错，却没有说明好在哪里，从而吸引用户点击。

已故的顶尖文案写手约翰·法兰西斯·泰伊曾说："我们这一行要的不是原创性，而是将有效的元素重组运用。"所以，只要掌握五大底层逻辑，并灵活运用以上六个技巧，你就能超越写出真正创新有效的爆款带货短视频标题。

7.8 短视频带货黄金结构，五分钟写出爆款脚本

一款网红保温杯，客单价 156 元，单条短视频产生销量 3300 多单，销售额 52 万元；

一套小学生课外读物，客单价 36.8 元，单条短视频产生销量 10000 多单，销售额 36 万元；

一套新上市的国货化妆刷，客单价 99 元，单条短视频产生销量 9700 多单，销售额 96 万元……

以上这些短视频带货神话，都真实地发生在我们身边，而且每天都在发生。为什么别人的一条短视频能带货那么多？因为他们懂得短视频带货背后的用户逻辑，知道在视频里面设置怎样的痛点和转折，才能让用户立马买单。

这一节我研究了 400 多条销售额都在 30 万元以上的短视频，给你总结出一套带货短视频的黄金结构，主要分为四个要点，下面我来分别解释。

7.8.1 黄金三秒，抓住注意力

短视频能否吸引用户的注意力，除了标题，最关键的是前面几秒钟。我特意用秒表测试了很多爆款带货视频的开头，一般前 3~5 秒就能成功吸引我的注意力。据数据统计，用户听起来最舒服的语速是 1 分钟 260~300 个字，1 秒钟就是 4~5 个字，所以，在短视频的开头，你需要用 12~25 个字（正好是完整的一句话）抓住用户的注意力。

另外，由于短视频平台实施的是算法推荐机制，如果三秒内没有吸引住观

众，他就会快速滑过，那么你的视频会被算法贴上"用户不喜欢"的标签，也就不会被推荐到更广阔的推荐池中，流量会越来越少。这样不管你的内容做得多么精彩，都不会被用户看到。

那么，如何在开头成功吸引用户的关注呢？以下总结了六种常用的方法：

1. 结论先行法

顾名思义，结论先行就是开门见山讲主旨。在大多数情况下，我们推荐产品都会先讲产品好处，给出用户购买理由，最后下结论告诉用户这款产品非常值得买，而结论先行的做法是先告诉顾客这款产品值得买，再解释原因。

在使用这种方法时，成功吸引用户注意的关键是要有条件限制，否则，用户会觉得是一条普通的产品硬广告，就不会继续看下去。如果有了条件限制，符合条件的用户会好奇"为什么"，就会观看视频了解原因，而不符合条件的用户也会忍不住一探究竟。比如某花卉的带货视频第一句话是"有房子的，冬天家里一定要养一棵法国香水藤"，在这个开头中就限制了两个条件：第一，家里有房子的。第二，冬天。

2. 标注痛苦法

所谓标注痛苦法是直接讲出目标用户的普遍痛点，这样可以让用户产生共鸣和代入感，并忍不住继续观看视频，寻找解决痛苦的方法。

比如某腮红的带货视频第一句话是"你们平时画完腮红，是不是会觉得妆面显得很脏"，当用户看完这句话时，她会觉得"对啊，我就感觉自己腮红画得不好看"，而且当你准确标注用户的痛苦后，她会觉得你肯定知道完美的解决方案，就会观看视频寻找答案。

3. 承诺利益法

面对眼花缭乱的内容，用户不会每一条视频都看完，而是会快速判断哪条内容对自己有价值。而承诺利益法就是在开头的第一句直接承诺用户观看视频可以获得的利益。

比如某精华水的带货视频第一句话是"这是一期让你一个月变白一度的视频"，当用户听到这句话时，她会觉得看完这条视频自己也能一个月变白一度。类似的还有"餐厅卖几百块的甜品，只要花三块钱就能做，超简单"，"这是一期白捡漏的视频"，"这是一期省钱的视频"等。

4. 设置悬念法

设置悬念法是指在开头设置一个能够引起用户好奇心的悬念或异于寻常的结果，以此来抓住用户眼球，引起用户急于探求内容的强烈愿望。

比如某精华水的带货视频第一句话是"如何花最少的钱，快速把你的皮肤变成鸡蛋肌？"某酱料的带货视频第一句话是"不是我吹，这道菜一出，三秒光盘，俘获所有人的心和胃"。

5. 夸张表情法

短视频的优势是可以用语言和表情结合的方式来突出产品的难得或稀有，从而实现快速吸引用户注意的目的。

比如某红酒带货视频的第一句话是"终于！终于！终于！我做出了属于自己的水果啤酒"，除了重复三遍的"终于"两个字，其文案内容非常普通。但主播在讲述时，语气加强，同时双手抓着头发，狠狠地点头，让用户隔着屏幕都能感受到她的激动，也让人觉得这款产品不一般，忍不住想要了解一下。

6. 打破认知法

打破认知就是打破用户惯有的认知。比如用户一直觉得A方法非常对，但你却告诉他这样不对，并告诉他这样做可能会导致不好的后果，为了规避损失，他就更愿意看下去。比如"千万不要再吃猪蹄啦，根本补不了胶原蛋白"。

7.8.2 爆点轰炸，刺激欲望

用黄金三秒开头成功吸引用户后，如何让他继续往下看呢？这就需要用爆点进行轰炸，让用户兴奋起来。所谓爆点，就是能引爆大众兴趣和情绪的那个卖点。如果将产品比作烟花，那么爆点就是烟花的引线，一旦点燃，便会迅速绽放，带来无比震撼的效果，让用户产生惊喜、兴奋的感觉，并爱上你的产品。

如何打造产品的爆点呢？可以从四个角度着手：

1. 高性价比

不管是哪个平台，高性价比、低客单价的产品在带货中都更占优势。所以，如果你的产品有极高的性价比，可以把价格因素作为爆点。在凸显低价时，一定要强调产品的价值利益，这样才会让用户有"超值"的感觉，也更容易下单消费。

2. 竞品对比

当你直接告诉用户一款产品有某个优点时，他可能会觉得很普通，不会太感兴趣。但如果你和其他产品进行对比，用户会觉得这款产品好像还不错。所以，通过竞品对比，可以很好地凸显出产品的特色，让用户觉得我们的产品更好，从而刺激他的购买欲望。

比如某牛排的带货视频文案"什么牛排健身吃比较好呢？和牛？M9？不！脂肪含量太高！牛排分草饲还有谷饲，在我看来草饲牛排更适合健身者，因为它的脂肪含量低，肌红蛋白含量高。这是一款阿根廷家庭装草饲牛排，里面有西冷、肉眼还有菲力，统统适合健身。"

3. 美好体验

很多人在写短视频带货脚本时，喜欢写产品的功能，比如原创设计、高端大气、完美质感等，这些词并不能让用户产生代入感，当然也无法刺激用户产生购买欲望。正确的方法是写使用产品的美好体验，具体的体验可以让用户脑海中浮现出使用产品的美好画面，从而刺激他对产品的渴望。美好体验可以从产品获得感、感官体验、场景利益三个角度进行描述。

比如某口红的带货视频文案"带细闪的山楂红，超显白的一个颜色。涂上五官都变得更立体了。随便穿个白毛衣，都很显气场呀！"其中，"带细闪的山楂红""超显白"是感官体验，"涂上五官都变得更立体"是产品获得感，"随便穿个白毛衣都能显气场"是产品的场景利益。

4. 稀缺价值

人们对稀缺的东西往往更感兴趣，比如一款荔枝的带货视频文案为："1986年它就卖到10块钱一斤，那时人们平均月薪还不到200块钱"，当用户看到这句话时，会觉得这个品种的荔枝不一般，肯定非常好吃，也更想品尝一下。

7.8.3 信任背书，坚定信念

当用户对产品产生了兴趣和欲望，他可能会想"我是刷视频的，不是买东西的呀""产品靠不靠谱呢""真像主播说的一样好吗"，所以，此时你需要趁热打铁，摆出产品的信任背书，让他相信使用产品后真能实现主播承诺的效果，从而坚定购买产品的信念。常用的方法有以下四种：

1. 借势权威

比如某沐浴油的带货视频文案为："为什么他们的香味做得这么好，因为他们的香料供应商是世界排名前三的德之馨，和 GUCCI、Burberry 都是同一家供应商"，该文案就通过借势权威凸显出产品的好。常用的技巧还有借势名人明星、权威机构、权威奖项、历史背书等。

2. 产品演示

通过镜头直接演示产品的细节和效果，这是短视频的优势，也是非常有效的方法。比如卖服装就在现场上身试穿，并放大服装的细节让用户眼见为实；卖海鲜丸就放大成分表，让用户亲眼看到成分只有鱼肉，没有其他任何添加剂。

3. 顾客反馈

在视频中，呈现其他顾客的好评截图或使用效果图，让用户相信产品真的很不错。而且顾客验证还能进一步强化用户的欲望。比如某樱桃酒的带货视频文案为："几天前推出以后，刚刚收到了大家的第一波反馈，反馈最多的就是真的很像是樱桃汁儿，平时不爱喝啤酒的都很喜欢，还有就是冰镇后口味更惊艳"。

4. 打造专家人设

通过帮用户纠正误区，揭露行业真相，分享正确的方法，塑造自己的专家形象。用户更容易接受专家推荐的产品。这也是短视频带货中常见且效果非常好的方法。比如卖化妆刷，先讲述化妆刷的正确使用方法以及可能存在的使用误区，让用户相信你是美妆专家，推荐的产品肯定好用。

7.8.4 真诚表态，促使行动

当顾客对产品产生了购买欲望和信任，此时就需要促使他做出购买决策了。在很多带货短视频的促单环节，普遍存在两种误区。

1. 不做任何引导

事实证明，如果不做任何引导，会损失一半的成交机会。很多用户可能对平台还不太了解，就算对产品很感兴趣，也不知道去哪里下单。所以，一定要进行明确的下单引导。

常用的引导形式有三种：①在短视频末尾口播提醒。比如"现在××元，顺风包邮，赶紧来份尝尝"。②在短视频末尾使用顾客疯狂抢购的表情包提醒。③在评论区的第一条进行引导提醒。

2. 推销意味太浓

与第一种误区相反，有些主播会在短视频中反复进行推销、逼单，让用户感觉很不舒服，甚至觉得这个主播很不靠谱。

同样的道理，一条短视频一般只有1分钟，甚至更短，在有限的时间内，我们催促用户赶快掏钱下单，反而会让他越犹豫。短视频平台是基于内容传播的平台，如果推销意味太明显，还可能会起到反作用。

那么，如何在有限的时间内实现更好的促单效果，又不会让用户反感呢？答案是真诚表态。当他觉得你是一个真诚靠谱的人时，会感觉找你买产品没有风险，从而放下心理防备。

比如某美妆大号主播在销售化妆刷时，引导下单的文案是："产品我挂购物车上了。你自己有刷子别瞎买，先把自己的刷子用明白。如果要是想送礼或者想尝试用个新刷子，不用买贵的，这个我觉得已经很不错了。性价比很高"。当时看完这条视频，我毫不犹豫买了一套，对我影响最大的就是最后这句话，让我觉得主播非常真诚，就像闺蜜一样，从而发自内心地喜欢她。

为什么？因为如果单讲化妆刷的使用方法，很多主播都挺专业，而能让用户心甘情愿找你买的关键就是真诚，让用户觉得你很为他着想、很负责。只有这样，用户才会喜欢你。这款化妆刷的客单价是99元，据第三方平台的数据统计，这条短视频带货9700多单，销售额90多万元。

以上就是短视频带货脚本的黄金结构。为了便于你更好地消化和吸收，我来给你拆解一个前掌鞋垫的爆款案例，单条视频销售20000多单，它的短视频脚本文案是：

闺蜜们注意啦，结了婚的女人千万别买这款前掌垫！因为穿上秒变一米七，走在街上太吸睛了。老公都不敢让你上街了。穿上这款蜂窝硅胶垫，就像踩在豆腐上一样，软软的、凉凉的，还有淡淡的清香。真是三十年从未有过的舒适体验。有了它，穿高跟鞋也能健步如飞，30块钱的地摊鞋也能穿出8000元大牌的舒适感。困扰我多年的穿高跟鞋脚趾疼的问题，没想到一双鞋垫就能解决。

有高跟鞋的大汗脚赶紧试一下，厂家直销，相同质量买贵了随便退，不好穿也随便退，不要一分钱。

首先，黄金三秒，抓住注意力。"闺蜜们注意啦，结了婚的女人千万别买这款前掌垫！"开场利用了设置悬念的技巧，成功吸引用户的注意力。这句话成功吸引人的关键是设置的条件，已婚女性会想"为什么结了婚的女人不能买呢"？而未婚女性会想"既然我可以买，看一看吧"。如果不设置条件，换成"千万别买这款前掌垫"，吸引力会大大减弱。

其次，爆点轰炸，刺激欲望。在这条视频中，有三个爆点，分别是：①产品获得感，比如"秒变一米七，非常吸睛""解决了困扰多年的脚趾疼问题""让30块钱的地摊鞋穿出8000元大牌的舒适感"。②感官体验，鼻子闻到"淡淡的清香"，身体的触感是"软软的、凉凉的，像踩在豆腐上一样"。③场景利益，"穿高跟鞋也能健步如飞"。

再次，信任背书，坚定信念。"真是三十年从未有过的舒适体验"，主播以试用者的身份，给出了产品的好评反馈，获得用户信任。

最后，真诚表态，促使行动。"相同质量买贵随便退，不好穿也随便退，不要一分钱"，明确的承诺让人感觉主播非常真诚，对产品品质也很有底气，破除用户的犹豫。

其实，在创作短视频带货脚本时，"爆点轰炸"和"信任背书"这两个部分的内容与我们写公众号卖货推文的方法是一样的。你可以详细阅读我的第一本书《爆款文案卖货指南》。

唯一的区别是短视频的时长有限，可以承载的内容也有限，所以，你需要聚焦最核心且用户最关注的产品特色。然后，根据自己的账号定位和人设风格，选择适合的呈现方式。另外，对于粉丝黏性比较强的个人账号，因为粉丝对主播已经建立了信任，所以，有时候只要把"黄金三秒"和"爆点轰炸"两个方面做到位就能实现不错的带货效果。不过，如果在控制好时长的前提下，能增加信任背书和真诚表态这两个部分的内容，带货转化率会更高。

第 8 章

爆款脚本模板，月入百万的实战方法论

🔖 **学习提示**

　　做短视频带货，脚本文案是关键。那么，什么样的脚本文案能促进短视频播放量和卖货转化率的增长呢？

　　这一章将为你总结不同领域的短视频带货脚本的创作要点，并为你提炼出简单有效的脚本模板，包含美妆产品、服装、美食生鲜、生活用品、母婴产品五大常见领域，你只需直接套用，就能成为短视频带货红人。

8.1 美妆产品带货脚本创作要点、文案模板和爆款案例

根据飞瓜、蝉妈妈、抖查查等第三方平台发布的数据显示，每天销量榜排行前十的产品中，70%~90%都是美妆护肤产品，而且单场带货销售额达到数千万元甚至过亿的大主播，80%也都在美妆领域。美妆行业早已成为电子商务中非常重要的一个市场。

美妆产品的主流购买人群是女性群体，并且从数据上看，短视频平台的用户集中于22~35岁的人群，所以，美妆产品的主力购买人群有两大类：追求性价比的学生、职场新人和追求高端生活品质的小资人士。

那么，文案创作者在撰写美妆产品短视频带货脚本时应该注意哪些问题呢？如何高效地创作出美妆类爆款脚本呢？

在讲解美妆带货脚本文案之前，我们先想一下，女生为什么会热衷买化妆品呢？因为美是一种永恒的追求，变美可以让人看起来年轻，比同龄人更有优越感，也能获得更多人的赞美。从这个角度来说，美妆产品卖的是一种变美的期望。

明白了女性的消费心理，90%的美妆产品文案思路就有了：给你变美变年轻的期望，让你更自信，更受欢迎。通常来说，主要包括产品功能、产品成分、适合肤质、试用效果、产品细节、使用方法等几大板块。这一节总结了创作美妆产品带货脚本的五大要点和四个爆款文案模板。

8.1.1 创作美妆产品带货脚本的五大要点

1. 突出产品功能，满足用户需求

用户购买美妆产品一定有其自身的需求，比如清洁、防晒、补水、嫩肤、抗衰、遮瑕、提亮、祛痘、去黑眼圈等。所以，在创作带货脚本时，我们不妨

从功能关键词出发，告诉用户产品能帮她们解决什么问题，并点明具体的利益，这样就能实现直击用户需求的效果。

在突出产品功能时，需要牢记"三有"法则，即"有因有果有用"。有因是陈述基本事实，有果是呈现功能特色，有用是点明具体利益，三者都具备才有说服力。然而，很多人写文案时，要么缺一项，要么缺两项，导致写出的脚本没有吸引力和说服力。

举个例子，某护肤品的成分是鹿茸提取物，核心功能是抗衰老，"因"就是"鹿茸提取物"，有了这个特色成分，才能实现抗衰老的"果"。此外，还需要点明给用户带来的具体利益，即"有用"，比如"1 瓶改善细纹、干燥、暗沉，比真实年龄年轻 5 岁"，这样的文案牢牢抓住了有抗衰老需求的用户，让她通过文案直接了解产品的功能和效果，从而产生购买欲望。

2. 塑造产品高价值，打动消费者

美妆产品竞争非常激烈，若想突出重围，被用户记住并认可，就要凸显产品的品质和价值。同样的功效，差不多的价格，用户会优先选择品质更好的。我们可以通过展示产品的原料、配方、细节，或者与竞品对比等方式塑造产品的高品质、高价值，也可以通过明星代言的方式为产品品质背书。

比如某化妆刷的带货视频文案为："刷头是仿生羊毛的，抓粉力、释粉力都很好，好上色，让底妆更加轻薄均匀持久。木头的刷杆特别有分量，手感也很好，一看就不像是便宜货。"

再如"××明星同款""由麻省理工的科学研发团队创作，在美国高端零售店销售"，看到这样的文案，买家会对产品充满信心，产生购买欲望，从而增加转化。

3. 将产品置于使用场景，贴近用户生活

纯粹描述产品的好处难免会让用户感觉比较空泛，文案创作者可以将产品置于使用场景中进行描述，贴近用户生活，这样很容易让用户产生代入感，让用户联想到自己使用该产品的美好场景，激发她的购买欲望。

4. 介绍产品使用方法时，要简单易懂

护肤产品的功能有很多，不同产品的使用场合、顺序和方法都不同，导致很多人冲动购买后不会用，达不到主播说的效果。所以，很多美妆产品的短视

频往往还要介绍产品的使用方法，让用户觉得产品的使用方法很简单，破除用户下单前的犹豫。

在讲述使用方法时要尽可能站在用户的角度，用最简洁易懂的方法告诉消费者应该如何使用产品，突出产品使用便捷，效果很好。比如某粉底液的短视频带货文案："就像涂面霜一样，先这样搓开，用美妆蛋把多余的粉这么一拍，不会深一块浅一块，只需1分钟就能美美地出门。"

5. 明确价值主张，多鼓励用户

很多带货视频之所以能够打动用户，离不开强大的价值主张作为支撑。什么是价值主张？简单理解就是直接告诉用户"你需要这样做，你这样做是对的，女生就应该这样"。当用户受到鼓励之后，更容易做出购买决策。

价值主张一般来说有两种形式：一种是围绕产品做文章，另一种是强调精神层面。比如某眼影的带货视频文案为："掌握一点化妆小技巧，根本没有丑女人。一起活出更美的自己。"再如某精华的带货视频文案："年轻可是要把握在自己手里的呀，姐妹们。"

8.1.2 美妆产品带货视频的四个爆款脚本模板

下面为你总结了四个简单好用的爆款脚本模板，分别是：痛点刺激式、导购测评式、干货知识式、打假揭秘式。

1. 痛点刺激式：普遍痛点 + 试用体验

模板要点解读：

（1）普遍痛点。指出目标人群的普遍痛点，痛点一定要普遍、高频，并且具有场景代入感。

（2）试用体验。为了帮助用户解决痛点，终于找到了一款很不错的产品，并描述主播自己试用产品的体验和感受。在讲述试用体验时，可以从感官体验、生活场景、使用效果三个角度凸显产品的功效特色。

我们来看一个身体乳的案例，这款产品客单价99元，在抖音上有20000多单的销量，它的短视频脚本文案是：

两周！就两周！！我就两周没有涂身体乳，然后天天把空调开到自然醒，我的皮肤……干得都能搓出屑了！我的妈耶，这可是在夏天，怎么办呢？只能涂

身体乳！但有些人说"夏天我不想涂身体乳，涂了身上超粘的，怎么睡觉啊"！（普遍痛点）

我换了一个很特别的身体乳，××果冻身体乳，始于颜值，终于使用感受。它是按压的，挤出来是这种蓝色啫喱混合细细的闪，一抹就化，水水的。吸收真的超级快，它闻起来是那种很清新的海盐的味道，而且你认真闻能闻到淡淡的那种椰香味，涂上它之后会有点凉凉的。我们女生夏天不是会穿小裙子嘛，腿这个部位就没有办法做到100%的防晒，晒后会有点泛红、敏感的时候，你就多涂一点。它里面有积雪草和烟酰胺的成分，积雪草能在一定程度上缓解晒后泛红的状况。比较暗沉的关节，比如胳膊肘、膝盖也可以多抹一点！哎哟，我今天的身体护理已经完成了。（试用体验）

2. 导购测评式：产品特色＋试用体验＋给出建议

模板要点解读：

（1）产品特色。明确指出产品的最大特色和亮点，可以从使用人群、核心功效、主打成分等角度凸显产品的特色。

（2）试用体验。描述产品的试用体验，同上一个模板。

（3）给出建议。像实体店的导购员一样，针对用户肤质给出专业的建议，让顾客觉得你很专业，同时也便于顾客做决策。在给出建议时，也可以结合自己的试用体验。

我们来看一个粉饼的案例，这款产品在抖音上有23000多单的销量，它的短视频脚本文案是：

这是××最新款，专门为大油皮定制的，但夏天如果你经常在外面溜达，不是大油皮也能用。（产品特色是专门为大油皮定制）

我是混油肤质，这一款用着极好。不知道是不是我的心理作用，我觉得这一款的粉更细了，像水一样这样晃动。还有一个加分项就是这个粉扑，换了一个颜色，所以，当你去用的时候，可以很容易看到它的取粉量，不会一下子上太多，导致像扎进了面粉堆里一样。而且这个粉扑非常厚实，用到脸上软软的，特别舒服。（试用体验）

我自己用的是这种2号透明的，没有任何颜色。它还有个1号色，里面带有珠光，适合皮肤没有瑕疵的姐妹。我还是推荐姐妹拍2号，它适合绝大多数姐妹，这已经是我今天的第三个视频了，妆感还可以吧，脸还没有太油。（给出建议）

3. 干货知识式：引出话题＋干货要点＋产品特色

模板要点解读：

（1）引出话题。指出这期视频要讲的主题是什么，可以用回应粉丝提问、私信、评论或展示主播的生活日常等方式进行切入。

（2）干货要点。给用户提供一些专业小知识，可以讲述正确的方法以及需要避开的误区。这样可以达到两个目的：一方面让用户觉得看完这条视频有收获，另一方面还可以塑造主播的专家形象。举个例子，如果卖眼影，就可以讲怎样画眼妆的话题，并给出画眼妆的正确步骤以及需要避开的误区。

（3）产品特色。指出产品的最大特色和亮点，同上一个模板。很多时候，干货要点和产品特色是穿插进行的，最后再对产品的其他细节进行补充总结。

我们来看一个化妆刷的案例，这条视频产生了9700多单的销量，它的短视频脚本文案是：

前两天很多粉丝都在问我化妆刷。我从来没用过千八百元的化妆刷，真没必要，我也看不出来有啥区别，一般买回去成套的刷子都长这样。（引出话题）

我今天就来告诉你们各种形状的刷子怎么用。最大的刷子是整散粉的，别瞎抹，仿生羊毛挺软的，不会扎脸，取粉也不错，点点点，抖的时候散粉就飞出来了，所以能点得很匀。用这种火苗型的刷子轻轻地沾点腮红，扫C字型，把它淡淡地放上去，鼻子上也来点，要不看着太假。这样的是斜角修容刷，能很好地修饰脸部的边缘……总之你全脸用这10把刷子就差不多了。（干货要点＋产品特色）

这是××家的化妆刷，各式各样的，还有更贵的，我觉得这个便宜的比较适合我，新手完全能驾驭。木头的刷杆，这块都是加厚的铝管，特别有分量，看着就不像是便宜货。（产品特色）

4. 打假揭秘式：话题热点＋揭露真相＋认知对比＋给出结论

模板要点解读：

（1）话题热点。一般从最近的话题热点切入，比如最近流行的网红产品××等。

（2）揭露真相。揭露市面上此类产品的真相，可以从以次充好、劣质原料、骗人原理等几个角度进行。

（3）认知对比。指出这些产品给人们带来的影响和坏处，再指出自己产品的优点以及给人们带来的好处。

（4）给出结论。用一句话总结真相，目的是帮助用户建立新的购买标准，影响其购买决策。

我们来看一个氨基酸洗面奶的案例，这条视频产生了22000多单的销量，它的短视频脚本文案是：

近几年以氨基酸为卖点的洗面奶火爆全网，价格也是参差不齐，你选对了吗？（话题热点）

不少粉丝向我反映，他们所选购的氨基酸洗面奶，在洗完脸之后仍会出现干涩、紧绷等面部不适的症状。（认知对比，其他产品的坏处）

这些产品很可能只是添加了氨基酸的成分，而本质上还是清洁力度很强的皂基洗面奶。（揭露真相）

真正好的氨基酸洗面奶是指拥有氨基酸表面活性剂的洗面奶，椰油酰甘氨酸钾就是一种很好的氨基酸表活，我们以这款×××氨基酸洗面奶为例，它的主表活就是进口的椰油酰甘氨酸钾，兼顾了温和和清洁的双特质。根据我亲自使用后的体验，真的不会出现假滑的现象。而且它还添加了山茶花提取物等成分，能够很好地锁住肌肤的水分，避免紧绷。（认知对比，自己产品的优点和好处）

其实，氨基酸表面活性剂的成本并不低，那些一二十块钱的氨基酸洗面奶猫腻真的太多了，没有什么物超所值。（给出结论）

8.2 服装带货脚本创作要点、文案模板和爆款案例

在短视频带货领域，服装是仅次于美妆产品的第二大热门类别，其主流购买人群依然是女性消费群体。

在创作服装类的短视频脚本文案前，首先要对品牌的设计理念、服装色彩、时尚款式、风格搭配、面料材质以及制作工艺六大基本元素有所了解。其次，需要深度挖掘服装的卖点和特色，并结合目标人群的核心诉求，给出具体的利益承诺。这一节详细总结了创作服装短视频带货脚本的五大要点和六个爆款文案模板。

8.2.1 创作服装带货脚本的五大要点

1. 突出款式风格，锁定目标用户

在购买服装时，人们首先关注的是衣服穿在自己身上好不好看，是否能凸显自己的身材优势。而不同的目标用户需要的服装款式也不尽相同，不同的款式风格又针对不同身材比例的用户，所以，我们不妨从款式和版型入手，突出给目标人群带来的利益。

比如针对小个子人群，可以强调服装的版型穿在身上不压个，很显高。再如针对微胖的姑娘，可以强调服装的袖子能很好地修饰手臂，让人显得更秀气。还可以针对不同人群的喜好来突出款式特色，比如淑女风、街拍风、轻熟女风等。

2. 放大流行元素，刺激消费欲望

服装受时尚潮流的影响比较大，而走在时尚最前沿的是明星、达人、网红等。所以，可以利用明星和红人效应（比如××同款），吸引用户的注意，刺激其欲望，从而带动产品的销售。

如果品牌和明星没有代言签约，只是款式或风格雷同，则可以与时尚元素（明星、综艺、电视剧、国家等）进行关联。比如"好莱坞明星都喜欢的款式""韩星欧巴都喜欢的款式""穿上秒变韩剧大女主""这个裙摆是流行的韩版设计，穿上非常减龄"等。

另一种影响流行的因素是时间和季节，每年的不同季节都会有不同的服装穿法和时尚热点，可以利用这一点让用户觉得服装很流行。比如很多短视频带货脚本会写"2020年秋季最流行的四大款式""2020年被评为最减龄的3种穿搭"等。

3. 真人穿搭测评，演绎穿着效果

尽管服装的款式很时尚、设计很流行，但是消费者通过网络购买时，不能亲身试穿试戴，所以她会担心穿在自己身上的效果到底如何。还有些用户会担心自己不会搭配，因此需要主播给顾客试穿一下，让她亲眼看一下效果，并在镜头中教她正确的穿搭方法。

通过展示主播上身的穿着效果、不同场景的穿搭，凸显服装的美感，吸引

用户的注意。所以，很多服装带货账号只是简单地进行换装或穿搭展示，没有任何声音和文字，也可以实现带货目的。不过，这种方式只能呈现服装的款式，对于用户关心的材质、工艺、舒适度等细节并不能很好地展示，所以，带货效果一般。

主播在试穿时，最好再配以口语化的试穿体验描述，可以进一步强化用户的购买欲望。

4. 展示产品品质，破除购买犹豫

对于服装来说，单一的面料说明已经不能完全满足大众的需求，服装的材质、款式、质感以及做工细节，也是用户越来越在乎的事，所以，如果能体现出商品的细节就会更有说服力，更能满足消费者的要求。

我们可以通过衣领设计、扣子设计、拉链设计、衣缝包边、产品内衬、商标展示、手工缝制等细节凸显产品的高品质，还可以设置一些挑战试验证明产品品质好。比如在某款服装的带货视频中，主播使劲搓着袖子上镶的小钻，并配音"看一看，一颗都不会掉。你看一下里面，都是用手工缝的。"再如某毛衣的带货视频，主播特别展示了目标用户普遍关心的色差问题："你们好像对这个衣服的颜色很纠结，我去太阳底下给你们看一下它在自然光下面的效果。"

5. 讲述设计理念，用故事打动顾客

面对琳琅满目的衣服，有故事的服装品牌更有竞争力。所以，如果你的品牌是原创设计，也可以讲述产品设计背后的故事，一方面可以让用户更好地了解产品所蕴含的设计理念，另一方面也可以提升产品的价值感。品牌故事必须附着于产品，通过产品包装、产品细节、产品卖点、产品口碑等，提升品牌故事的可感知度。

8.2.2 服装带货视频常用的四个爆款脚本模板

1. 干货式：话题类型 + 干货要点

模板要点解读：

（1）话题类型。挑选与衣服相关的话题类型。比如卖风衣可以讲如何穿不显矮，如何系腰带才好看等。要选择目标用户普遍关注且能帮其解决某个痛点的话题。只有这样才能引发用户的共鸣，获得不错的播放量和点赞量。你可以从人群、胖瘦、高矮、搭配、配色、材质辨别、衣服护理等几个方面选择合适的话题类型。

（2）干货要点。针对提出的话题，给出系统的知识要点。这样可以凸显主播的专业性，让用户觉得你是服装穿搭方面的专家，也更愿意找你买服装。同时，在讲解干货时，还展示了服装的特色和效果。看似没有直接推销产品，却可以吸引用户在评论区主动询问"这款衣服是在哪里买的呢？"这种方法可以很好地增加粉丝的互动量，提升视频的转发和评论数量，更好地带动视频传播，并间接实现种草带货的目的。

我们来看一个销售工装裤的脚本文案：

只要记住以下三点，小个子穿工装裤就不会显矮（话题类型）。裤子选择高腰小脚版型；搭上马丁靴，把裤子塞进靴子；上衣选择小短款或者把上衣塞进裤子，这样的穿搭气场一米八（干货要点）！

2. 测评式：普遍痛点＋完美方案＋测评建议

模板要点解读：

（1）普遍痛点。指出目标人群在日常着装中普遍存在的一些痛点。衣服再美、款式再潮，但模特展示出来的完美效果总给人不真实的感觉，用户会担心自己的身材不够好，个子不够高，穿起来效果不好。此时如果你一针见血地指出她的痛点，她会非常有共鸣，也更容易接受你推荐的服装。

（2）完美方案。给出能解决用户痛点的完美方案，就是你要销售的服装。

（3）测评建议。服装到底如何呢？你需要在镜头中给用户测评、证明一下，让她眼见为实。另外，还需要根据用户的需求和痛点给出穿搭建议，破除用户下单前的犹豫。

我们来看一款吊带裙的带货视频文案，这条视频产生了1500多单的销量：

夏天穿这种紧身的衣服，从后面看就像个蚕蛹一样。腿和肚子就像个金刚，要是瘦个50斤穿起来就好看了。（普遍痛点）

瘦不下来的话，直接换一条裙子算了。哇，大美女！（完美方案）

可能有人会说：你不是穿了束腰吗？为了证明一下我没穿，我还特地穿了条绿短裤。有人要讲了，无袖的裙子，不显得胳膊粗吗？怎么可能不显胳膊粗？随便搭一件这种小开衫就行了呀！再不行你就搭件西装外套呗！保守一点的姑娘搭件T恤，换一种风格。最后叮嘱一遍，个子高的买这个啊！（测评建议）

3. 导购式：展示特色 + 描述利益 + 引导下单

模板要点解读：

（1）展示特色。在镜头中展示产品的细节特色，比如面料、设计、工艺、包边等。在展示服装特色时，最好配合一些挑战试验，比如使劲搓一下衣服，看钻是否会掉，衣服是否会起褶皱，是否会起静电，弹力大小如何等。

（2）描述利益。只有用户产生了联想和情绪才更容易下单，所以在展示服装的特色之后，还要描述给用户带来的具体利益，比如穿上显肤色、显高、显气质、很性感或者不同场合都可以穿等。只有这样，顾客才会联想到自己穿在身上的效果，购买欲望才会被唤醒。

（3）引导下单。给用户明确的下单指令，也可以使用价格锚点、偷换心理账户等技巧。

我们来看一款风衣的带货视频文案，这条视频产生了1300多单的销量：

我给大家看一下，一颗都不会掉（主播使劲搓衣服的镜头）！再看一下里面，都是用手工缝的。它的扣子有种钻石的感觉，而且它的袖子也有钻石的感觉。有没有满满的高级感，超级好看。它采用双排扣的设计。（展示特色）

露一点小腿，有点小性感的感觉。黑色永远经典不过时，不管是搭配套裙还是裤子，都非常显气场。（描述利益）

这样的衣服在专柜至少都要好几千，性价比真的超级高。（引导下单）

4. 场景式：产品优势 + 穿搭场景

模板要点解读：

（1）产品优势。一句话概括产品的优势，可以从设计、面料、工艺、剪裁、款式等不同角度来凸显优势。

（2）穿搭场景。罗列出日常生活中服装的不同穿搭场景，可以从配色、季节、场合、人群等不同角度展开。

我们来看一个丝巾的案例，这条视频产生了1000多单的销量，脚本文案是：

丝巾真的是我平时利用率很高的单品，非常能增加层次感和时髦度。（产品优势）

当头饰，法式风情美人就是你；当上衣颜色比较单一时，就可以系一条当装饰；穿外套想有一点小设计，这样穿很加分。你们平时都怎么搭配呢？（使用场景）

8.3 美食生鲜带货脚本创作要点、文案模板和爆款案例

民以食为天。美食生鲜也是短视频带货领域的热门。

那么，文案创作者在撰写美食生鲜短视频带货脚本时应该注意哪些问题呢？如何高效地创作出美食爆款脚本呢？

在讲解美食类脚本文案之前，我们需要先了解美食文案的三重境界：第一重境界是用户看完觉得好吃。第二种境界是用户看了觉得想吃。第三重境界是用户看的时候不停地分泌口水，吃不到就非常难受，只能下单购买。所以，写美食文案不仅要走心，更要走胃。这一节总结了创作美食生鲜短视频带货脚本的七大要点和四个爆款文案模板。

8.3.1 创作美食生鲜带货脚本的七大要点

1. 描述感官感受，刺激用户欲望

对食品而言，味道的好坏极其重要。用户购买美食的目的就是满足食欲。因此，文案创作者需要用丰富的文字描述出美食的口感和味道，让用户隔着屏幕都忍不住流口水。那么，怎样才能让这种美味变成文字传递给观众，并让他情不自禁流口水呢？答案是描述感官感受，眼睛看到的、耳朵听到的、嘴巴尝到的、鼻子闻到的、身体触摸到的以及身心感受到的。对食物的感官描写越清晰、具象，食物在人们大脑中的画面感就越灵动，不由得让人沉溺在对美食的畅想里。对于吃货来说，这一招非常有杀伤力。需要注意的是文案要诉诸感官，不能靠辞藻的堆砌，而要靠体验的立体呈现。

比如一款拉面的带货脚本文案是："这个面条很劲道啊，这个萝卜汁水很足，特别入味，不像是萝卜干的感觉，味道很新鲜，细细地品，还有些许的回甘。嚯，这大肉片，这么厚啊，居然不是图片仅供参考！哎哟我的天！肉质很嫩，特别鲜美，美滋滋啊！"把拉面的口感滋味描绘得有声有色，用户在观看视频的过程中就像亲自品尝了一样，会留下深刻的印象。

2. 突出食物产地，增加文化背书

平时我们到一个地方旅游，第一件事就是品尝当地的特色美食，有时候比

较匆忙没来得及品尝还会觉得很遗憾。为什么？因为我们觉得这个地方的食物与其他地方不太一样。所以，如果产品有天生的产地优势，可以从这点出发来创作带货脚本文案。

比如某芋头的短视频文案是："吃遍山珍海味的乾隆皇帝，偏偏被一个芋头给征服了，什么芋头这么神奇呀？这就是正宗的荔浦芋头，独特的喀斯特地貌和清澈见底的荔江水才成就了它的好口感，被称为'芋中极品'。"再如某扇贝的带货视频脚本是："我给大家发货的扇贝肉非常好吃，味道特别鲜，为什么我敢这么说呢？给大家看看我们码头上的海水，大家就知道了。扇贝在这样的海水里长大，它能不好嘛！"这样的描述让人觉得产品很独特，品质更有保障。

3. 讲述食物背后的故事，提升价值感

曾经《舌尖上的中国》这个美食纪录片非常受大家欢迎，片中讲述的很多美食之所以让人觉得很好吃，最重要的原因是它讲述了美食背后的故事。一个有故事的食物，会让人觉得它更有质感、更高级，让人也更想品尝。我们可以从食物的历史传承故事，食物名字的由来、食物的文化典故和研发故事等几个角度进行讲述。

用讲故事的方法介绍美食，不仅可以提升产品的价值感，还可以让用户从中了解一些小知识，更容易吸引用户的注意力和兴趣。比如一款口蘑的短视频文案是："你看这肉，它是自己崩开的，特别紧实。其实，以前内蒙古大草原上的蘑菇先要运到张家口去卖，所以才得名口蘑。现在主要指的就是这种白蘑菇，产量很少，大部分都是野生的，好香！"

4. 顺时令蹭热点，强化购买理由

不同的生鲜产品成熟于不同的时令，而且不同时令吃不同的食物也会有不同的文化意义。比如青团作为我国南方春季的一种专属糕点，近年来成为消费者争相购买的网红食品，其广告语"春天的味道"，让人心动不已。再如杨梅的尝鲜期只有10天时间，时间的紧迫感，也能刺激用户忍不住下单。

再如，2020年3月份疫情还没有消退时，一款梨子的短视频脚本文案是："惊蛰吃梨，虫蛇远离，在这个特殊时期还可以润肺降燥哦"。通过借时事热点，强化购买理由。

5. 用好真诚这张牌，引发用户共情

在生鲜美食这个领域，有很多普通人，其中有些农民、渔民的生活非常辛

苦，所以，我们可以从这个角度着手，展示农人最真实、最真诚的一面，引发用户的共情。

如一条裙带菜的带货视频中，一位穿着皮裤的老渔民在镜头中说："出海回来了，天有点冷，刚下过雨，我做了一个裙带菜鸡蛋汤，好吃！这裙带菜5斤能泡出十几斤，才十几块钱，想吃的朋友，你们就来一份尝尝！"很多用户评论说大叔太辛苦了，太真诚了，购买一份支持一下。

6. 美食料理教学，强化购买欲望

在决定是否要购买某种食材时，很多用户不知道什么时候吃、不知道怎么吃或者担心自己不会做、做的不好吃等，当他产生这种想法时，就不会购买。所以，我们需要教授用户一些食用方法、食用场景，让他觉得很多场景都可以吃，做法也很简单，而且通过呈现制作好的诱人美食，还能进一步强化用户的购买欲望。

曾经我在浏览一个海鲜美食的短视频账号时，单独看到小黄鱼并没有产生食欲，也不打算买，但主播在视频中教大家做油炸小黄鱼、小黄鱼炖豆腐等，做好的美食盛出来非常诱人，让我忍不住很想尝一尝，所以，立马点击视频下方下单了。

7. 展示生产过程，破除购买犹豫

对于美食类产品，安全、健康、卫生、新鲜也是人们非常看重的因素。所以，从用户的这类诉求出发，我们可以晒产品的加工过程、筛选标准、打包过程，破除用户下单前的犹豫。

比如一条石榴的带货视频中，主播和打包人员对话的内容：

主播：其实，这些还真的很不错是吧？

打包人员：这些都是挑出来有问题的石榴。

主播：就因为有这一点伤是吗？

打包人员：对的，所以就不能发了。你看嘛，像这种石榴已经出水了，发出去中途可能会烂掉。

主播：所以不会给网友发出去对吧？

打包人员：对的，坚决不会发的。

8.3.2 美食生鲜带货视频常用的四个爆款脚本模板

1. 直推式：一句承诺+感官体验

模板要点解读：

（1）一句承诺。顾名思义，用一句话向用户承诺这款食物很好吃。需要注意的是，这句话非常关键，一定要能引发用户的好奇心。

（2）感官体验。描述具体的感官体验，通过文字描述，让用户相信这款食物真的好吃，并诱发用户的欲望。

我们来看一个阳山水蜜桃的案例，短视频脚本文案是：

相信我，只要吃过一回，别的桃子还真就没法吃了。（一句承诺）

它就是可以用吸管喝的阳山水蜜桃。阳山水蜜桃果实大，色泽美，香气浓郁，果皮特别薄，放软之后就可以用吸管吸着喝了，桃汁多得让人怀疑它没有果肉，这才是真正的甜到嗓子眼了。（感官体验）

2. 干货式：干货主题+要点步骤+产品特色+号召行动

模板要点解读：

（1）干货主题。开门见山地指出这期视频的主题内容是什么，比如教大家做一道菜，教大家如何正确地剥石榴等。

（2）要点步骤。针对主题给出清晰的要点步骤，比如第一步是什么，第二步是什么，这样可以更好地塑造主播的专家形象。

（3）产品特色。在讲述要点步骤时巧妙植入产品，并介绍产品的核心特色。大多数情况下，要点步骤和产品特色是穿插进行的。这也是美食生鲜带货视频常见且非常有效的方法。

（4）号召行动。给出明确指令，引导用户下单购买。

我们来看一个钵钵鸡底料的带货案例，这条视频产生了10000多单的销量，脚本文案是：

今天分享一道特别适合夏天吃的四川名小吃钵钵鸡（干货主题）。

把自己喜欢的食材穿成串，下锅煮熟，接下来准备一下钵钵汁。我买的是现成的钵钵鸡底料包（要点步骤），分为微辣、麻辣和藤椒，底料包含红油和粉包，加凉白开搅匀即可。这个底料包全部采用天然食材和香料，不含任何防腐剂和添加剂，百分百还原正宗四川钵钵鸡的口味（产品特色）。浸泡半小时就充分入味了，一煮一泡，正宗四川钵钵鸡就做好了（要点步骤）。快点学起来，厨房小白也能变大厨哦（号召行动）。

3. 测评式：初步否定/质疑 + 测评体验 + 食用场景

模板要点解读：

（1）初步否定/质疑。如果主播直接说这款产品很好，你肯定会怀疑他是收了广告费才替品牌方说好话的。测评是主播以真实用户的身份，第一次体验产品，并向用户呈现体验的全过程和感受，让人觉得更真实可信。所以，测评的关键是客观。常用的技巧是先否定或质疑产品。

（2）测评体验。描述详细的测评体验，主要包括产品的外观、分量、口感等，可以用感观体验进行描述。

（3）食用场景。讲述产品的食用场景，进一步激发用户的欲望。

我们来看一个拌饭酱的带货案例，这条视频获得了11万的点赞量，销量也非常可观，脚本文案是：

市场上拌饭酱可多了去了，可是我居然看到××拌饭酱。××不是卖酱油的吗？怎么还卖拌饭酱呢？一个做酱油的企业做的拌饭酱，里面该不会都是酱油吧！来个酱油拌饭，那跟我直接买一瓶酱油有什么区别，那不得齁死我呀（初步质疑）！

你们知道的，我这个人无辣不欢，口味又重，这个辣度刚刚好，非常香啊！市面上同类型的酱料里面，一般真的只有酱，料几乎很少，它这么便宜，里面能有多少料，哇喔！这里面的香菇，个头居然这么大，而且粒粒分明啊，又香又有嚼劲。这个拌饭酱，开胃又下饭，哪怕没有菜，就这个酱我能一口气吃完三碗米饭（测评体验）。

而且这个酱不止可以拌饭，蘸馒头啊，拌面条啊，夹在手抓饼里啊，都可以，真香！早知道这么好吃，我还吃什么火锅炸鸡小烧烤啊（食用场景）。

4. 对比式：点明产品 + 产品对比 + 引导下单

模板要点解读：

（1）点明产品。明确点出要推荐的产品。

（2）产品对比。美食类产品门槛较低，所以，市场竞争非常激烈。那么，如何让用户心甘情愿找你买呢？答案是对比。在进行产品对比时，可以配合一些产品演示，这样可以让用户直观地看到孰好孰坏，激发用户的购买欲望。

(3) 引导下单。给出明确指令，引导用户下单购买。

我们来看一个海鲜丸子的带货案例，这条视频产生了 2700 多单的销量，脚本文案是：

今天要给大家推荐一款海鲜丸子（点明产品）。

在推荐这个产品之前呢，我们先来做一个小实验，这一盘是我在市场上买到的散装丸子。这个是墨鱼丸，我们来捏一下，注意看我指甲的颜色，有没有用力。来！我们再扔到桌子上看能不能弹到屋顶上，非常有弹性是不是？再来给大家看看我要跟大家推荐的这个墨鱼丸，我们来捏一下，非常容易就捏碎了。这个丸子呢，都是真材实料用好东西加工的。掰一个墨鱼丸给大家看一看，里面都是墨鱼肉，能不能看到？非常明显。这上面的配料，都是我们在超市里能够买到的安全食材，没有任何其他的添加剂（产品对比）。

如果大家想吃好海鲜丸子，就来一份这样的海鲜丸子尝尝，保证让大家满意（引导行动）。

8.4 生活用品带货脚本创作要点、文案模板和爆款案例

生活用品是人们生活的必备品，其市场消费群体年轻化的特点显著，其中"80 后""90 后"已成为生活用品的主要购买者。随着生活品质的提高，人们的需求已经不再是满足于最基本的功能需求，而是更注重科技、时尚与生活方式的结合，产品的性价比，功能是否齐全以及多元的精神需求。

那么，文案创作者在撰写生活用品的短视频带货脚本时应该注意哪些问题呢？如何高效地创作出爆款视频呢？通常来说，生活用品的短视频文案应该以突出方便家庭生活，提升生活品质为主题，主要包括功能、款式、材质、商品细节、保存收纳等几个方面。这一节总结了创作生活用品短视频带货脚本的四大要点和四个爆款文案模板。

8.4.1 创作生活用品带货脚本的四大要点

1. 描述产品特征，突出特有功能

人们在购买生活用品时，最看重的因素就是产品的实用价值。而且生活用

品受科技因素影响较大，更新速度很快，因此在创作脚本文案时，文案创作者可以将重点放在描述产品的创新特征或产品外观、产品功能上。

在突出特有功能时，常用的方法是竞品对比，让用户觉得这款产品更好，更值得购买。给你两个创作角度：①与传统产品对比突出创新。②与竞品对比突出产品品质。例如某海绵拖把的带货视频脚本是："和它一起晒了两天的普通拖把头是硬邦邦的，像石头一样。再看看它，干得透透的，但还是软的，是不是很神奇。我原来比较烦的就是每次用的时候还要用水浸泡，而它是新型梳棉，干了也不会变硬，海绵头吸水性非常好，不留水印。"

2. 将功能与用户需求结合，突出利益

生活用品以给用户提升生活品质为目标，我们在创作短视频脚本文案时可以将产品的主要功能与用户的核心需求结合起来，突出产品给用户带来的实际利益。在突出利益时，可以结合产品的不同使用场景，凸显产品功能强，利益大。

比如某款除螨仪的带货脚本文案是："有很多宝宝问我，除螨仪到底有没有用，我可以负责任地说，非常实用。我家里有三款除螨仪，其实功能都是一样的，对比后我觉得这款的性价比是最高的。带紫换芯，有拍打功能，底部带加热，带紫外线杀菌，家里的床铺、布娃娃、沙发，都可以用它来清洗；它吸附能力强，特别是阴雨天，是螨虫滋生最快的时候，家里有宝宝的宝妈，用过你就离不开。"该条视频的脚本文案一方面介绍了产品具备的四大特征，即带替换芯、拍打功能、底部加热、紫外线杀菌；另一方面，将这四大功能与用户使用除螨仪的需求相匹配，即清扫床铺、布娃娃、沙发，祛除螨虫，让人觉得这款产品所具备的特征恰好可以满足自己的需求。

3. 多用数据说话，有理有据更可信

生活用品视频中常常使用具体的数据和专业术语来表达产品的功能，有理有据，不仅让用户更容易理解，也更容易产生信任。

例如，某款儿童电动牙刷的带货脚本文案为："有两种震动模式——早安模式、晚安模式，每分钟15000次的震动频率，是普通牙刷的4倍，刷牙只需要45秒，刷完即停。"该文案用"15000次的震动频率""普通牙刷的4倍"表达产品的功能强大，用"刷牙只需45秒"直接展现产品带给用户的好处。

4. 展示价格，凸显产品的高性价比

对于很多生活用品，人们还会比较关注产品的性价比。所以，经常出现很多9.9元的爆款产品，像刮眉刀、抽纸、皮筋、垃圾袋、碎发神器等。在创作短视频带货脚本时，如果产品的价格有优势或是赶上活动促销，则可以从性价比上着手。

在突出产品的高性价比时，可以从价格锚点、算账、买赠、产品使用时长等角度切入。比如某垃圾袋的带货视频文案为："赶紧来，赶紧来，今天这个手提式垃圾袋，只要5分钱一个，现在买还多送100个，真的太划算了。"再如某厨房懒人抹布的带货视频文案为："一大卷用一年也用不完，脏了洗洗还能继续用，关键是便宜，都不够喝1瓶矿泉水钱。"

8.4.2 生活用品带货视频的四个爆款脚本模板

1. 痛点唤醒式：普遍痛点+完美方案+竞品对比+适合人群

模板要点解读：

（1）普遍痛点。指出用户工作、生活中存在的普遍性痛点，需要注意的是痛点一定要具体，比如"前两天下雨地垫被踩得超级脏""纠结买空气炸锅呢，还是买烤箱呢""每次炒菜如果不用手扶着，锅就会很滑""每次洗澡换洗衣服都不知道要往哪里放"等。

（2）完美方案。给出能帮用户解决痛点的完美方案，即要推荐的产品，并指出拥有产品的好处。

（3）竞品对比。先指出竞品的缺点以及给人们带来的影响，再指出自家产品的优势以及给用户带来的利益，通过对比凸显产品的好。

（4）适合人群。指出产品适合的人群，让用户对号入座。我们可以利用身份特征、行为特征来锁定目标用户，比如有孩子的家庭、喜欢跑步的人等。

我们来看一个蒸汽拖把的带货案例，这款产品客单价529元，有9600多单的销量，脚本文案是：

你们会觉得夏天的厨房有一股怪味吗？用拖把总觉得拖不干净，味道也散不出去。（普遍痛点）

蒸汽拖把的好处就是可以高温杀菌去异味，如果喷点清香剂就能把地面拖得像脸一样香香的。（完美方案）

以前的大部分蒸汽拖把都只能加纯净水，否则会有一层厚厚的水垢。这款是可以加自来水的，用起来比较方便，而且它最高温度可以达到140℃，普通蒸汽拖把只能达到110℃。它还配了一个拖地毯的专用套，家里的地毯、凉席、榻榻米都可以用来蒸一蒸，能除去99%的细菌和螨虫，干净又卫生。（竞品对比）

家里有小孩或老人的一定要入手，清洗也很方便哦。（适合人群）

2. 强势种草式：一句命令＋功能特色＋引导下单

模板要点解读：

（1）一句命令。常用的命令句式是"把你家的××扔了吧"等，强势的语气可以让用户产生"为什么"的疑问，快速吸引用户的注意力，同时也可以突出现有产品的使用痛点。

（2）功能特色。给出完美方案，即这期视频销售的产品，并讲述产品的功能特色。为了更好地塑造产品价值，在展示产品的功能特色时，可以使用畅销、流行、借势权威等方法，同时，还要配合产品使用效果的演示。

（3）引导下单。给出明确的下单指令。这类视频常用的促单技巧是诉诸价格优势，刺激用户马上下单。

我们来看一个抹布的带货视频案例，这条视频产生了7000多单的销量，脚本文案是：

把你家厨房的臭抹布都扔了吧（一句命令）！

这是我在抖音上买的懒人抹布，长得像纸，其实是布，擦油擦碗擦锅，哪脏擦哪。一大卷用一年也用不完，脏了洗洗还能继续用（功能特色）。关键是便宜，都不够喝1瓶矿泉水钱（引导下单）。

3. 锁定用户式：适合人群＋产品特色＋使用场景

模板要点解读：

（1）适合人群。通过身份标签、行为特征、习惯喜好等吸引目标用户注意，快速锁定目标人群。比如每天洗头的人、经常出差的人、家里有车的人等。

（2）产品特色。罗列产品的主要特色。在讲述产品特色时，建议使用FAB模型，即F（产品特征）——A（产品优势）——B（给用户带来的利益）。

（3）使用场景。讲述产品可以使用的场景，让用户觉得在很多场合都能享受产品带来的利益，更容易购买。

我们来看一个手持挂烫机的带货视频案例，这款产品有1000多单的销量，脚本文案是：

家里有衣服要熨的，一定要买这个手持挂烫机（适合人群）。

体积小，蒸汽大，1分钟就能烫好一件衣服。360°无死角熨烫，平烫挂烫都可以。再皱巴巴的衣服，这样靠近挥两下，褶皱就没了，烫完就跟新买的一样，上班约会很有面子（产品特色，F是体积小蒸汽大，A是1分钟就能烫好和360°无死角熨烫，B是烫完的衣服跟新买的一样，上班约会很有面子）。

上学、出差、旅行，放进旅行箱，无论走到哪，都能让你穿得挺廓有型（使用场景）！

4. 测评演示式：引出产品＋演示体验＋引导下单

模板要点解读：

（1）引出产品。通过某个切入点直接引出这期视频要推荐的产品。常用的切入点有：很多粉丝一直问的某款产品、给孩子买的某款产品、闺蜜推荐的某款产品、最近很流行的某款产品、最近逛街发现一款好用的产品等。

（2）演示体验。详细地描述产品试用体验，可以从产品的包装、外观、颜色、材质等角度展开，并针对产品的核心功能进行现场演示，让用户直观感受到产品的品质。所谓核心功能，是用户购买产品时最看重的那个卖点。比如对于毛巾，用户最看重吸水性以及是不是掉毛。所以，如果卖毛巾就可以在视频中展示吸干一杯水的实验，并用胶带粘毛巾，看是否会掉毛等。

（3）引导下单。给出明确的下单指令，常用的技巧有限时限量、买赠、价格锚点、优惠券等。

我们来看一个行李箱的带货视频案例，这款产品客单价358元，有6700多单的销量，脚本文案是：

老公最近出差，我准备给他买一个行李箱，拿到手这包装真的很用心，颜值还是不错的，你们觉得好看吗？（引出产品）

我选的雾霾蓝和鎏金的撞色很经典，整个框架都是铝合金的材质，包括它的拉杆，就我这100多斤的上去就跟玩滑滑车一样，特别顺滑。不管你怎么揉捏它都没有问题，你就知道它有多结实了，以后等车的时候可以随便坐了。里面有这种可拆卸的衬板，可以放护照、身份证之类的，里衬是加厚的，这样一卡就能带走。女孩子单手提都没有问题。（演示体验）

偷偷告诉你们，12号到14号下单立减100元哦！（引导下单）

8.5 母婴产品带货脚本创作要点、文案模板和爆款案例

母婴产品是短视频带货的另一超级品类。那么，我们在撰写母婴产品的短视频带货脚本时应该注意哪些问题呢？通常来说，母婴产品的短视频脚本文案主要包括科普教育、产品设计理念、款式、材质、商品细节、情感诉求等几个方面。这一节总结了创作母婴产品短视频带货脚本的五大要点和五个爆款文案模板，手把手教你打造母婴产品的爆款短视频。

8.5.1 创作母婴产品带货脚本的五大要点

1. 展示产品细节，突出优良品质

用户对母婴类产品的品质要求普遍偏高，所以，在短视频中描述产品时，可以从产品的细节突出产品的优质、安全，通过展示产品的品质打动消费者。展示产品细节可以从六个维度着手：第一，产品材质。第二，原料产地。第三，产品制作工艺。第四，产品设计细节。第五，产品的配料表。第六，产品获得的品质背书。

例如，在某款婴幼儿手口湿巾的带货视频中，主播详细介绍了产品的安全成分和特殊技术，体现产品的安全、优质等特点，它的部分脚本文案为："表面是蜂窝凸起的纹理，清洁效果非常不错，原料也都是天然的提取物，接近宝宝皮肤的pH酸碱度，非常亲肤温和，像酒精香精防腐剂都是没有的。它还很贴心地采用防粘连技术，一张一张地抽，确保不会浪费"。

2. 赋予产品情感，强化购买理由

母婴类产品采用情感诉求式的文案，用爱击中宝妈内心最柔软处，往往会取得不错的转化效果。这类文案能拉近产品与用户之间的关系，提升用户对产品的好感度，并且强化购买产品的理由。

比如某款安全防撞条的带货视频，脚本文案为："当妈的都有体会，带一天娃比上一天班还累。再细心的宝妈也难免有疏忽的时候，毕竟累了一天。这个安全防撞条可以用柔软包容我们的小疏忽、小冒失，自己省心，还能护娃安全，

有娃的家庭必备!"

3. 点名产品利益，妈妈孩子都受益

用户不是买产品，而是买一种解决方案，一种更好、更轻松、更有品质的生活。在展示产品利益时，可以结合使用场景凸显产品的美好体验，刺激用户的购买欲望。

比如，某触觉球的带货视频脚本文案为："家里有2~6个月的宝宝，一定要备上这种球。这种球全身都带有突起的刺，可以很好地刺激宝宝的手和身体，所以，专业名字又叫触觉球。宝宝摸上去会有不同的感觉，能够很好地刺激他的触觉，孩子越玩越机灵。"该文案对产品进行了较为详细的介绍，通过"刺激他的触觉""越玩越机灵"等描述，让用户了解不同场景下该产品能带给宝宝的益处。

另外，年轻父母对生活品质的要求越来越高，很多人不仅爱孩子，还舍得为"能够让自己带娃更轻松"的产品付费，所以，如果产品可以同时给妈妈和孩子带来益处，则更容易刺激用户的购买欲望。

4. 跳出传统功能描述，多用对比

所有妈妈都有一个共同的心理，就是希望给孩子用最好的产品。我们在创作短视频带货脚本时，可以多用感官描写，并且多和其他产品进行对比，这样宝妈就会产生一种印象"这款产品好像很不错，比其他产品好"，从而毫不犹豫地选择。

比如大多数主播在介绍纸尿裤时，都会说"轻薄、透气"，由于很多人都这样说，宝妈们就会无感。有一个主播是这样说的："它真的非常柔软舒适，不恰当地说，有一种轻纱拂面的感觉，比一般纸尿裤薄51%，宝宝穿上就像没穿一样，想怎么动就怎么动。而且透气性也甩其他品牌几条街，就算夏天穿也不用担心宝宝会红屁屁。"该文案用"轻纱拂面"来形容尿不湿，不仅将尿不湿的柔软亲肤、轻薄透气功能表达得淋漓尽致，而且画面感十足，让人觉得这款产品具有难得的舒适感。同时，通过与竞品对比，让用户更容易理解产品的轻薄程度和优良品质。

5. 结合育儿教学，提升用户接受度

新手妈妈们都渴望有人传授育儿经验，而且育儿经验可以很好地塑造主播

的专家形象。当用户喜欢你、认可你的时候，销售产品就是顺其自然的事。所以，你会看到很多"育儿达人"这种专业人设的短视频带货账号，带货效果都很不错。

所以，我们可以从这一点出发，创作带货视频的脚本文案，有四种思考维度：①传递正确的教育理念。②教大家怎样挑选产品。③教大家辅食的制作方法。④教大家正确的喂养方法。比如，某款奶粉的带货视频脚本就讲解了牛奶和奶粉的区别，把产品糅合在育儿知识里，更好地吸引了用户的注意，而且用户也更容易接受，从而产生购买欲望。

8.5.2　母婴产品带货视频常用的五个爆款脚本模板

1. 产品直推式：促销产品 + 产品特色 + 引导下单

这个模板适用于产品促销，模板要点解读：

（1）促销产品。直接点出要促销的产品是什么，吸引有需求的宝妈注意。

（2）产品特色。详细介绍产品的特色，塑造产品价值。在描述产品特色时，需要指出该特色带给孩子的益处。

（3）引导下单。给出明确的下单指令。

我们来看一款湿巾的带货视频案例，这款产品客单价99.9元，有1400多单的销量，脚本文案是：

适合宝宝，安全又亲肤的湿巾，"大羊毛"千万不要错过了！（促销产品）

小宝贝皮肤很娇嫩，有时候用湿巾擦完会很干，像××家新出的这款湿巾，就很温和，非常贴近宝宝皮肤弱酸性的pH酸碱度，还特别添加了角鲨烷，可以更好地保湿。用过××湿巾的都知道，水分特别足，去污力也不错。像这款加大加厚，不管擦什么，基本一张就可以搞定。（产品特色）

今天有第二件半价的活动，80抽一包，折算下来性价比真的非常高，非常值得大家囤哦。（引导下单）

2. UGC种草式：出现问题 + 发现产品 + 试用体验

模板要点解读：

（1）出现问题。孩子出现某个问题，或者孩子在使用现有产品时出现了不理想的结果。

（2）发现产品。为了解决问题，做了很多功课和研究，最终发现了一款好用的产品，即该条视频要销售的产品。

（3）试用体验。描述使用产品之后的感受和具体效果。

我们来看一款奶瓶的带货视频案例，这款产品客单价198元，有15000多单的销量，脚本文案是：

大家不是一直问我，我女儿用的什么奶瓶吗？之前我们家用的是××，但我现在发现一个问题，他们家的奶嘴老是这样裂开、拉丝，我也不知道是为啥，而且我换过国内、国外生产的两个版本都这样，所以前一阵我就想给她换奶瓶。（出现问题）

我当时挺犹豫的，是换甲品牌呢，还是买乙品牌呢？后来我就研究一下，乙品牌的奶嘴过大了，容易呛到宝宝，再就是它的刻度不清晰，后来我还是决定买甲品牌（发现产品）。

防呛防溢奶嘴不用说了，是每个优秀奶瓶都必备的。它非常好抓握，女儿挺喜欢用。最打动我的是它的设计，以后宝宝不用奶嘴之后，上面可以换成盖子当储物罐，给她装饼干、溶豆什么的。也可以换成水杯嘴，给宝宝当水杯用，能用很久。再就是这个瓶口大，比较好清洗，总之很好用！（试用体验）

3. 产品测评式：产品类型＋其他产品＋主推产品＋得出结论

模板要点解读：

（1）产品类型。指出本期视频要测评、分享的产品是什么品类。

（2）其他产品。介绍其他产品的优缺点。需要注意的是在介绍其他产品时，一定要客观，这样更容易获得用户信任。一个小技巧是可以对其他产品介绍得简短一些，让用户觉得"这款产品没啥亮点"。

（3）主推产品。为了突出主推产品的优势，让用户形成记忆，可以介绍得详细一点，还可以通过一些细节突出产品质量。

（4）得出结论。测评之后给出明确结论，引导用户购买主推产品。

我们来看一款婴幼儿学饮杯的带货视频案例，这款产品客单价59元，有42000多单的销量，脚本文案是：

宝宝出生后当然少不了瓶瓶罐罐，今天给大家分享一下我觉得好用的学饮杯。（产品类型）

首先是××的吸管杯，他们家这个是比较火的，pp材质，一字咬合出水，但是我家宝宝还不太会使用吸管杯，所以说这个我会等以后再给他用。接着是×××家这一款，我纯粹是看中颜值买的，不太好抓握。××家的吸管杯，我是为了给大家测评入手的，吸管也是一字咬合出水。（其他产品）

这一款蓝色学饮杯真的是良心产品，可以看到都已经磨成这样了，非常容易咬合出水，不会有那种卡顿的情况。这款杯子的性价比真的很高，它是有两个头的，一个是吸管的，一个是鸭嘴的，可以先用鸭嘴的帮宝宝过渡，然后再使用吸管。一杯两用，可以喝奶，可以喝水，真的非常值得入手。（主推产品）

综合来说，我觉得最值得入手的就是这一款啦。当然我觉得不管是什么杯子，只要让宝宝肯喝水就是好杯子。（得出结论）

4. 知识干货式：话题类型+干货要点+产品特色

模板要点解读：

（1）话题类型。指出本期视频要分享的知识话题是什么。

（2）干货要点。指出正确的方法以及需要避开的误区，一方面可以让用户觉得有所收获，另一方面可以突出主播的专家人设。

（3）产品特色。在讲解干货时，阐述产品的特色。产品恰好符合所讲述的干货要点。用讲述干货的形式展示产品特色，能更好地影响用户的购买选择。两者可以分开讲述，也可以糅合在一起讲述。

我们来看一款妈咪包的带货视频案例，这款产品客单价149元，有4200多单的销量，脚本文案是：

这些都是我买过的妈咪包，踩过很多坑，跟你们分享一下选妈咪包的几个要点。（话题类型）

这两款比较好用，我先拿一款给你们分享一下。第一点，一定要有干湿分离的区域，把湿的东西放在这个袋子里，拉上拉链以后，外面干的东西就不会弄湿了。第二点，这个装奶瓶的地方，最好是带锡纸的，保温效果会更好一点。第三点，里外的小口袋尽量多一点，这样可以分类放东西，拿的时候就更方便。第四点，外面底部最好可以带一个抽纸口，这样你抽纸的时候就很方便。最后一点，一定要有这个挂钩，可以挂到婴儿车上。挂上以后就是这样的，很好看，还能解放双手。（这部分既有干货要点，又有产品特色）

5. 解决问题式：抛出问题 + 完美方案 + 产品特色

模板要点解读：

（1）抛出问题。开门见山地抛出目标用户普遍关心的某个问题。

（2）完美方案。给出解决问题的完美方案，即该条视频要销售的产品。

（3）产品特色。讲述产品的特色，并描述给用户带来的益处。在突出产品特色时，可以采用竞品对比的方法，先指出常规方案的不好、不方便之处，再指出产品的特色，以更好地衬托产品的优势。

短文案卖货

第4篇
直播卖货篇

第 9 章

零成本预热引流，打造高人气直播间

> 🎓 **学习提示**
>
> 　　直播卖货是销售方式的升级，能让产品展示、商家服务、顾客互动变得更加高效、快捷。各行各业都将直播作为提升企业销售业绩的一个核心增长点。一场直播完成数千万元的销售额已经屡见不鲜，甚至很多普通人通过一场直播也能完成数十万、数百万元的销售业绩。
>
> 　　那么，如何开展一场高质量的直播卖货呢？首先要解决的就是直播间的人气问题，这也是很多新手主播最头疼的问题。这一章将详细讲解直播间零成本预热引流的方法，教你轻松打造高人气直播间。

9.1 两个直播间入口设置技巧，快速聚人气

开通直播功能之后，如何提升直播间的人气呢？首先你要了解直播间的流量入口有哪些，我们以抖音为例，目前抖音直播间的观众来源主要有以下几个渠道：同城、关注、小时榜和直播广场等。其中，小时榜是由系统根据直播间的人气和受欢迎程度进行排行的。而同城、关注和直播广场都可以通过细节的完善和设置，有效提升引流的效果。这一节总结了两个直播间入口的设置技巧，可以帮你快速聚集人气。

9.1.1 直播间封面设置的四大要点

打开抖音首页，点击"+"按钮后，我们会看到导航栏最右侧有一个"开直播"的选项，分别有视频、音频、录屏和电脑四种模式。其中，视频直播是最常见，也是效果最好的模式。

我们选择视频直播模式，可以在左上角添加直播封面，这是用户进入直播广场时第一眼看到的。直播封面就像是直播间的门面，门面是否有吸引力，直接决定了用户是否会推开"门"进入直播间。因此，我们需要精心设计封面。

那么，直播封面怎样设置呢？什么样的直播封面更能吸引用户的关注和点击呢？优秀的直播封面需要满足四个要点。

1. 图片高清干净有焦点

在设置直播间的封面时，一定要保证封面高清干净，目标聚焦，给人留下最好的第一印象。

2. 突出人物标签和特点

根据账号的定位和特点，设置能突出账号标签特征的直播间封面。如果是美食主播，封面尽量与美食有关；如果是服装主播，封面则需要体现出服装、

穿搭等标签属性。

3. 强化个人品牌形象

如果已经形成了个人品牌，并且你的直播封面已经打造成了系列主题，建议稳定使用，不需要频繁更换封面。

所以，尽量从最开始就制作符合账号特色或人设的直播间封面，让喜欢你的观众看到封面的第一眼就知道是你。

4. 搭配勾人的文案

我们开直播的目的是为了卖货，所以，最好在封面上设置勾人的文案，这样可以吸引到精准、优质的购物粉，促进直播转化。

在设置封面文案时，有三种常见的误区：

（1）关键词堆砌没重点。很多人会在直播封面上打出直播销售的所有产品，让人感觉很乱，抓不到重点。

（2）太生硬，缺乏特色。有些人会直接打出产品名字，比如金镶玉吊坠，这样过于简单，没有特色，很难吸引用户的注意。

（3）太笼统，没有主题。有些人会直接说"直播间福利大发送""全部白菜价"等，用户不能判断直播主题是什么，销售的产品是什么，效果也不好。

如何设置封面文案更容易吸引用户的点击呢？有六种好用的技巧：

（1）低价引流型。比如某生鲜直播间的封面文案是"百香果一元10个抢购"。在使用这个方法时，需要注意的是人们不喜欢滞销产品，而是喜欢人气旺的产品，当畅销的好产品突然优惠时，人们的购买欲望会更强烈。所以，你可以选择一款当季流行的产品作为引流，吸引目标用户的注意。

（2）抽奖诱惑型。抽奖活动是永远不过时的营销手段，但需要将奖品设置得诱人一点，才会有更多人愿意参与。比如封面可以标注"直播间抽10人免单""直播间抽10人送最新款×× "等。

（3）借势权威型。比如"明星同款×××""米其林三星大厨推荐"等。

（4）突出特色型。有些卖生鲜产品的主播会在果园进行直播，人们看惯了超市、水果市场的环境，会觉得田间地头很新鲜。所以，如果封面文案是"果园直播，现摘现发顺风包邮""第一次走进农家果园"等，就更容易吸引目标用户的关注。

（5）好友互动型。创作互动型的封面文案，让用户觉得你在和他对话，从而增加点击率。比如"走,带你到果园挑好石榴"。

（6）悬念好奇型。人们天生对未知的事物比较好奇,在设置封面文案时可以利用人们的这一天性,吸引用户点击。比如"吃完这个凤爪我哭了""单手吃石榴是什么体验"等。

另外,在设置直播间时,还需要注意两个细节:第一,开启位置。这样可以获得同城广场推荐的流量。第二,选择话题。选择与直播类目匹配的话题,可以获得官方推荐的流量。

9.1.2 巧用个人账号引流的三大要素

个人账号是直播间的第二大引流入口,而且关注你的用户已经对你比较熟悉,更容易产生转化。通过设置提醒吸引关注你的粉丝进入直播间,主要包含三大要素:个人昵称、个人简介、主页背景图。通过这三大触点进行直播预告,让粉丝知道什么时候开直播,从而吸引他准时观看。

1. 个人昵称

在个人昵称后面备注直播时间,比如"昵称+5.25晚6:30直播"。

2. 个人简介

在个人简介处添加直播预告,如直播日期、时间点、直播主题、产品卖点以及直播间福利等。

3. 主页背景图

在主页背景图上设置直播时间、主题和福利。

另外,也可以将直播时间固定下来,并在个人主页展示出来。尤其是前期,固定时间播出可以很好地培养用户观看直播的习惯,增强粉丝黏性,也更容易被平台识别为优质主播,获得更多的流量扶持。

9.2 用好站外流量,让粉丝疯狂涌进直播间

在直播开始前,要借助站外流量为直播间积聚人气,直播间有了人气之后,才能不停地吸引新用户的关注。而所谓站外流量是来自其他渠道的一些流量,

比如微信、微博、社群、公众号、小红书等。

通过站外渠道进行全方位引流，帮直播间点燃一把火，才能最大限度引爆销量。这一节总结了微博、朋友圈、公众号、社群四大站外渠道的引流策略。

9.2.1 微博引流的四大策略

一条好的微博文案可以吸引众多读者，带来巨大的流量。微博文案的写作技巧主要有以下四个。

1. 重点前置

文案创作者在写微博文案时，要尽量做到言简意赅，字数在 100~140 字之间最佳，用前 40 个字提炼重点，抓住用户眼球。同时，还要注意微博内容一定要用浅显易懂的文字来表述电商品牌想要传递的信息。比如，在下面的这条微博预告文案中，在前面三行就给出了时间提醒以及万元红包雨的福利，快速吸引用户的注意。

2. 突出亮点

挑选本次直播间的重磅产品或有亮点的高人气单品，展示出产品的特色，吸引目标用户的关注。也可以连续发布几条微博文案，展示多款产品的特色。

3. 增加互动

微博文案中的@、#等工具可以增加文案被读者搜索查看的概率，提高文案的阅读率，扩大传播的范围。例如，当用户看到#李佳琦直播#、#李佳琦最新发布#等话题时，可以吸引到对李佳琦直播感兴趣的精准客户。另外，在写文案时，我们还可以通过设置互动话题，吸引目标用户的关注和参与。比如，下图这条微博预告文案（见左图），设置了话题便于用户查找，同时最后一句"你们最希望在新品秀看到什么呀"增加了粉丝的互动性。

4. 抽奖转发

以抽奖的形式引导用户转发也是微博文案常用的策略。比如薇娅直播间的这条微博预告文案（见右图）。

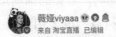

9.2.2 朋友圈引流的"两个一"策略

朋友圈引流效果好不好，内容是关键。这一节总结了朋友圈引流的"两个一"法则，即一段好文案，一张好海报。

1. 一段好文案

人们进入卖货直播间无非是想获得物美价廉的好东西，或者了解一些专业知识。所以，在写朋友圈引流文案时，我们可以把"直播间"当成一款产品，列出直播间的全部亮点和特色，相当于产品的卖点，然后再创作朋友圈文案。通常来说，朋友圈引流文案需要包含主播照片、直播主题、直播时间、优惠信息等元素。在创作朋友圈预告文案时，有七个常用的技巧：

（1）剧透核心产品。开门见山告诉粉丝直播间销售的核心产品有哪些，吸引刚好需要某款产品的粉丝进入直播间。

（2）明确价格优势。比如"××商品买一赠一""大牌产品秒杀价""多款半价好物""大牌低至5折""大牌立减300元"等。

（3）突出重磅福利。比如很多主播经常会说"王炸单品"，突显本次主播的福利非常重磅。

（4）抛出抽奖福利。常见的福利形式有抽奖、抽红包、免单等。

（5）点明价值利益。很多用户看直播不仅是为了买东西，还为了打发时间，了解一些专业知识等，所以，可以点明具体的利益。比如"夏季护肤应该这样做""减肥的n个小妙招""手把手教你夏季最前沿的潮流穿搭，时髦出街吸睛神器"等。

（6）巧用名人效应。很多商家为了增加直播间的人气，会邀请明星、网红、领域专家、品牌创始人来直播间坐镇，在朋友圈的引流文案中可以突出这个亮点，吸引用户关注。

（7）突出损失感受。在面对同样的收益和损失时，损失带给人们的影响更大。所以，在创作朋友圈的预告文案时，可以利用人们的这一心理，突出不来直播间可能面临的损失。

2. 一张好海报

一般情况下，朋友圈的预告文案会配合预热海报一起发布。当然，你也可以把海报一对一发给微信好友。能否成功吸引好友进入到直播间，海报内容非常关键。一张吸引人的海报通常包含五个要素：

（1）海报主题。主题要让人看一眼就能明白是干什么的。比如罗永浩直播预热海报的主题是"（基本上）不赚钱，（也许是）交个朋友"。"基本上"和

"也许是"几个字设计得非常小,用户第一眼看到的就是"不赚钱,交个朋友",让人觉得产品很便宜,而且主播很真诚。

(2)直播时间。标注清楚直播的时间。一般提前2~3天进行预告。

(3)从众效应。利用人们的从众心理。比如标明直播间平均在线人数过万等。

(4)福利吸引。罗列出直播间用户可以享受的权益列表。

(5)号召行动。标注进入直播间的方式。同时,利用限时限量等技巧制造紧迫感,号召用户马上进直播间。

9.2.3 公众号引流的两大要点

开直播之前,我们还可以在公众号上发布预告推文。由于公众号文章的篇幅没有限制,可以详细罗列出每一款产品的特色,最大程度激发目标用户的购买欲望。

创作公众号预热引流文案时,需要注意两个要点:

1. 勾人标题

标题决定着推文的打开率,是引流成功的关键。常见的标题类型有三种:新闻式、促销式和命令式。

(1)新闻式。新闻式标题包含三个元素,分别是:新闻主角、即时性词语、重大新闻词。比如"心动警告!周黑鸭、戴森、阿迪达斯……都在今晚8点薇娅直播间!",该标题中"心动警告"是新闻词,"周黑鸭、戴森、阿迪达斯"是新闻主角,"今晚8点"是即时性词语。

(2)促销式。促销式标题包含两个要点,分别是:促销内容和塑造价值。比如"99好货节!明星同款美妆专场,大牌买一送一",该标题中"大牌买一送一"是促销内容,"明星同款美妆专场"塑造产品价值。

(3)命令式。命令式标题包含三个元素,分别是:一口命令、行动内容和行动理由。比如"吃货集合!今晚8点薇娅直播间,超多美食香飘万里!",该标题中"吃货集合"是一口命令,"今晚8点薇娅直播间"是行动内容,"超多美食香飘万里"是行动理由。即因为有很多好吃的美食,所以让你集合。

2. 产品介绍

当用户被标题吸引点击进来之后,文案需要展示直播间销售产品的特色。

在展示产品的特色时，需要注意两个要点：

（1）点名产品的价值利益，激发用户的购买欲望。由于产品比较多，所以，我们不能像写卖货推文一样详细地介绍每一款产品，而只需展示产品的核心利益即可。

如何展示产品的特色才更容易激发用户的购买欲望呢？给你一个好用的"三步关联法则"，即产品核心卖点是什么，能帮用户解决的问题是什么，给顾客带来的具体利益是什么。

（3）设置悬念价格，激发顾客的好奇心。这一步要让用户觉得产品很便宜，但又不知道具体价格是多少，从而吸引他进入直播间。比如罗永浩直播间的公众号推文预告：

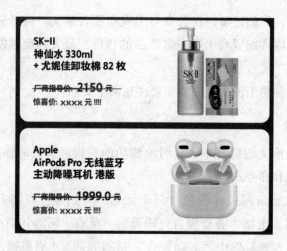

9.2.4 社群引流的极致策略

所谓社群引流是在现有的粉丝群、老顾客交流群发布直播预告的信息，成功吸引社群的粉丝进入直播间。社群引流文案如何写才能吸引粉丝的关注呢？你可以参考本书第6章6.2中的内容。

另外，还可以设置转发抽奖、发红包等福利，引导社群粉丝帮你转发直播预告的海报，实现社群粉丝效应的最大化利用，把效果发挥到极致。

当然，除了以上介绍的四种站外渠道之外，还有小红书、社交网站、官方店铺banner广告位等渠道，但不管是那种渠道，创作预热文案的思路都是一样的，都是从用户的需求和喜好着手，点明用户进入直播间之后可以获得的利益，并尽最大可能调动用户的好奇心。

9.3 三个小妙招,巧借外力进行引流

这一节总结了巧借外力为直播间引流的三种方法。

9.3.1 借势热门视频引流的方法

热门视频会带来很大的流量,可以在热门短视频的评论区进行评论,如果评论的内容很有吸引力,就可以有效引流。

如何操作呢?有三个步骤,分别是:

第一步:筛选10~20个同行大主播的账号。在抖音搜索栏输入与自己领域相关的关键词,找出粉丝人数在100万以上的大主播。

第二步:进入主播的账号主页面,筛选热门短视频。我们可以筛选出两类热门短视频:①被主播置顶的视频。②主播最新发布,且有爆款潜质的视频。

第三步:在热门短视频的评论区发表评论,评论内容是吸引用户的关键。什么样的内容才能吸引用户注意呢?有两个原则:①有差异。你的观点要和其他人不一样,只有这样对方才想进一步了解你。②有价值。你的观点要有价值,能给其他人带来一些启发,让别人觉得你是一个很专业的人,这样也可以吸引用户主动点击你的头像。

9.3.2 借势大主播直播间引流的方法

在进入大主播直播间后,可以看到最上面有一排粉丝头像,这是平台根据粉丝打赏的金额自动排列的。其中,榜单前五名可以展示出来,是非常好的曝光机会,就像是个人品牌的广告位,可以吸引潜在用户的点击和关注,从而实现为直播间引流的目的。如下图所示。

而借势大主播直播间引流就是当头部大主播直播时,给他刷一些礼物,取得"榜一""榜二"的位置,从而吸引用户的关注。所以,这种方法又被形象地称为"挂榜"。

在选择打赏的主播时,需要注意三个要点:①用户画像吻合。如果你是卖护肤品的,可以选择以女性粉丝为主的主播。匹配度越高,粉丝转化效果越好。②瞄准精准购物粉。购物粉才可以获得好的转化效果。如果你去展示才艺的直播间挂榜,引流来的粉丝大多都是来看才艺表演的,转化就会比较困难。③最好在直播时挂榜。当你直播时,头像会显示"直播"两个字,这样更容易吸引用户直接进入你的直播间,效果比较好。

9.3.3 借势 KOL 背书引流的方法

当新人主播逐渐成长为中小主播时,也会结交一些圈内的主播朋友,此时可以让这些朋友帮你在他们的账号或粉丝群进行宣传推广,类似于公众号和朋友圈的"互推"。当然,你也可以选择付费推广的方法。

在选择互推的 KOL 时,需要注意四个要点:①用户画像吻合,却不会形成竞争关系。比如你卖护肤品,对方卖服装,用户都是女性购物粉,且不会形成竞争关系。②粉丝人数相差不大。粉丝人数差不多,更容易达成合作。③推广视频不能太长,10~20 秒即可,核心是对方的背书,并点明直播间的福利和惊喜。④推广视频发布 24 小时之后,需要删除或隐藏,这样可以保证账号内容的整洁。

9.4 两大短视频预热策略,直播间人气节节攀升

所谓短视频预热,就是发布短视频并在视频中告知用户什么时候开始直播以及直播的内容,将信息传递出去,从而实现为直播间引流的目的。这是很多大主播直播预热的必备动作。然而,很多人在使用这个方法时,并没有达到很好的效果。常见的操作误区主要有两个:

(1)只在直播前发预热视频。很多人都会在直播前发预热视频,却忽略了另一个重要的节点,就是直播中。在直播中发布短视频可以实现很好的引流效

果,助推直播间的人气上涨。

(2) 预热的视频没有吸引力。预热视频的内容很关键,如果内容没有吸引力,将很难吸引用户进入到直播间。

这一节总结了短视频预热的两大策略:直播前预热和直播中轰炸,并为你详细解读每种策略的短视频创作方法。

9.4.1 直播前短视频预热引流的七种方法

什么样的预热短视频更容易吸引用户的关注呢?给你七种有效的方法。

1. 低价引流法

对电商行业熟悉的人肯定都知道两个专业术语:引流款和利润款。顾名思义,引流款的核心目的是吸引流量,利润款的目的则是赚取利润。在直播预热中,可以选择一款产品设置超低的价格,作为直播间的引流款,从而吸引目标人群进入直播间。

什么样的产品才能实现不错的引流效果呢?需要具备五个要点:①低成本。②高价值。③符合用户认知。④有很强的诱惑力。⑤和直播间销售的产品有相关性。

我们来看下面的案例,它采用低价引流法为直播间预热引流,做到了单场直播200多万元的销售额。

主播:美女,这两件衣服一共158元。

顾客:100元行不行?

主播:不是,你听我说。

顾客:你就说100元行不行?

主播:行。

顾客:包起来。来,扫码。哎,你刚才想说什么呀?

主播:我想说这两件衣服在我直播间只需要58元。

顾客:啊!你快给我退了。

主播:不可能。

2. 奖品诱饵法

对于陌生观众来说,如果预热视频中没有强大的诱惑力,就很难吸引他进入直播间，所以，我们可以在视频中设置一些"诱饵"，而且"诱饵"的吸引力一定要大。

另外，直播预热视频不需要太长，10秒内放出"诱饵"，勾起用户的欲望和好奇心，吸引他进入直播间。

3. 产地考察法

产地考察法是直接走进品牌方的工厂、农场果园等产品原产地，展示产品的生产、制造、包装、分装、物流以及展示工厂的技术、专利、荣誉、规模等。这种方法比较适合头部主播与大品牌商家合作的情况，双方可以相互赋能。而对于中小主播来说，则以展示产品的产地正宗、品质优良、价格优势为主。

比如抖音带货女王朱瓜瓜，开直播之前都会晒出考察品牌总部的短视频，以建立良好的信任背书。

4. 干货钩子法

人们购买产品的目的是为了解决某个问题，所以，我们可以在视频中抛出目标人群的普遍痛点，但不给方法，就像一个钩子一样勾着用户，为了了解正确的方法，用户就要进入直播间。

例如，某个主播在直播间卖蛋白粉，他的预热视频文案为："每天不吃晚饭能快速瘦肚子吗？不吃晚饭并不能减掉腹部脂肪，短期来看体重会下降，但减掉的都是肌肉和水分，并不是脂肪。只要你恢复饮食，体重立马反弹，还会引起惰性脂肪堆积在腹部周围，让你越减越胖。今晚8点来我直播间，教你科学瘦肚子。"

5. 产品剧透法

产品剧透法是通过介绍、展示丰富的产品，暗示产品种类非常多，价格非常便宜，但是在预告视频里却不公布具体的价格，通过制造悬念吸引对产品有需求的人关注。这种方法适用于没有品牌优势的自营商家。

6. 直接预告法

这个方法适用于粉丝黏性比较强的主播，直接真人出镜告诉粉丝开播时间、直播产品、活动优势、折扣力度等内容，最后呼吁用户关注直播间。为了更好地吸引用户关注，还可以留一点悬念，勾起用户的好奇心，从而成功吸引用户进入直播间。

7. 宠粉准备法

很多主播为了突出自己很宠粉丝，会在预热视频中展示自己准备直播的过程，甚至会晒出与品牌方谈判砍价的过程，让用户觉得主播为了争取最低的价格，非常努力，坚决不让粉丝吃亏，并且加深用户"直播间有好货"的印象。

在使用以上方法连续发布一系列预热短视频之后，还要找出播放量比较高的视频，投放 dou+，更好地实现为直播间宣传引流的目的。很多大主播都会在开播前投放一系列的广告，实现最大化的预热造势，助推直播间的人气飙升。

9.4.2　直播中短视频轰炸引流的五种方法

很多人都知道在直播前发布预热视频，但往往会忽略非常有效的一个大招，就是在直播中发布短视频对粉丝进行持续不断的轰炸。为什么？因为当粉丝收到了你的新作品推送提醒时，会看到你的头像上显示"直播"两个字，此时好奇心会驱使用户产生进入直播间看一看的想法。建议每隔 5~15 分钟发布一条短视频，每条视频不需要很长，5~10 秒即可。

之所以要频繁发布，是由短视频的分发机制决定的。一般情况下，每次发布的短视频，系统会默认推送给 5% 的粉丝。所以，你发布的越频繁，看到的粉丝越多，进入直播间的人数也越多。如果担心作品质量不高会影响账号的整体风格和调性，可以在直播结束后把这些短视频删除或隐藏起来。

那么，在直播中发布什么样的短视频更容易吸引用户的关注呢？给你五种有效的方法。

1. 花絮吸引法

截取直播过程中气氛高涨、互动有趣的内容片段，来体现直播产品的热销，为此次直播引流造势。

2. 展示热销法

在短视频中主动告诉用户"产品很畅销"，进而吸引用户进入直播间。比如短视频封面或标题的文案可以写"××面膜一拿出来，直播间的人都疯了！""直播带货第 9 天，终于爆单了！""2 秒被抢光，给粉丝独家定制的裙子！"并配上一大堆包裹或用户"叮叮叮"下单的声音，让用户觉得直播产品非常热销，从而情不自禁地进入直播间围观。

3. 激发好奇法

如果能激发用户的好奇心，你就有机会引导他进入直播间。比如"快来××直播间，产品评价居然是这个""品牌方说：这是我见过'最抠门'的主播"等。

另外，如果直播间有新奇独特的产品，可以从产品的独特点着手，创作好奇式文案，吸引用户的关注。

4. 对话吸引法

对话吸引法是利用好友对话的形式，并加入一些产品特色以吸引用户关注。比如"××（主播名称）喊你来吃100%纯牛肉干，快进直播间""像果冻一样的睡眠面膜，你见过吗？"在这两个文案中，"你"字可以让用户觉得主播在和他对话，从而迅速抓住用户的注意力，而"100%纯牛肉干""像果冻一样"是产品特色，可以刺激用户的欲望。

5. 突出福利法

在视频中突出直播间独有的福利也可以吸引用户的关注。比如"拍1件到手16件，太夸张了""天呐，××（产品名称）送太多，主播抱不住啦"等。

总之，预热引流视频的潜台词就是"质高、价优、超值、快来买"。对于这类视频来说，没必要过分地去追求质量，尽量做到不与人设冲突即可，最需要突出的是直播的"瞬时"价值。简单明了地告诉用户，你的直播间能为用户带来多少利益，引导用户直接进直播间。

通过以上两种短视频预热的方法可以吸引更多粉丝涌入你的直播间，提升直播间的人气，而且还会让用户产生一种"声势这么大，这次直播活动一定很重磅"的印象，成功促使用户进入直播间。除了短视频预热引流之外，还可以设置一些福利活动，刺激直播间里的用户进行转发，实现粉丝裂变的目的。

第 10 章

超高效直播成交，逆袭王牌带货网红

🎯 学习提示

　　直播卖货的目的是成交。而想要吸引粉丝、留住粉丝，并最终成交转化，除了优质的产品之外，直播话术也非常关键。直播话术，简而言之就是主播在直播间说什么、怎么说、何时说等，它也是评判一名主播优秀与否的核心指标。这一章将为你详细讲解直播脚本的类型、要点以及直播卖货的成交话术。

10.1 掌握两种直播脚本类型，新手也能卖爆货

对于很多新手主播来说，在初次接触直播带货时，经常会出现以下问题：

（1）要么对着镜头无话可说，要么语无伦次，逻辑混乱；
（2）不知道该从哪个方面开始讲解，不知道讲什么；
（3）讲解产品时反反复复只有几句话，让人觉得无趣；
（4）被粉丝的提问牵制，把直播卖货变成了粉丝答疑；
（5）不知道如何调动粉丝的购买积极性，产品卖不动。

之所以会出现以上问题，是因为没有做好直播规划。归根结底，主播是一名内容生产者，只有主播生产的内容有用、有趣，才能激发观众的兴趣乃至购买欲望，从而将关注转化为粉丝，再将粉丝转化为铁粉，并完成带货的任务。而想要达到好的直播效果，就需要进行系统的直播脚本设计，即在 1~4 小时的直播过程中，每个时间点安排什么内容，按照什么逻辑讲解产品，直播流程怎样推进等。直播脚本看起来复杂，但其中也有规律可循。这一节详细讲解直播脚本的作用以及两种常见的直播脚本类型。

10.1.1 直播脚本的五大核心价值

1. 确保效益最大

很多新手主播在直播时经常会出现产品讲解和上架时间混乱、产品介绍过长或过短、节奏中断、尬场等问题，导致用户体验感比较差，影响直播的转化率。而直播脚本就像电影的大纲一样，可以让我们更好地把控直播的节奏，规范流程，达到预期的目的，让直播效益最大化。

2. 指导主播讲解

直播开场时怎么说，引导关注时怎么说，怎样介绍产品，怎样调动购买欲望，促单时怎样说，活动环节怎样说，这些话术需要提前在直播脚本中进行设计。这样主播就可以清楚自己在每个时间段的带货内容和参考话术，避免主播因为忘词、不懂产品所导致的只能按照产品包装去介绍产品的尴尬。

3. 方便团队执行

依据直播脚本，每个人清楚自己的职责是什么，保证每个环节不会出错，大大提高团队的沟通效率。

4. 控制直播预算

很多中小卖家可能预算有限，而直播脚本中可以提前设计好能承受的优惠券面额或秒杀活动、抽奖活动、免单活动、赠品支出等，可以更好地控制直播预算。

5. 利于复盘优化

不管是任何工作，复盘都是非常重要的内容，直播也不例外。每场直播后，我们都要从粉丝、直播看客的角度去复盘上一场的直播。而直播脚本便于对每一个流程和细节进行总结分析，从而对直播流程进行迭代优化，以便更好地提升下一次直播的效果。

10.1.2 直播带货必须掌握的两种脚本类型和模板

一般情况下，一位优秀的卖货主播都会准备两个直播脚本：单场直播脚本和单品解说脚本。

1. 单场直播脚本

单场直播脚本就是以整场直播为单位，以规范整场直播的节奏流程和内容。通常来说，单场直播脚本包含直播时间、直播地点、直播主题、产品数量、直播主播、直播时长、直播流程以及人员分工等几个要素。其中，一场直播成功的关键是直播流程。

直播流程包括以下六大要素：

（1）暖场预热。和直播间的粉丝打招呼，介绍自己，欢迎粉丝到来，介绍今日直播的主题等，也可以先抽奖，提升直播间的热度。

（2）直播利益点介绍。介绍本场直播的特色和利益点，常见的方法是宣告本次直播的重磅福利，比如抽奖、抽红包、抽免单等，目的是调动粉丝的热情，吸引他继续留在直播间。

（3）引导关注直播间。引导陌生用户关注直播间，完成账号的涨粉任务。

（4）产品介绍。在产品介绍时，重点要突出产品的性能优势、价格优势以及限时福利，促使用户马上下单。

（5）福利活动。规划福利发放节点、参与规则等，调动用户的积极性。

（6）结束收场。在直播收尾环节，迅速把整场产品再讲解一遍，并催促粉丝付款。感谢粉丝，诉说心声，打情感牌，从而增强粉丝黏性。

为了便于你更好地理解和运用，我总结了单场直播脚本的模板，如下表所示：

单场直播脚本模板

主题	99好货节直播专场			
时间	2020年9月9日 16:00~22:30			
地点	×××广场3号直播间			
主播	静儿			
参与直播的其他工作人员	主要包括辅播、产品展示人员、产品上架人员、场控人员、活动负责人员等			
产品种类和数量	（略）			
直播流程	时间段	内容安排	主播话术	人员职责
	16:00~16:10	预热暖场	自我介绍+欢迎粉丝+直播主题	主播
	16:10~16:25	介绍本次直播的流程安排和核心利益点，比如抽奖、福利等	预告重磅福利+提醒粉丝不要走开	主播

（续）

直播流程	16:25～16:30	引导关注直播间	例：只有关注主播的宝宝们才能参与抽奖哦	主播
	16:30～16:35	产品预告	例：先来看看今天有哪些产品吧。今天给大家带来的都是王炸级别的产品，我自己看了都非常心动，有最近很火的××，有大家一直催我上架的××，其中，××产品是你们一定要抢的	主播
	16:35～16:40	产品1图片和介绍	产品卖点、利益点＋产品演示＋链接序号＋限时福利＋上架抢购指令	主播、辅播
	16:40～16:45	产品2图片和介绍	产品卖点、利益点＋产品演示＋链接序号＋限时福利＋上架抢购指令	主播、辅播
	16:45～17:05	活动互动	例：宝宝们，点赞到××的时候，我们有一轮抽奖哦	主播、活动专员
	17:05～17:10	产品3图片和介绍	产品卖点、利益点＋产品演示＋链接序号＋限时福利＋上架抢购指令	主播、辅播
	……	……	……	……
	22:00～22:30	直播收尾		

2. 单品解说脚本

单品解说脚本就是以单个产品为单位，用来规范产品的解说逻辑、卖点解说顺序、具体解说话术以及产品的展示方式等。因为一场直播一般会持续2～6个小时，大多数主播都会推荐多款产品。每一款产品都需要制作一份简单的单品解说脚本，将产品的卖点和优惠活动标注清楚，可以避免主播在介绍产品时手忙脚乱，混淆不清。

通常来说，单品解说脚本包含产品名称、链接序号、产品图片、产品卖点、帮顾客解决什么痛点、利益点、演示内容、产品背书、福利内容、引导转化等要素。其中，产品卖点和利益点是核心。

为了便于理解，我总结了单品解说脚本的模板，如下表所示。

某美容产品单场解说脚本模板

产品名称	链接序号	产品图片	产品卖点	解决痛点	利益点	演示内容	产品背书	日常价格	直播价格	限时福利
胶原蛋白	3		1. 进口原料 2. 小分子，好吸收 3. 深海鳕鱼提纯，天然安全 4. 独立包装	解决女性肌肤衰老、皮肤松弛的问题，并满足想拥有水嫩肌肤的需求	燕窝十分之一的价格，抵得上10碗燕窝的滋养效果；坚持用皮肤水嫩，秒变元气少女；熬夜必备	1. 展示包装 2. 现场体验，并讲解体验感受 3. 展示在水中融化的速度	1. 品牌优势 2. 权威背书 3. 产品口碑 4. 产品销量 5. 授权报告	228元	168元	1. 买二送一 2. 优惠券 3. 送面膜

10.2 三种开场留人话术，提升50%的粉丝留存率

毫不夸张地说，无论你设计了多么完善的直播脚本，准备了多么充分的直播内容，如果没有一个好的直播开场，可能会导致一场精心策划的直播前功尽弃。因此，我们一定要在直播开场上下足功夫，用心设计。这一节总结了直播开场的四大要素和三种开场留人话术，轻松提升50%的粉丝留存率。

10.2.1 直播开场的四大要素

1. 寒暄暖场

在平时生活中，我们约见一位新客户都会先寒暄一下，这是最基本的礼貌，关乎别人对你的第一印象。直播也是一样，通过寒暄暖场，拉近与大家的距离。这时候，主播需要表现大方一点，不要拘束，把用户当作自己的朋友来招呼。

2. 引入主题

寒暄暖场之后，主播需要简要介绍一下本次直播的主题，让更多用户了解到直播的内容。

在引入直播主题时，要结合用户的普遍痛点场景，将处在不同环境的用户带入自己设定的直播场景中。

举个例子，如果直播主题是胖女孩秋装专场，针对这个主题很多人关心的内容是：秋天换季不知道怎么搭配衣服，嫌大码衣服土气，漂亮衣服又穿不上，而且只敢挑黑棕灰颜色的衣服。

其中，"秋天换季不知道怎么搭配衣服""漂亮衣服穿不上"和"只敢挑黑棕灰颜色的衣服"就是用户的三个普遍痛点。那么，问题该怎么解决呢？下面就可以很自然地展开话题了。

3. 调动气氛

如果我们参加一场活动，现场非常冷清，没有任何人参与讨论和互动，只有主持人一个人在台上干巴巴地讲，我们肯定会觉得很无趣，要么拿起手机打发时间，要么直接起身离开。想让用户愿意留在现场，我们必须让他先"嗨"

起来。所以,你会看到很多线下活动在正式开始前,会做一些互动游戏等。直播也是一样,比如,薇娅每次在直播开始前都会先抽大奖,目的就是调动直播间的气氛,让用户先"嗨"起来。

4. 埋伏亮点

开场"嗨"过之后,用户可能会离开。所以,我们要明确或暗示在接下来的直播中还会有更多好玩、刺激的活动,吸引观众继续留在直播间。比如优惠力度、爆款产品、直播福利等,告诉用户直播间会有"一波又一波的惊喜",而且越到后面惊喜越大,吸引用户继续观看直播。

总的来讲,在设计直播开场时,首先要有足够的亲和力,然后通过痛点等信息引入直播主题,最后以整场直播的亮点和利益点留住更多的人。

10.2.2 直播开场的三种留人话术

留人,顾名思义就是要留住进入直播间的用户,提高直播间的人气。留人话术主要有三种:

1. 福利话术

福利话术有两类,一类是利用各种福利、红包活动、抽奖活动、利好政策留住观众和意向客户。比如薇娅直播开场的口头禅是"话不多说,我们先来抽奖"。

需要特别强调的是,不只在直播开场用福利留人,各种福利需要贯穿全场。而且直播间会不停地有新粉丝进来,所以,建议 5~10 分钟重复提醒一次,用福利留住直播间的粉丝。很多主播还会把福利内容打印出来,贴在墙上,这样就算忘了提醒,新进来的粉丝也能看到。

另一类福利话术是预告直播中的王牌产品,王牌产品一般是当下最流行的爆款,而且直播间的价格非常给力。

常用话术参考:

(1)抽奖话术:"宝宝们,12 点整我们准时抽出 3 位免单,免费赠送我们价值××元的产品。看看哪位小仙女可以这么幸运呢?现在加入我们的粉丝团,12 点整就可以参与抽免单了,还可以去找我们的客服小姐姐领 10 元优惠券,优惠券全场通用。"

(2) 红包话术:"宝宝们,现在准备好你的手机,调试好你的 Wi-Fi,我们倒计时发红包了。来,倒计时 10、9、8、7、6、5、4、3、2、1。"

(3) 引导转发话术:"宝宝们,现在转发我们直播间的链接给你的朋友和闺蜜一起抢福利。直播间满 1000 人再发一波大红包。"

2. 互动话术

互动话术有两类,一类是回答直播间用户的提问。这时候主播充当的是客服的角色,通过及时回复粉丝的提问,并加上福利话术的引导,促使用户马上成交。

举个例子:

粉丝:主播,能把这条裙子和那件小西装配一下吗?小个子能穿吗?微胖姑娘能穿吗?

主播:×××你好,这款衣服是我专门给微胖姑娘定制的,穿上可以遮住小肚腩上的肉肉,很好地修饰体形。另外,今天拍下这款衣服,可以领一张 50 元的优惠券。你可以先关注主播,我马上为你试穿哦!

如果有粉丝说"怎么不理我?一直不回答我的问题?"此时一定要及时进行安抚,并给出承诺。例如"不是不理哦,只是这弹幕刷得太快啦,还没看到就刷过去了,我看到一定会回复的哦。"

回答粉丝提问的关键是细致耐心。我们有时候需要反复回答相同的问题,此时一定要耐心、真诚,这样才能留住人。

另一类互动话术是引导性互动。所谓引导性互动就是引导直播间的用户做某个动作,比如评论、关注、点赞等,让他参与到直播中来,与你产生互动。给你分享三种简单易上手的评论区互动技巧:

(1) 提问式互动。比如:宝宝们,你们今天都想要什么产品?

(2) 选择式互动。比如:下一款产品想要什么,洗发水?洗面奶?

(3) 刷屏式互动。比如:宝宝们,今天直播间的福利给力不给力,给力就打"给力"两个字。

3. 涨粉话术

涨粉话术是引导进入直播间的用户关注主播的账号。例如,李佳琦直播时,每隔几分钟就会重复一次"喜欢佳琦可以多多关注我们的直播间"。通过这样的话术引导观众关注，实现涨粉的目的。一般情况下，建议 5~10 分钟提醒一次。

常用的涨粉话术参考：

（1）用抽奖实现涨粉："今天所有的福利和抽奖活动，只有关注主播的宝宝才可以参与，否则就算中奖也不发货的。"

（2）用爆品实现涨粉："这款产品是我费了好大工夫才从品牌方争取来的福利，比专柜整整便宜了 60 元，只有 500 份，只有关注主播的宝宝们才可以拍。否则，拍下我们也不会发货的。"

（3）用赠品实现涨粉："所有关注主播的宝宝，我会额外再赠送一个化妆蛋，还有一个价值 59 元的洗面奶中样。"

10.3 四句话介绍产品，彻底激发粉丝购买欲望

在大多数人的认知中，直播间人数越多，卖货就会越多。然而，我用了两周时间，蹲守了几百个直播间，发现一个非常有趣的现象：直播时长相同的情况下，有些直播间的观看人数只有 1000 多人，但是商品销售额却比 12000 多人的直播间还高出一倍。如下图所示。

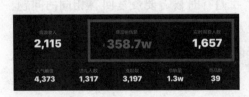 

为什么会出现这种反差现象呢？对直播卖货的效果起关键作用的就是主播介绍产品的话术。有些主播介绍产品时，总讲不到用户的痛点和利益点，用户听完没有感觉，也不会下单。还有些主播只会干巴巴地说"这款产品很好，相信我就放心下单"，但我们没有李佳琦和薇娅的超强个人 IP，产品价值塑造不到位，一味催促用户下单，只会起到反作用。

那么，如何介绍产品才能刺激用户的购买欲望呢？有一句话非常经典：文案无法创造购买商品的欲望，只能唤起原本就存在于人们心中的渴望，然后将这些原本就存在的渴望导向特定商品。在直播卖货中，文案的价值体现

在主播的每一句话上。这一节总结了百万级主播介绍产品时必用的四句话，按照这四句话介绍产品，新手主播也能激发粉丝的购买欲望，把一款普通商品卖得更好。

10.3.1　第一句话：唤醒痛点

为什么痛点可以更好地鼓动用户采取购买行动呢？因为它告诉潜在顾客，他将以某种方式受到损害。这对人们持续追求自我保护的需要构成了威胁，导致人们产生"做点什么来阻止损害"的欲望。

首先，准确描述出用户普遍存在的痛点，然后告诉他这款产品刚好能解决他的痛点。这样用户就更容易买单。

这一方法能否成功唤醒顾客的购买欲望，需要具备以下三个条件：

（1）能够准确指出目标用户的痛点。

（2）能为战胜这种引起痛苦的威胁提供具体的建议。

（3）用户认为推荐的产品能够有效地降低威胁和痛苦。

举个例子，很多主播在介绍产品时，都是把产品的卖点直白地讲出来，比如卖坐垫就直接说"它是3D空气微量流动浅槽设计，上面有很多小孔，空气可以更好地流通，透气性很好"。事实上，这样并不能打动观众，他可能会想"不用这款坐垫好像对生活也没什么影响啊"。所以，正确的方法是先用痛点唤醒用户的需求，让他觉得自己需要一款这样的产品，然后再介绍产品的好处，这样他就更容易买单。

所以，同样是一款坐垫，优秀的主播是这样介绍的："像我们平时开车、上班，基本都是跟座位360°无死角亲密接触，臀部就会非常闷热，尤其是那些爱出汗的人，夏天还可能会得皮炎、湿疹什么的。而这款坐垫采用了3D空气微量流动浅槽设计，可以更好地让空气流通，透气性特别好，就像给椅子装上了一个小风扇，就算40°的大夏天也感觉不到闷热潮湿。"

10.3.2　第二句话：塑造体验

用户买的不是产品，而是产品给他带来的美好体验。然而，很多主播在介绍产品的时候，会罗列出一堆产品的优势和特征，强调这款产品用了什么工艺和技术，有什么功能和设计，唯独不讲产品能够给顾客带来什么样的体验和利益。这样便很难调动起顾客的购买情绪。

在直播卖货时，我们一定要通过话术描述出试用产品的过程和体验，让观众隔着手机屏幕也能感受到使用产品的美妙体验。在塑造产品的使用体验时，可以从眼睛看到的、鼻子闻到的、耳朵听到的、舌头尝到的、身体触摸到的、心里感受到的六个方面展开。

在从这六个方面塑造产品的体验时，需要牢记三个原则：

1. 与用户大脑中已有的东西产生关联

研究表明：当人听到的描述与自己所经历、所感受过的事物相同，在脑海中对其的印象就会更深刻。所以，我们要多用类比、比喻、拟人等修辞方法，把使用产品之后的某种体验与用户熟知的事物建立联系，让用户更容易感知。

比如卖一款啫喱身体乳，你不能简单说"它是啫喱状的，涂在身上凉凉的、水水的"，而要说"它具有像果冻一样的质地，一抹就化"。该话术把产品的啫喱质地与用户大脑中已有的"果冻"印象产生关联，让观众瞬间明白它是怎样的质地，以及使用之后是什么样的体验。

2. 利用视觉化的描述帮用户想象

文案视觉化的核心有两个：第一，多用名词和动词。根据视觉信息加工原理，动态更容易引起注意力，因此运用动词和名词将静态转化为动态，可以让观众更深刻地感受到使用产品的鲜活体验。

第二，多描述细节性的东西。细节，尤其是画面的细节，更容易激起人们的感性想象。当然，细节不能是"漫无目的"，而要"弹无虚发"。

比如卖面部的清洁仪，普通主播会说"它用上去很舒服，可以把脸洗得很干净，让精华更容易吸收"，而优秀主播会说"1分钟就能把毛孔里的脏东西震出来，用它洗完脸再涂精华，你会感受到精华小分子就像小蝌蚪一样往毛孔里钻"。该话术中，一个"震"字让人仿佛听到洁面仪启动时的嗡嗡声，看到毛孔里的油脂、黑头和残妆被抖落的画面。一个"钻"字和一个"小蝌蚪"的形象比喻，让人仿佛感受到毛孔大口吸收精华的感觉。通过动词和名词道出产品的功效，比起大多数主播常说的"智能焕肤""清洁毛孔"等话术，更能唤起用户立刻购买的冲动。

3. 突出带给用户的实实在在的利益

首先要区分产品属性和产品利益，产品利益是指"产品对用户意味着什么"。一般而言，用户并不关心你的产品有什么功能和特色，而是关心"它对我有什么作用"。所以，在直播卖货时，我们需要讲清楚使用产品之后可以给用户带来什么样的利益。比如卖智能洗碗机，普通主播会说"全自动洗碗，非常方便"，而优秀主播会说"省下每天洗碗的时间，你可以多陪陪孩子和父母，还可以敷敷面膜、练练瑜伽……"这样的话术明确指出了凉席和洗碗机给用户带来的价值利益，更容易唤起用户的感性情绪，刺激他做出购买决策。

10.3.3 第三句话：制造对比

用户很难对一个产品的价值做出判断，他们只能靠对比去做出选择。所以，在直播卖货时，你可以找出相应的参照物，通过对比的方式，体现产品的相对价值，从而影响用户的购买决策。

比如，某主播卖一款海绵拖把，产品介绍话术是："这是一把颠覆你认知的海绵拖把。我们以前用的普通海绵拖把头，干了之后都是硬邦邦的，像石头一样，每次用的时候还要用水浸泡，非常麻烦。而这款拖把用的是新型梳棉，干了也不会变硬，不管晒多久依然是软软的，拿起来不用泡，可以直接用。而且吸水性特别好，不会留水印，头还能这样灵活转动，屋子里犄角旮旯的地方都能擦到，脏了也不需要手洗，这样简单推拉几下就干净了。"

对比的方法有很多种，可以从功能、价格、原料、口感、气味等几个方面展开。给你三个制造对比的角度：

1. 与传统解决方案进行对比

与过去的解决方案做对比是最容易让客户有感知、有反应的方式。比如过去用肥皂，现在用洗手液；过去用清水，现在用护理液。如果你的产品有创新升级，那么你可以将新产品与旧产品对比，从而凸显新产品的价值。

2. 与竞争对手的产品进行对比

如果你的产品与竞品相比有优势，可以先指出竞品的缺点以及缺点给人们带来的不好体验。然后，介绍自己产品的优势以及优势给人们带来的美好体验，让用户充分感受到你销售的产品比竞品更好，从而刺激用户的购买欲望。需要注意的是，在与竞品对比时，千万不能盲目诋毁对方，而是要客观评判，这样才能获得用户的信任。

3. 与不购买产品的后果进行对比

你可以告诉用户，他购买产品之后可以获得什么好处，以及不购买产品将失去什么或可能会遭受哪些损失，通过这样的反差对比，刺激用户进行购买。

10.3.4 第四句话：绘制蓝图

所谓蓝图就是用户想要达到的理想状态。

在直播卖货时，我们用简单的语言告诉用户："使用我推荐的产品之后，你能够达到什么样的状态"，将会产生很大的威力。人们对梦想的追求，对未来的幻想，是永无止境的。

然而，尽管用户渴望改变，但是对于要改变到什么程度，他可以改变到什么程度，他不一定能说清楚。所以，你需要帮助他具象化地描绘出梦想，即用了我推荐的产品之后，将达到的理想状态是什么样子的，就像变魔术一样把产品带进用户的生活，让他意识到产品将给他的生活带来很大的改变。

比如，某主播卖空气炸锅，产品介绍话术为："一个空气炸锅，相当于一个烤箱+一个微波炉+一个电磁炉+一个炸锅！烤、炸、煎、烘焙，全部搞定。而且不用翻炒，不用盯着油温，可以一边工作一边等待美味。关键是用它做出来的东西还很好吃，哪怕你是一个做菜小白，也能做出大厨水准的大餐。早上起床，把昨晚腌制好的牛肉直接放进去，几分钟就可以出炉，肉质又软又嫩。因为没加一滴油，所以不仅扛饿还不用担心长肉。晚上下班，用它做一份爆米花，然后把投影仪一开，家里就是电影院！周末朋友来家做客了，还可以把它当成烤炉直接端上桌，一边煎一边吃。再搭配上冰镇啤酒、可乐，完全和烧烤店大口吃肉一样的感觉。尤其是有孩子的家庭一定要买，薯条、鸡米花、鸡翅统统一键搞定，一年省下几千块钱不是问题，关键孩子吃得卫生又健康，做父母的也放心。"该话术清晰地描绘出用户购买空气炸锅后可以拥有的美好生活，听到这些内容，用户的脑海中就会勾画出这样的场景，此时实现销售会变得更简单。

在绘制蓝图时，需要注意以下三个要点：

1. 情景化

情景更容易让用户产生画面感和联想，而且我们的大脑在处理信息时，会对有情景的内容有一种特殊的偏好。所以，在给用户绘制蓝图的时候，我们的话术要情景化，结合用户的生活场景，塑造购买产品之后的"魔术效果"。比如在上面的案例中，主播讲到"朋友聚会""看电影"这两个生活情景，这些内容的视觉冲击力非常强，可以让用户更容易产生冲动购买。

2. 情感化

在上面的案例中，主播讲到"扛饿又不用担心长肉"，这句话就是情感化的运用。因为每个人都喜欢美食，但又害怕长胖，所以，"扛饿又不用担心长肉"就可以直击用户内心。同样，"孩子吃得卫生又健康，做父母的也放心"也是情感化的内容，这句话会让父母觉得购买产品是为了孩子健康成长，更容易做出购买决策。

3. 身份化

你在帮用户绘制蓝图的时候，也需要给他一种身份暗示或框定他的身份。比如上面这个案例中"尤其是有孩子的家庭一定要买"就框定了用户的身份，让用户对号入座。

10.4　三句话获得信任，陌生用户也能100%相信你

通过上一节介绍产品的四句话，我们已经成功激发出用户的购买欲望，但这种欲望是一种感性情绪，即人们常说的"冲动"，当这种感性情绪消退，用户恢复理性，他会考虑"这款产品真的像主播介绍的一样好吗？"如果主播不能给用户一个真实可靠的证据，那么，不管主播多么卖力地介绍产品，站在用户的角度，不信任几乎就意味着不会买。所以，此时我们要给用户一个理性证据，让用户对产品有深入、立体的感知，充分信任我们以及我们推荐的产品。这一节总结了直播卖货时快速赢得用户信任的三句话，牢记这三句话，即便陌生用户也能100%相信你。

10.4.1　第一句话：借力外援

如果只有主播一个人说"这款产品很好"，用户会怀疑，但如果有很多人

为主播撑腰，甚至还有用户熟知的一些公众人物、权威人士、权威机构等都在说"这款产品很好"，此时用户就会相信"这款产品真的很好"。

如何借力外援呢？常用的有三种方法：

1. 公众人物坐镇

很多大品牌在直播时，会邀请明星名人或业界专业人士一起直播，不但可以吸引人气，更重要的是会让用户觉得"明星名人、业界专业人士都认可这款产品，应该不错"。

2. 借势权威背书

如何借势权威背书呢？想一想在你的那个行业中，受目标用户尊敬、认可的权威有哪些，你要不遗余力地搜罗出来，让产品更具有可信度。通常来说，我们可以从九个方面进行借势，快速建立信任感，分别是：权威人物、权威供应商、权威渠道商、权威报告、权威奖项、权威媒体报道、权威研发人员、权威工艺标准、权威高端原料配方。

在借势权威背书时，能否成功获得用户的信任，有三个非常关键的细节：

（1）**一定要把专业权威转化成大众熟知的权威**。因为直播间里80%的用户都是普通人，他们对一些专业奖项、专业原料等并不太了解，如果你不解释清楚，用户就很难感知到它的权威程度，当然也起不到任何效果。比如，主播想突出产品材质好，如果只说它采用了软硅胶POK材质，用户就不会觉得它很厉害，而这位主播很聪明，他强调"大名鼎鼎的苹果耳机用的就是这种材质"，让用户更容易感知到原材料的高端。

（2）**权威信息一定要具体**。很多主播在使用权威信息时，非常笼统，导致用户会怀疑它的真实性，当然也不会信任。所以，给出的权威信息一定要具体，越具体越有可信度。

（3）**权威信息一定要有证据**。如果你说这款产品被评为某某大奖，被某媒体报道，获得了某某认证等，用户可能会怀疑，所以在直播时，可以把相关的检测报告、权威证书、权威奖项等证据信息提前打印出来，便于用户直观看到，让用户眼见为实。

3. 借力使用反馈

在写卖货文案时，产品使用反馈是必用的方法，它的威力非常巨大，但在直播卖货时，很多主播都忽略了，只有少数千万级主播会用到这一招。那么，如何借力产品的使用反馈呢？有两个操作技巧：

（1）**顾客反馈**。通过顾客使用产品的反馈，让直播间的用户相信产品品质和效果很好。比如，某主播卖一款气垫粉底时，话术为："上次我们特别找了500位小姐姐做了这款产品的试用官，她们给出的评价都超级好，评分9.8分。我给宝宝们看一下试用小姐姐的部分反馈。"然后，主播展示出了用A4纸打印好的用户反馈。

（2）**自己反馈**。主播化身产品的使用者，讲述自己的使用感受和反馈。使用感受的说明能够增加用户的信任感，也是主播与用户建立信任的一种方式。在说明产品使用感受的时候，一定要真诚和真实，如果虚假说明，只会消耗用户对你的信任。比如，某主播卖一款精华液时，话术为："品牌方是一个多月前找到我的，但我一直没有推这款产品，为什么？因为主播自己都不使用的产品怎么给粉丝推荐。所以，我连续用了一个月，还让闺蜜一起用。说真心话，它的效果肯定不如那些千元大牌。但我知道直播间里有很多学生，还有刚毕业的人，经济能力一般，但我们也要护肤呀，我也经历过这段时光。那么，这款产品就非常适合了，相比其他同价格的产品，它的使用感还是非常赞的，味道很淡，不粘腻，涂上吸收快，而且没有添加防腐剂。平时我熬夜比较多，连用一个多月，脸色明显好了不少，给大家看一下我使用前后的对比照片。"然后，主播展示了手机中的对比照片。该话术非常真诚，并且给出了真实的使用感受和使用前后的对比照片，让用户相信主播是真正体验过产品的，也更容易获得用户的信任。

10.4.2　第二句话：描述热销

在判断正误时，我们会根据别人的意见行事，这就是从众效应，也是我们日常俗语中所说的"随大流"。所以，在直播卖货时，当你明示或暗示产品很畅销时，顾客更容易购买。他会觉得这么多人都选择它，肯定不会错。

比如，某主播卖烤箱时说："这款烤箱已经累计卖出110000台了，评分4.9分。"这就说明烤箱很受欢迎，也从侧面证明了产品的质量。当用户听完这样的内容，会觉得这款烤箱卖得这么火，质量应该非常可靠，买这款烤箱肯定错不了。这就是畅销对人们的影响。

但要注意，在描述热销时，一定要有量化的数据。只有真实的数据，才能展示产品的热销和抢手,更好地刺激人们的购买欲。

可能有些人会说:兔妈,我们的产品没有太高的销量数据,怎么办?给你四个描述畅销的技巧:

1. 被同行模仿

比如某主播在卖一款老爹鞋时说:"这款鞋子的款型真的太好看了,实体店卖得非常好,非常受欢迎。所以,很多大牌也都出了这种款式的鞋子,但价格都是几千块。不过他们仿不来的是这款鞋非常多的小细节。"尽管主播没有说明具体的销量,但是当用户听到很多大牌都在模仿这款鞋子时,会觉得这款鞋很热销。

2. 高好评率

数量上不占优势,但如果100个人用了之后99个人都说好,用户也会觉得这款产品很受欢迎。比如很多主播会说"产品评分4.9分""10个人9个人都说好""好评率99%"等。

3. 高客单价

比如某主播卖一款面膜时说:"昨晚有个粉丝直接下单了10盒,如果不好用,她肯定不会一下子拍这么多。"尽管主播没有说这款产品的总销量,但也会让用户觉得这款产品很受欢迎,很热销。

4. 高复购率

尽管很多企业的顾客数量不多,但只要用心经营一段时间一定可以积累一批老粉丝。这时候就可以通过描述老顾客的复购率凸显产品人气高、受欢迎、品质好。

10.4.3 第三句话:现场演示

线上直播销售比线下缺少了最重要的体验环节,在用户看不到、摸不到产品的情况下,全凭主播一张嘴来说,用户的信任度会大大降低。所以,优秀的主播都会在镜头中给用户进行现场演示,证实产品好用、好吃、效果很好等。这是直播相比于其他线上销售方式的优势,也是主播与用户建立信任感的最好方式。下面给你四种常用的直播卖货演示方法:

1. 细节展示

比如某主播卖头层牛皮马丁靴，为了展示靴子工艺的细节，现场剪开内里，让用户可以看到内里的细节。通过展示产品细节，让用户相信产品的品质。

2. 亲自测评

比如很多卖服装的主播，会在镜头中试穿自己销售的衣服，边试穿边解说衣服的特色，这样用户可以更直观、立体地了解产品，而且看到主播试穿的效果，还可以刺激用户的购买欲望。再如很多美食主播，会在直播现场制作美食，并现场描述试吃体验，这样不仅可以让用户直观看到产品外观，还可以激发用户的食欲，刺激下单欲望。

3. 模特演示

模特演示与主播亲自测评的效果是类似的。主播不便直接演示时，可以专门找一个辅播或模特来演示产品的效果。

4. 挑战试验

挑战试验也是证明产品效果的常用方法。比如，卖手机钢化膜的主播，会在直播时用锤子砸钢化膜，看钢化膜是否会碎裂。

总之，有信任才会有成交。在直播中展现关于产品品质和效果的证据，可以快速获得用户的信任，提高用户下单的概率。

10.5 牢记七大方法，打造辅助成交的好故事

优秀主播都有一种非常强悍的能力：讲故事。一个精彩、真诚的故事能给顾客留下深刻的印象，迅速拉近顾客与主播的距离，提高直播间的人气。而且从另一个角度来讲，对于品牌来说，走进直播间相当于完成了一次渠道投放和品牌投放。如果只是单纯拼价格卖货，用户买的就只是"便宜"，长期来看对品牌是一种消耗。所以，想要最大限度地影响用户，实现更好的直播卖货效果以及品牌的长续运营，学会讲故事很重要。用故事的形式介绍产品，可以增强用户的记忆，让用户对品牌建立更立体的认知。用故事的形式塑造信任，可以

快速打动顾客,提高卖货转化率。

作为主播,在讲故事时需要遵循有铺陈、有互动、有转化的原则,把一件小事讲得一波三折,声情并茂,才能激发粉丝的购买欲望。那么,如何才能讲好一个辅助成交的好故事,提高卖货转化率呢?这一节总结了打造成交故事的三个要点和直播卖货常用的七种讲故事的方法。

10.5.1 打造成交故事的三个要点

1. 故事越真实越有感染力

越真实的故事,越容易打动人,越具有说服力。尤其当故事的主角是主播自己时,情绪的渲染更加明显,而这种真情实感的流露可以影响直播间里的用户。所以,我们一定要挖掘自己曾经的经历,比如这款面膜给自己带来了怎样的改变,这款空气炸锅给自己家庭带来了怎样的改变和快乐,这套书籍或课程怎样帮助自己实现了人生逆袭等。

2. 故事越有冲突越吸引人

好的故事,一定是引人入胜的,勾着用户想要听下去。所以,故事一定要有冲突,和剧情的转折。

3. 故事是为卖货服务的

讲故事的目的不是为了展示主播深厚的文案功底,而是为卖货服务的。然而,很多主播一讲故事就滔滔不绝,停不下来,用户听得很过瘾,听完涨了知识,但用户的注意力却被故事情节带走,导致产品转化不理想。所以,直播卖货时,故事一定要讲到点上,不能拖泥带水。尽管要有细节,有冲突,但不能像写小说一样讲几十分钟还在铺垫。对于直播卖货来说,不需要故事讲得多么完整,而是要能助推成交。

10.5.2 千万级主播常用的七种讲故事方法

掌握了打造成交故事的要点,那么,我们讲哪些故事才能更好地为卖货服务呢?我总结了千万级卖货主播常用的七种讲故事方法。

1. 热爱产品的故事

讲述主播如何与产品结缘的故事或者用生活中的小事来证明自己多么喜欢

产品。比如某美妆主播在直播时，讲述自己去外地参加朋友的一场婚礼，尽管路程很远，但自己依然带上了喜欢的一款洗发水，结果被其他朋友吐槽的经历。

再如被央视报道过的八旬带货网红崔奶奶，她帮助孙子直播卖杏，在直播间讲述了自己喜欢吃杏的故事。崔奶奶说，她从小爱吃杏，一口气能吃四五十个杏。20岁时她嫁到太平堡村，因为这里的大红杏很好吃。直播间的网友们被崔奶奶的故事所打动，纷纷下单购买。

2. 选品谈判的故事

不管卖什么产品，在我们选品谈判的过程中可能会与品牌方发生很多有趣的对话或小故事，可以把这些内容讲出来凸显产品的品质高、性价比高等。

比如，"口红一哥"李佳琦讲自己拿到了一个史无前例的低价时，他讲到：我拿到这个价格，××产品总部（国外）的大老板知道之后，亲自打电话给中国区总裁说，"不行，你不能卖这个价格，你卖了这个价格之后，我们以后怎么办？"但是中国区总裁说，"没办法，我已经答应了李佳琦，只能这次卖完，以后再也不卖这个价格了。"通过讲述与品牌方谈判的小故事，让用户相信这次真的是历史最低价，比直接说"我们拿到了历史低价"更有感染力和说服力。

3. 产品历史的故事

很多产品都有历史故事，可以把产品的起源或历史传说讲述出来，这样可以更好地为产品提供信任背书，获取用户的信任。

4. 意外发现的故事

讲述主播意外发现某款产品，并对产品"一见钟情"的故事，最终费了很大的周折才找到这款产品的品牌方，并给粉丝争取到了很大的福利。

比如网易公司创始人丁磊在网易严选直播间推荐青稞酒时说："说到青稞酒，很偶然，大概十年前在青海省西宁市出差，晚餐的时候喝了当地特色的青稞酒。我喝了以后感觉这酒太棒了，甘甜。我喝过很多酒，浙江的黄酒、茅台、洋河酒、泸州老窖、剑南春……但没有一瓶酒像青稞酒这样，给我留下那么深的印象。等到做严选时，我就问能不能把青稞酒找来。"他没有直接讲述青稞酒的卖点，而是用只言片语突出商品"严选"的过程，如何被发现，如何被选中的故事，让用户透过故事感知这款产品不一般。

5. 主播日常的趣事

讲述主播平时生活、工作中遇到的一些小趣事，但需要注意的是这件事一定要和产品有关系，通过这件事可以向用户传达某种道理，从而影响用户的购买决策。

比如一位卖玉石的主播，在直播卖货时讲到：他曾经在飞机上遇到一个人，这个人得知他是做玉石生意的，就让他帮忙看手上的手镯值多少钱，结果他一看告诉对方最多值 300 块，对方表示很怀疑，因为那个人是花了六七千块钱买的手镯。然后，主播又告诉用户一些辨别玉石真假的小知识。这个故事从侧面告诉用户"玉石有很多猫腻，贵的不一定就是好的，一定要找专业靠谱的人买。"听完这些内容，用户会觉得主播很专业、很靠谱，也会更愿意找他买。

6. 创始人的匠心故事

走心的创业故事往往比简单粗暴的低价福利和狂轰滥炸式的营销更能获得用户的信任和好感，更容易影响用户的购买决策。

比如某主播在直播间卖扒鸡时讲述了 58 岁的父亲创业的故事。他讲到，父亲年纪轻轻就开始跟着祖父学习做扒鸡。做卤味非常累，利润也不高，当地很多人都选择外出打工了，但父亲一直坚持，因为他不想把祖传手艺荒废了。几十年来，父亲始终遵循祖训，对原材料的选择和工艺标准进行严格把关，所以，他做的扒鸡得到了很多当地人的认可，很受欢迎，在当地开了三家店。父亲忙碌一辈子，靠做扒鸡撑起了整个家，还得到这么多人的认可，辛苦总算没白费。主播通过讲述老父亲的创业故事，让用户不知不觉就接受了"他卖的扒鸡品质很靠谱，很受欢迎"这一事实，从而更愿意买单。

7. 顾客满意的故事

通过讲述顾客满意的故事，不仅可以增加其他用户的信任度，还会让用户对产品的效果产生更多期待，更容易产生购买行动。

通过讲述以上七种类型的故事，可以快速与用户建立情感联系，拉近与陌生观众的距离，增强用户对品牌的认知度和好感度，并成功影响用户的购买行为。所以，想卖货，先讲好故事。

10.6 三句话让粉丝主动帮你卖，快速引爆直播间

我们去实体店购物，看到店里面有很多人，同时还可以听到其他人对产品的讨论和评价，这就可以帮助我们更快地做出购买决策。所以，从这个角度来说，其他人对产品的讨论和评价非常重要。优秀主播都善于利用人们的这一心理，巧妙和用户互动，引导用户在评论区给出积极、正向的反馈，带动直播间的节奏；让其他用户感觉产品很热销、很受欢迎，从而不知不觉被影响，并点击小黄车付款购买。而且直播间的互动数据越高，越容易被平台识别为"优质直播间"，并给你推送更多流量，形成良性循环。

那么，如何与用户互动才能更好地带动直播间的节奏呢？这一节给你总结了千万级卖货主播和用户互动时必用的三句话，让粉丝主动替你说好话，主动帮你促成订单。

10.6.1 第一句话：让新用户都想要

当主播介绍完产品的卖点和利益点之后，成功勾起了用户的购买欲望，此时不告诉用户产品的具体价格，而是故意吊大家胃口说"想要这款产品的宝宝们，在评论区打'想要'两个字"。

通过这个方法，引导用户在评论区刷"想要"两个字，制造人气很高的场面。这样不仅可以带动直播间现有用户的情绪，还可以吸引新进直播间的用户留下来。因为当新用户看到满屏的"想要"时，会很好奇为什么那么多人想要呢？大家想要什么呢？为了一探究竟，他就会留在直播间继续观看，这样就有了成交的机会。

常用的话术技巧有以下五种：

（1）福利承诺法。通过承诺某项福利，刺激用户主动参与进来。话术参考："想要的宝宝在评论区打'想要'两个字，让我看到你们的热情，热情越高我给的秒杀价越低。"

（2）专属福利法。告诉用户只有按照主播的规则做，才能获得某项专属福利，刺激用户主动参与。话术参考："这款产品是我给粉丝准备的秒杀福利，只

有评论区打'要'的人才可以拍。来，运营官统计一下有多少人想要。"

（3）二选一法。给出两项福利，让用户从中选择一个。话术参考："现在我手中有两款产品，分别是A和B，想要A的打1，想要B的打2。哪个产品想要的人多，我就先给大家上哪个产品。谁让我宠粉呢！"

（4）激将法。话术参考："没有看到几个人想要啊，如果大家对这个福利不感兴趣，我就留给VIP会员群的宝宝们了。冲这款产品的工艺和做工，闭着眼买也不会错，买到肯定就是赚到。"

（5）人气点赞法。很多主播在上架一款产品时，会引导用户点爱心，爱心点到某个数字就会给大家放出福利。当用户看到很多人都在点爱心时，就会觉得这款产品人气很高、很受欢迎，同时还可以提升直播间的互动数据。话术参考："想要的宝宝们，把爱心给我点到100万，点到100万我给大家炸一波大福利。"

10.6.2　第二句话：让老顾客都说好

在用户决定是否要购买一款产品时，老顾客的评价起着非常关键的作用。如果主播上架了一款产品，很多老顾客都在评论区说"这款产品我用过，很好用"，就更容易促使其他用户做出购买决策。所以，主播要善于利用老顾客的好评反馈，撬动直播间其他用户的信任。

如何引导用户给出好评反馈呢？常用的有两种方式，分别为"我用过"和"很好用"。

（1）我用过。有两种操作技巧：第一，凸显产品畅销。通过产品的高人气，凸显这款产品很畅销，打消新顾客购买之前的疑虑。适用于比较有知名度的产品。话术参考："直播间里用过这款产品的宝宝，在评论区打1。"第二，凸显价格优势。通过价格对比，突出直播间的价格更有优势。话术参考为："用过这款产品的宝宝，说说你们以前买的价格是多少？"

（2）很好用。"我用过"凸显产品的人气高，"很好用"则凸显产品的品质好，适用于知名度不是很高的产品。通过用户的好评反馈，快速赢得直播间其他用户的信任。话术参考："用过××这款产品的宝宝们，你们说好不好用，用了什么感觉？"

10.6.3 第三句话：让直播间订单刷屏

人们都是有从众心理的。在直播间也是一样，当你看到很多人都在说"买了""抢到""已购买"等信息时，从众心理起作用，即便你原本并没有打算购买，甚至你并不需要这款产品，但是内心仍然会蠢蠢欲动。这就是利用第三句话快速成交的威力。

然而，很多新手主播只会说"宝宝们，这款产品马上没有了，赶紧抓住机会，抢到就是赚到"，如果只是主播一个人在吆喝，即便喊得再卖力，也很难获得用户的信任，因为他们没有看到其他人购买。就算他自己想买，心里也会打退堂鼓。而优秀的主播绝对不会让这种事情发生，他会和用户巧妙互动，让购买过的人主动在评论区刷屏，带动直播间的热销氛围。

常用的话术技巧有以下两种：

（1）损失规避法。如果一个人好不容易得到一个东西，你再让他拿出来是非常困难的，他会非常痛苦。损失规避法就是利用人们的这一心理。话术参考："抢到的宝宝一定要在评论区打'抢到'两个字，不打'抢到'不算数。"

（2）额外福利法。以赠送额外福利为由头，让购买过的用户主动在评论区刷屏。话术参考："已经买了的宝宝，一定要在屏幕上打'买了'。不打'买了'不能享受×××福利。另外，已经打'买了'并且成功关注主播的宝宝，我会再给你们赠送×××福利。"

10.7 两大策略粉碎信任危机，让粉丝爽快下单

在直播间购物时，用户普遍担心的主要有以下三类问题：

（1）质量问题。如果产品没有主播介绍的那么好，收到产品不满意怎么办？

（2）正品问题。主播卖得这么便宜，还送这么多礼品，不会是假货吧？

（3）价格问题。现在会不会买贵了，还是等双11再买吧。

如果用户潜意识中有一种疑虑没有得到解决，他就会放弃购买。所以，优秀主播懂得主动提出用户内心的这些顾虑，并予以化解，让用户感觉自己毫无

风险。这一节帮你总结了千万级卖货主播都在用的两大策略,成功粉碎用户的信任危机。

10.7.1 解释原因,晒出证据

在卖货时,你的所有决定,比如为什么这么便宜,为什么赠品这么多等,都需要给用户一个原因。只有对方理解你为什么这么做,才更容易相信。

而直播卖货最大的优势就是低价。但对于用户来说,他们的固有认知是"便宜没好货",所以,他可能会怀疑"为什么你卖得比市场价便宜?""是正品吗?"大多主播往往会说"宝宝们,你们一定要相信我""我向你们保证,绝对正品"等,然而这些简单的语言并不能打消用户的疑虑。

而那些有经验的金牌主播是这样做的:主动提出用户的顾虑,解释原因,并晒出确凿的证据。比如,某主播卖一款进口护肤品时说:"很多宝宝可能会问我们的价格为什么比专柜便宜这么多?甚至还有宝宝担心会不会是假货。其实,这个很好理解,就像同样一款产品,小超市和大超市的价格就会不同,大超市能够给品牌方带来更高的销量、更多的曝光,所以更容易争取到较低的价格,这就是渠道的议价能力。不过这次能给大家争取到全网最低价,我们还是和品牌方谈了很久的。来,给大家看一下我们的正品授权书和保价协议。"

这个方法适用于有知名度的品牌产品。在展示授权书时,一定要展示出细节(如给公章一个特写),并讲述证书的含金量和权威性。

10.7.2 零风险承诺

零风险承诺是一个非常强大的方法,它可以及时打消用户在最后关头的犹豫,帮助你顺利成交。

下面,我帮你总结了王牌主播常用的三种零风险承诺形式。

1. 无理由退款

无理由退款是指只要用户对产品不满意,可以在多少天内100%退款,商家承担邮费,用户不需要解释任何原因,更不会承担任何损失。这种方法适用于服装、护肤、美食、玩具等大多数领域。

2. 退款可以保留赠品

即使用户申请退款,仍然可以保留赠品。这种方法比第一种方法威力更大。

因为相当于告诉用户只要不满意，不但可以100%拿回自己的钱，还能得到额外的赠品。其实，这是一种姿态，当你给出这样的承诺时，用户会觉得主播非常真诚，在你直播间买东西很放心。这还涉及一个心理学原理——互惠，当你为用户提供帮助或给予某种好处时，用户会觉得有义务回报你。所以，大多数用户都不会退款。这种方法适用于知名度不高，且配备有体验装的产品。

3. 赔偿承诺

赔偿承诺常见于三种情况：

第一种，对于一些大品牌的产品，比如护肤品、包包、服装等，很多用户会担心产品是假货。所以，主播会给出赔偿承诺，打消顾客在购买之前的疑虑。例如，某主播卖护肤品的话术为："所有产品100%是正品，宝宝们可以放心下单。每个包装上都有一个防伪码，只要用手机扫一下就可以查证真伪，假一赔万。"

第二种，对于生鲜类产品，很多用户会担心产品不新鲜，甚至变质、腐烂，所以，主播也会给出赔偿承诺。例如，某主播卖螃蟹的话术为："有宝宝担心收到的螃蟹不新鲜或斤两不够，这个宝宝们尽管放心。为了保障大家的权益，我特别向品牌方争取到了'三赔承诺'。收到死蟹，赔！斤两不够，赔！没有蟹黄，赔！喜欢吃螃蟹的宝宝们一定要抓住品蟹的黄金期。"

第三种，对于一些节日送礼的产品，比如情人节、中秋节、春节等，很多用户会担心产品不能按时收到，所以，主播也会给出赔偿承诺。例如，某主播卖月饼的话术为："可能有些宝宝担心中秋前收不到，我给大家承诺，如果中秋的前一天收不到月饼，退钱不退货。钱退给你，月饼照样给你发货。"

10.8 王牌主播五大促单绝招，销量至少翻一倍

事实上，在掏钱那一刻，用户往往会对产品进行衡量，在产品带来的好处和失去金钱的痛苦之间犹豫不决，而王牌主播都深知这一点。这时就进入了直播卖货的逼单环节。这一节总结了王牌主播常用的五大促单绝招，再犹豫的粉丝也能毫不犹豫掏钱下单。

10.8.1 四种价格对比法,让顾客看完秒付款

营销学中有一个有名概念叫"价格锚定"。简单理解就是,当你先告诉顾客一个参照商品的高价格,再告诉顾客所卖商品的低价格,顾客就会觉得所卖商品很便宜,也更容易做出购买决策。

在使用价格锚定时,参考价格一定要有权威性和说服力。那么,选择什么样的参考价格才能更好地促使用户下单呢?常用的有四种方法。

1. 与官方渠道的价格对比

我们可以与天猫旗舰店的价格、京东旗舰店的价格、线下实体店的价格、免税店的价格进行对比,这些渠道的价格用户是可以验证的,这样更有说服力。

2. 与同品质的产品对比

比如市场上达到×××标准的产品要多少元,我们直播间只要多少元。通过与同品质、同标准的产品进行对比,突出产品的高性价比。

再如某主播卖一床售价600元充绒1000g的羽绒被时说:商场里充绒500g的羽绒被都要卖1200元。听到这样的内容,粉丝就会觉得这款羽绒被超值。

3. 与替代方案的价格对比

用户购买产品的目的是为了获得某种结果和改变,所以,与达到同样结果的其他方案进行对比,也可以突出产品的高性价比。

比如某主播在卖一款美容仪时说:"在二线城市,去一趟美容院差不多要200元,就算一星期去一次,一个月也要800元。而且像这种护理一两个月根本看不到效果,至少要坚持半年以上,半年5000元没有了。我们还没有算路上来回的时间成本以及美容院导购给你再推荐其他乱七八糟的产品的费用。而这款美容仪天猫旗舰店价格2980元,今天我们直播间只要1980元,可以用三四年,一天也就一块钱。"

4. 与曾经的活动价格对比

现在各种各样的节日促销活动越来越多,所以用户可能会想"等下一次促销再买吧",当他产生这样的想法,就会放弃购买。这时候我们要与曾经的活动

价格进行对比，让粉丝知道这次价格比原来的最低价还低，如果错过就没有这么大的优惠力度了，这样他才会毫不犹豫下单。

10.8.2 塑造稀缺，让粉丝对产品感到"饥饿"

古话说"物以稀为贵"，简言之就是越稀缺的东西，人们的购买意愿越强烈。

稀缺可以激发人们对某款产品的渴望和"饥饿感"。那么，在直播卖货时，如何塑造稀缺性，促使粉丝更容易做出购买决策呢？有四种常用的方法。

1. 产品价值稀缺

产品价值稀缺是通过讲述有限的生产原料、复杂的制作流程等，衬托出产品的稀缺性和高价值，这样用户更容易接受产品的高价格。

2. 产品数量稀缺

如果一款产品的数量有很多，用户就没有紧迫感，也不会马上下单。所以，很多有经验的主播往往会把库存产品多批次上架售卖，每次秒杀完上架的一批产品后，再上架另一批。

这样做有什么好处呢？第一，营造了一款产品短时间被卖完的火爆氛围，让用户觉得这款产品很抢手，于是在从众心理的驱使下纷纷购买。第二，调动用户用"抢"的心态进行下单，唤醒人们怕失去、怕错过的本能。通过这样的方式不仅可以控制直播间的销售节奏，也可以给观众营造出紧张、刺激的抢购氛围，抢到的用户会很惊喜，没抢到的用户下次会更快出手。

在塑造产品的数量稀缺时，需要注意三个操作技巧：

（1）解释原因。即为什么数量只有这么多，为什么下次要涨价，这样更容易获得用户的信任。

（2）突出难得。突出与品牌方谈判过程中付出了很大的努力，让用户觉得这次的福利非常难得。比如，某主播卖零食的话术为："官方旗舰店是2包68元，今天直播间特价是2包38元。为了给大家争取到这个价格，我们跟厂家磨了整整一天的时间，才磨到这个价格。厂家只给我们500包，抢完能不能补还不确定。预售的话要等7天，你们等吗？"

(3) 实时唱单。很多主播直播时，旁边都会有工作人员唱单，不断播报抢购了多少单，还剩下多少单，让粉丝更直接地感知到产品越来越少，产生紧迫感，觉得再不下手就晚了。

3. 限制福利时间

通过限制享受福利的时间，让粉丝产生一种急迫感。

常用参考话术：

"今天这款产品，我们只卖10分钟！10分钟倒计时开始。10分钟之后就下架！"

"只有今晚是98元，明天去实体店就是398元了，还剩下最后一个小时，之后就是398元了。"

"还有最后三分钟，没有买到的宝宝赶紧下单，时间到了我们就下架了。来，运营人员准备下架。"

4. 强调专属福利

除了限制享受福利的时间，还可以限制享受福利的人。即只有在主播的直播间可以享受到某种福利，让粉丝产生一种优越感和紧迫感，从而马上下单。

常用参考话术：

"宝宝们，这个价格只有在今天的××直播间才有，下播之后半年都没有这个力度了。"

10.8.3 两种方法巧算账，促使粉丝快速下单

用户在做出购买决策时，都会在心里盘算一番，看花费的成本和获得的收益是否划算。

优秀的主播深谙用户的这种心理，所以在促单环节会帮用户把这笔账算清楚，促使他更快做决策。有两种常用的算账方法。

1. 价格平分法

用产品总价格除以产品包含的数量或产品可以使用的天数，算出每一个小单元产品的价格或每一天要支出多少钱，这样用户就觉得没那么贵了。

比如某主播卖华夫饼的话术为："天猫旗舰店618的价格是一箱29.9元，今天×××直播间福利价两箱43.8元。相当于一箱只要21.9元，里面有26小

包，每包还不到1块钱。平时上班没时间吃早饭，带上一包再也不用饿肚子了。"

2. 成本算账法

罗列出一件产品的原料成本、生产加工成本，让顾客接受产品价格的合理性。

10.8.4 设置超级赠品，让粉丝抢着去付款

营销专家做过统计：成功的赠品，可以提升30%~230%的成交率。在设计赠品时，需要注意四个要点：

1. 强相关性

赠品设计一定要配合你的核心产品，赠品设计的目的是帮助用户快速采取行动，产生购买。如果你卖的是面包机，但送给用户的却是牙刷，这样是没有用的。赠品一定要有"相关性"。

2. 价值塑造

即使是赠品，也需要塑造价值。没有价值的东西，即使是免费的，别人也不想要。下面是三个塑造赠品价值的方法：

（1）标明价格。很多主播会把赠品的价格直接贴在包装上，让用户一目了然。再如某主播卖一款香水时，搭配的赠品是沐浴露，话术为："这款沐浴露我在直播间里卖过，99元两瓶。我知道很多宝宝都买了，所以，你们千万不要怪我，今天是我的中秋节宠粉专场，所以，给大家准备的福利真的非常好。"该话术强调了赠品以99元两瓶的价格出售过，让用户更容易感知赠品的价值。

（2）说明为什么它很重要。比如某主播卖洗面奶送的是起泡网，他的话术为："先用起泡网打出泡泡，这样泡泡会更绵密，像云朵一样的感觉，太舒服了，更重要的是绵密的泡泡可以带走毛孔里的脏东西，让你把脸洗得更干净。"这样就会让用户觉得起泡网非常重要。

（3）说明它能帮你解决什么样的问题。比如某主播卖粉底乳送的是化妆蛋，他的话术为："特别帮你们搭配了超大化妆蛋，超柔软，很贴肤，有压力感，可以帮助粉底很好地融合。它是大块面的，补妆很方便。蘸取一下粉底乳，然后用这个化妆蛋按到你的皮肤上，底妆均匀，妆效看起来非常轻薄自然，像

奶油一样的感觉。真的，为了这个化妆蛋你也要买，它是很多网红达人裸妆的秘密武器。"该话术通过塑造赠品化妆蛋带来的价值利益和结果，进一步强化了用户的购买欲望。

3. 多款赠品

在直播卖货时，最好不要只送一个赠品，最少送两到三个赠品，这样它的作用会更大。为什么呢？因为一款赠品可能只让一部分用户喜欢。另外一部分人可能会因为不喜欢某款赠品而决定不购买你的产品。而当你有三个以上的赠品时，可以从三个不同的角度给用户提供价值。

4. 数量稀缺

在直播卖货时，不仅销售的产品要限量，赠品也要限量，只有限量才能调动用户的紧迫感。

10.8.5 巧用三连跳促单法，让顾客欲罢不能

三连跳促单法是以上促单技巧的综合运用，它的威力更强大，80%的人都无法抵挡它的力量。它也是很多千万级主播必用的招数。

我们先来看一个卖护肤品的案例文，话术为：

×××水光水乳一套才几百块！我之前去某明星美容机构，花了5000多块，而且效果只能维持小半年，代谢快的人半年都维持不了。而水光水乳的价格相当于美容院相关项目的1折。

更关键的是，因为小伙伴们超爱×××，品牌爸爸很开心，这次给了我们全网最低价。这套"水光水乳"天猫旗舰店卖513元，今晚直播间的价格是468元。优惠还没完！

今天直播间的小伙伴们，有专属60元的优惠券，还有前30分钟拍下立减40元的优惠券，相当于前30分钟拍下的宝宝们可以减100元，到手价只要368元。正常早晚用的话，能用3个月，每天只要4块钱就能拥有水光肌。

另外，只要备注×××，还额外加赠价值99元的水光丰盈润唇膏1支和价值135元的特护修红面膜1片。总结一下就是，你花了368元能买到价值747元的产品！相当于4.9折，简直像白捡一样。这个福利只限今晚××（主播名字）的直播间，下播后再买就是513元了，也不送任何赠品。

在这个案例中，主播用到了三次促单技巧，一环扣一环，非常有吸引力，所以，我称之为"三连跳促单法"。首先，用了两次价格锚点。第一次，与美容机构类似项目的价格进行对比。第二次，与天猫旗舰店的官方价格进行对比，凸显产品的低价。

其次，用了限时福利法，刺激用户马上下单。而且通过价格平分法算账，让用户觉得很划算。

最后，用到了买赠的方法。备注暗号，可以额外赠送价值99元的唇膏和价值135元的修红面膜，并且主播还专门展示了赠品的价格截图，让粉丝更容易感知赠品的价值。

直播卖货话术不是机械式地复述，而是有技巧地引导、互动，用一次次惊喜轰炸的方式，让用户产生一种"不买就吃亏了"的心理，最终达成成交的目的。同时，不管是哪种技巧，都不是独立存在的，需要主播融会贯通、烂熟于心，做到灵活运用和表达。